3rd Edition

CRIMINAL PROFILING

범죄인 프로파일링

허경미 저

3rd Edition

CRIMINAL PROFILING

박영사

제3판 머리말

이 책을 펼쳐주신 독자 여러분께 깊은 감사를 드립니다.

범죄인 프로파일링(Criminal Profiling)은 범죄 현장과 범죄 행위에서 드러나는 심리적, 행동적 단서들을 종합적으로 분석하여 범인의 성격, 동기, 행동 패턴 등을 추론하고, 이를 통해 수사 방향을 설정하며 용의자 범위를 좁히는 과학적 수사 기법입니다. 이는 단순히 범인의 신원을 특정하는 것을 넘어, 범죄의 본질을 이해하고 재범을 예방하는 데 중요한 역할을 합니다.

인류 역사상 "왜 어떤 사람들이 범죄를 저지르는가?, 그리고 그들의 행동 뒤에 숨겨진 동기와 심리는 무엇인가?"와 같은 질문들은 끊임없이 제기되어 왔습니다. 『범죄인 프로파일링 제3판』은 이 질문에 대한 해답을 찾기 위해 최신 연구와 다양한 실제 사례들을 반영하여 더욱 풍성하고 깊이 있는 내용을 담고자 노력했습니다.

이번 개정판은 단순히 이론적인 지식을 나열하는 것을 넘어, 다양한 법과학의 영역과 함께 귀납적 프로파일링, 연역적 프로파일링 등 주요 프로파일링 기법들을 체계적으로 다룹니다. 또한, 프로파일링의 역사를 통해 이 분야가 어떻게 발전해 왔는지 고찰하고, 최근 미국, 영국, 한국 등 각국의 프로파일링 조직 변화와 활동을 상세히 소개합니다. 특히, 연쇄살인, 연쇄강간, 연쇄방화와 같은 강력 범죄는 물론, 최근 사회 문제로 대두되는 자생테러, 제노포비아, 섹스팅어, 사이비범죄에 대한 프로파일링 기법과 실제 사례들을 폭넓게 다루어

독자 여러분이 다양한 유형의 범죄에 대한 프로파일링 과정과 그 속에 숨겨진 심리를 생생하게 경험할 수 있도록 했습니다.

물론, 크리미널 프로파일링은 끊임없이 발전하고 진화하는 수사기법이지만, 정확성 한계, 분석 과정에서의 오류 가능성, 잠재적 편견 개입, 그리고 인권 침해의 위험성과 같은 문제점들도 안고 있습니다.

이러한 도전 과제를 해결하기 위해서는 법과학의 발달, 프로파일러의 전문 역량 향상, 그리고 과학적 분석 도구 및 장비 등의 시스템화가 우선적으로 이루어져야 합니다.『범죄인 프로파일링 제3판』은 이러한 한계와 윤리적 문제들을 솔직하게 다루며, 보다 체계적이고 심층적인 대안을 모색하는 데 기여하고자 합니다.

나아가 이 책이 범죄 현장의 수사관들에게는 실질적인 수사 기법과 전략을 제공하고, 관련 학문을 공부하고 연구하는 학생들과 학자들에게는 심층적인 이론적 토대와 다양한 사례를 통한 이해를 돕기를 바랍니다. 또한, 프로파일링 관련 정책실무자들에게는 최신 트렌드와 발전 방향을 제시하며, 궁극적으로 범죄 예방과 해결을 위한 정책적 대안 마련에도 유용한 지침이 되기를 희망합니다.

『범죄인 프로파일링 제3판』을 읽어 내려가는 모든 분께 마음으로 7월의 작렬하는 태양만큼 불타는 정열의 꽃, 붉은색 플록스(Phlox) 한 바구니를 선사합니다. 감사합니다.

계명대학교 쉐턱관에서

2025년 7월에

저자 허경미

머리말

범죄인 프로파일링(criminal profiling) 작업 중 샤이니 종현의 안타까운 소식을 접했다. 아티스트로서의 그의 음악적 재능은 익히 알았다. 수고했다고 말해달라는 마지막 글이 아프다.

그가 우리에게 준 내일쯤이라는 곡이다. 잠시 종현을 기억하며, 같이 듣고 싶다.

… "… 우리가 살면서 매일 신날 수는 없잖아 우리가 평생을 눈물 흘릴 것도 아니잖아 괜찮아 괜찮아 하루쯤 모두 제쳐 두고 쉬어도 돼 내일쯤 힘내면 돼 아니 너 모레쯤이라도 좋아 한 달쯤 …"

내일쯤(종현 소품집 '이야기 Op.1' 수록곡 중).

불현 듯 범죄인 프로파일링이라는 작업도 결국 범인의 마음을 읽어내고, 그의 입장에서 피해자 선정동기를 찾아내며, 그의 행동을 증명할 증거를 범행현장과 피해자에게서 찾아내고, 그로부터 범행을 인정하고, 반성하며, 범죄에 상응하는 처벌을 받고, 정상적인 사회인으로 복귀할 수 있도록 지원하는 일이라는 면에서 때론 살인자와 때론 연쇄성폭력범과 때론 자생직 테러범과 마주하는 고독한 그리고 치열한 삶의 한 마당이라는 생각이 들었다.

범죄인 프로파일러(profiler)는 모든 범죄문제를 해결하는 완벽한 해결사(solver)도 아니며, 또 범인을 직접 체포하는 수사관도 아니다.

다만 범죄문제를 보다 빨리 해결할 수 있도록 수사관, 교도관, 그리고 보호관찰관을 돕는 서포터즈(supporters)로서의 역할을 충실하게 해내야 하는 전문가이어야 한다.

프로파일링이 본격적으로 활용되기 시작한 때는 20여명을 살해하고 시체를 훼손하여 암매장하는 등 엽기적인 범행을 벌여 유가족과 시민들에게 커다란 고통을 준 유영철이 검거된 2004년 7월 중순부터라고 할 수 있다. 물론 1970년대부터 특별수사관(special agent)들에게 프로파일링 교육훈련을 시행한 FBI 아카데미에 비하면 아직 초보적인 단계지만 한국 경찰 역시 범죄분석관제를 이제 막 도입한 시점이기도 하였다.

이후 정남규, 김길태, 강호순 등의 연쇄살인과 조선족 오원춘(2012), 박춘풍(2014), 김하일, 인천 초등생 살인(2017)에 이르기까지 잔인한 살인사건들을 접하면서 범죄인 프로파일링과 프로파일러에 대한 학계 및 수사기관, 그리고 이에 못지않게 시민들의 관심이 더욱 높아졌다.

범죄인 프로파일링에 대한 높은 관심은 나와 이웃, 그리고 지역사회의 평화로운 삶을 희망하는 마음이 그만큼 절실하다는 의미일 것이다.

물론 현실의 범죄인 프로파일링에 대한 기대나 관심은 높지만, 현실에서는 프로파일링을 위한 법의학적, 법과학적 지식이나 전문성을 확보하고, 충분한 임상경험 기회, 관련 정보를 주고받을 다양한 채널이나 인프라는 여의치 않은 실정이다.

프로파일링 기관을 체계화하고, 프로파일러의 역량을 강화한다면 살인, 강간, 방화, 제노포비아, 테러, 섹스팅, 리벤지 포르노, 해킹 등 흉악범부터 사이버범죄에 이르기까지 보다 신속하게 문제를 해결할 수 있을 것이다. 미국 CBS에서 방영되는 크리미널 마인드(criminal minds)가 그저 드라마가 아니라 리얼리티(reality)가 될 수도 있다.

필자는 범죄인 프로파일링이라는 교과목을 개발하여 대학에서 수년간 사이버강좌를 진행하면서 끝없이 밀려드는 수강생들을 보며 일반대중에게도 프로파일링을 제대로 알려야겠다는 생각을 하였다.

이 책은 범죄인 프로파일링을 보다 쉽게 이해할 수 있도록 프로파일링의 방법과 그 역사적 발달, 미국과 영국, 한국의 프로일링 관련 기관과 프로파일러의 자격요건, 프로파일링이 적용되는 연쇄살인, 연쇄강간, 연쇄방화, 제노포비아, 테러, 섹스팅, 사이버범죄에 등에 대한 귀납적 데이터 및 관련 범죄의 동향, 그리고 다양한 이슈 및 사례 등을 담았다. 이 책을 접하는 독자들은 프로파일링뿐만 아니라 프로파일링을 위한 법과학적인 배경지식에 이르기까지 흥미진진한 정보를 접하게 될 것이다.

집필하는 내내 온갖 범죄를 접하였다. 샤이니 종현의 "하루쯤 모두 제쳐 두고 쉬어도 돼 내일쯤 힘내면 돼 …"라는 노랫말을 되뇌면서 이젠 좀 내려놓으려 한다.

주변의 모두에게, 그리고 이 책의 독자들에게 감사하다.

계명대학교 경찰행정학과

허경미 교수

목차

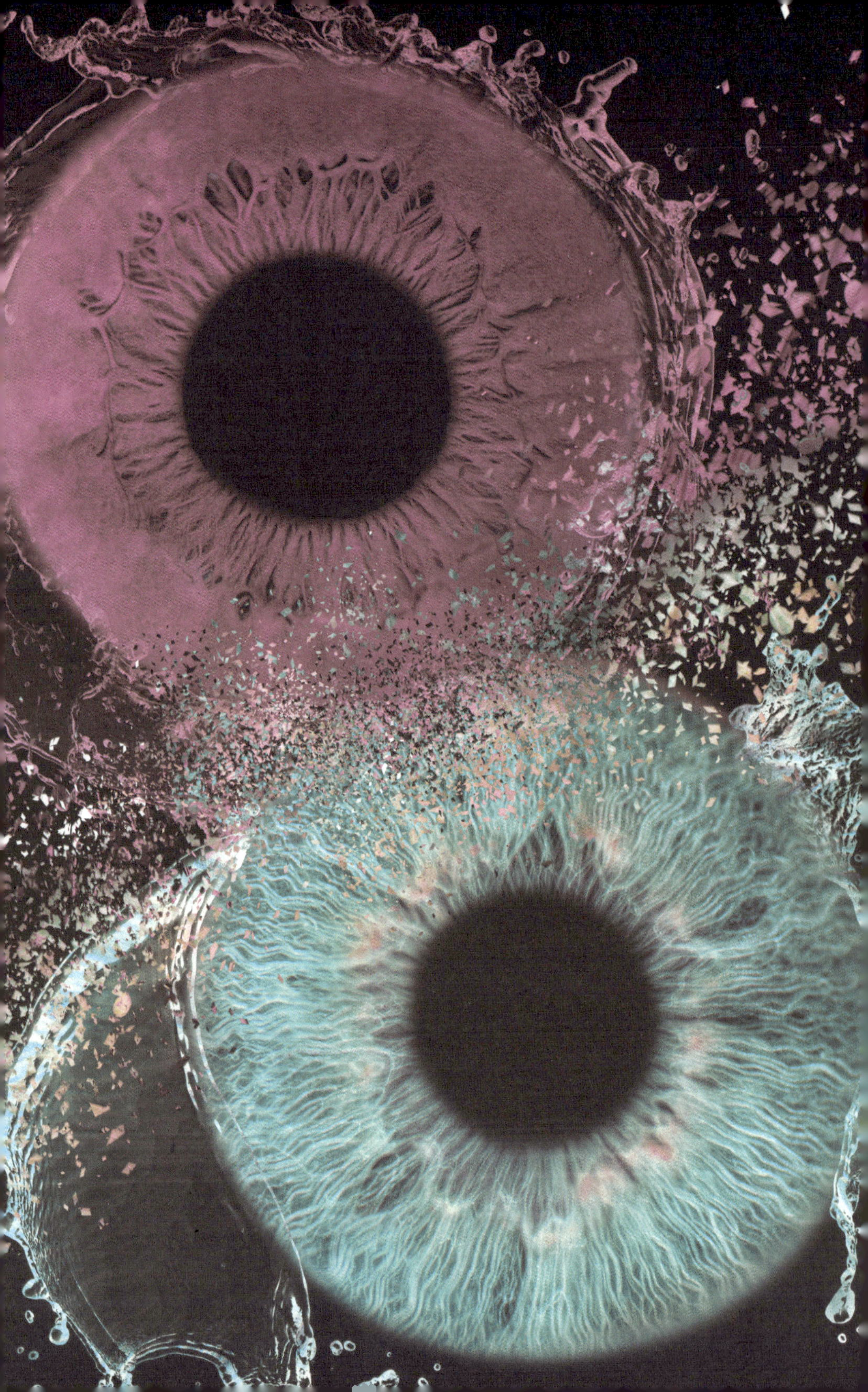

CRIMINAL PROFILING

01

크리미널 프로파일링의 정의와 역사

CRIMINAL
PROFILING

제1장

크리미널 프로파일링과 크리미널 프로파일러

크리미널 프로파일링, 크리미널 프로파일러

일반적으로 프로파일링(profiling)이란 일반적인 특성 또는 행동을 기반으로 어떤 사람이나 그룹을 이해하려는 방법을 말한다. 예를 들어 인종별, 종교별, 소비성향별, 레저활동별 등 일정한 기준을 바탕으로 유사한 특징을 가진 사람, 물건, 현상 등을 분류하는 일련의 작업이라고 할 수 있다.

범죄인 프로파일링(Criminal Profiling)에 대한 개념 정의는 매우 다양하다. 게베스(V. J. Gebeth)는 범죄에 기담한 개인에 대한 구체적인 정보를 수사기관에 제공하는 과정이라고 한다.[1] 베네트와 헤스(Bennett & Hess)는 범죄인 프로파일링에 대해 명확하게 정의하지 않고, 범죄 프로파일링의 목적에 따라 개인적인 지능, 감정, 그리고 심리적인 특징 등을 강조하고 있다.[2]

페트릭(W. Petherick)은 범죄인 프로파일링이란 범죄현장에 남겨진 범죄의 증거와 행동양태를 기초로 범죄자의 개괄적인 성격과 행위적 단서를 수사기관에 제공하려는 작업이라고 한다. 즉, 범죄자와 피해자, 범죄현장, 범행도구의 선정, 사용한 말씨 등과 범죄자와의 상관성을 분석하고, 범죄자를 추론하는 과정이라는 것이다.[3]

코시스(RN, Kocsis)는 법의학적 측면에서 범죄 프로파일링은 범죄 현장에 남겨진 증거(물리적 증거와 행동 패턴 포함)를 토대로 범죄자의 특징을 추론하는 데 사용되는 법의학 기술이라고 정의하였다.[4] 헤일브룬(K, Heilbrun)은 인지행동학적 측면에서 인지행동이론을 적용하여 범죄인 프로파일링이란 범죄자의 동기, 사고방식 및 미래 행동을 평가하고 예측하는 것이라고 정의하였다.[5]

한편 옥스포드 사전에서는 범죄인 프로파일링이란 법집행기관이 범죄현장 증거를 평가하고 잠재적인 범죄자의 심리적, 행동적 특성을 파악하는 데 사용하는 방법으로 범죄현장과 피해자의 특성을 분석하고 범죄자의 특성에 대한 가설을 세우는 일련의 과정이라고 정의한다.[6]

경찰이나 검찰, 국립과학수사연구원 등 프로파일링 관련 업무를 행하는 수사기관 및 관련 법규정은 범죄인 프로파일링이라는 용어 보다는 범죄분석(criminal analysis)이라고 칭하고 있다. 그리고 관련 업무의 종사자를 범죄분석관이라고 명칭한다. 미디어 역시 프로파일러와 범죄분석관을 혼용하고 있어 대체로 프로파일러와 범죄분석관을 동일한 개념으로 인식하는 것으로 보인다.[7]

한편 범죄인 프로파일링은 다양한 용어로 대체되기도 한다. 즉, 행동프로파일링(behavioral profiling)이나 범죄현장 프로파일링(criminal scene profiling), 범죄자성격프로파일링(criminal personality profiling), 범죄프로파일링(offender profiling), 심리학적프로파일링(psychological profiling), 그리고 범죄수사분석(criminal investigative profiling)이라는 용어로 사용된다.

특히 FBI는 프로파일링을 심리학적 프로파일링, 혹은 행태적 프로파일링이라는 용어로 지칭하다가 최근에는 범죄수사분석(Criminal Investigative Analysis: CIA)이라고 지칭하고 있다. 범죄수사분석(CIA)은 기본적으로 프로파일링과 용의자 성격진단, 변사체분석, 심문전략까지를 포함하는 보다 확장된 개념이라고 할 수 있다.[8] 따라서 FBI는 범죄인 프로파일링이란 범죄 현장과 피해자의 행동 패턴과 특성을 기반으로 가능성 있는 용의자를 식별하는 일련의 과정이라고 개념 짓는다.

FBI의 범죄인 프로파일링에 대한 이러한 개념정의는 프로파일링의 목적을 보통 사람들과 차별화된 범죄자의 특성과 습벽을 파악하여 수사기관에 제공하는 것을 전제로 하며, 이는 프로파일링의 기본적인 목적이기도 하다.[9]

프로파일링에 대한 다양한 정의들을 바탕으로 이 책에서는 범죄인 프로파일링(criminal profiling)이란 범죄현장 및 범행과정, 수집한 증거 등을 근거로 범죄자의 특성과 행동양태를 추론하여 형사사법기관에 용의자 또는 범인의 체포, 심문 및 재판, 교정교화 등에 필요한 판단자료 또는 정보를 제공하는 일련의 작업이라고 정의한다. 그리고 형사사법기관 및 국립과학수사연구원에서 이러한 업무를 행하는 공무원을 범죄인 프로파일러, 범죄 프로파일러, 또는 프로파일러라고 정의한다. 이러한 개념 정의는 일반적으로 범죄현장과 범행과정에서 평상시 범죄자의 성격과 행동양태가 드러날 수밖에 없다는 가정을 전제로 한 것이다.[10]

한편 이 책에서는 범죄인 프로파일링과 범죄 프로파일링, 크리미널 프로파일링을 혼용할 수 있다. 즉, 특정 사건에 대한 설명을 할 경우 명확하게 구분할 것이나 그 외의 경우에는 혼용할 수 있다.

제2장

크리미널 프로파일링의 역사

크리미널 프로파일링의 출발과 발전

크리미널 프로파일링의 역사는 명확지 않지만 1880년대 런던 일대에서 발생한 이른바 연쇄 살인범 잭 더 리퍼(Jack the Ripper) 사건이 출발점이라고 할 수 있다. 당시 런던 메트로폴리탄 경찰은 경찰 부검의사인 토마스 본드(Thomas Bond)에게 살인범의 살해 수법 및 사체훼손 수법과 인체정보에 대한 자문을 구하였다. 본드는 다섯 구의 훼손된 사체를 부검한 기록을 바탕으로 1888년 11월 10일 최종의견을 제시하였다. 그는 살인범은 뚜렷한 여성혐오증(Misogyny)과 과성애증(Hypersexuality)을 가진 것으로 추론하였다.

본드는 “살인자는 상당한 체력을 가졌고, 냉정하고 대담한 성격을 가진 남자로 보이며, 살인 당시 광적인 에로티시즘에 사로잡혀 여성을 살해하고, 시체를 훼손하였을 것”이라는 의견을 제시하였다.

잭 더 리퍼(Jack the Ripper) 사건

잭 더 리퍼는 1888년 런던 화이트 채플 지역과 그 주변의 빈곤지역에서 활동하는 미확인 연쇄 살인범으로 추정되는 인물이다.

살인 피해자들은 주로 런던 이스트 엔드의 빈민가에서 성매매에 종사하는 여성들로 이들은 목과 복부 등이 잘렸으며, 일부 희생자들은 내부 장기가 적출되거나 훼손되었다. 이에 따라 범인은 신체해부학적 지식을 가진 인물일 것으로 추정되었다. 잭 더 리퍼라는 이름은 한 언론사에 보낸 편지에 훼손된 시신의 신장일부가 담겨진 봉투에 쓰여진 발신인 이름에서 나왔다는 설과 언론들이 신문이나 잡지의 판매부수를 늘리려는 계산에서 사용했다는 주장 등이 엇갈리고 있다.

1888년부터 1891년까지 런던 화이트 채플 일대에서 모두 11건의 살인사건이 발생했지만, 이 가운데 1888년 8월 31일부터 11월 9일 사이에 발생한 다섯 건은 살해수법과 시체훼손 등의 패턴 등을 고려할 때 동일수법(modus operandi)이 인정되며, 잭 더 리퍼의 소행으로 간주되고 있다.

한편 잭 더 리퍼 사건은 마침 당시 런던을 포함하여 세계 각국에 우후죽순으로 발간되던 신문과 잡지에 무분별하게 보도되어 국제적인 관심거리로 등장하였고, 취재기자들은 경쟁적으로 사건을 보도하였다. 또한 살인사건이 발생하면 닉네임을 붙여 보도하는 관행들이 생겨나 French Ripper, Düsseldorf Ripper, Camden Ripper, Blackout Ripper, Jack the Stripper, Yorkshire Ripper 및 Rostov Ripper 등으로 보도하며 세간의 관심을 끌었다.

잭 더 리퍼 사건 등을 소재로 하는 수 많은 범죄소설과 시, 영화 등이 발표되었고, 특히 셜록홈즈와 같은 탐정소설의 발달을 가져왔으며, 2015년에는 박물관(the Jack the Ripper Museum)이 런던 동부에서 개관되었다.

자료: Wikipedia, Jack the Ripper, https://en.wikipedia.org/wiki/Jack_the_Ripper

책 더 리퍼에 의한 살인사건 피해자들이 발견된 장소

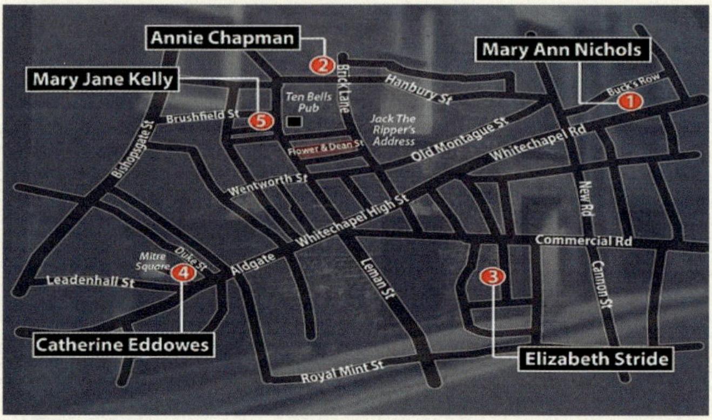

자료: pinterest, https://www.pinterest.co.kr/pin/126241595795154109/

미국의 경우 1912년, 뉴욕 주의 한 심리학자가 Lackawanna에 있는 카운티에서 발생한 소년 살인 사건의 범인인 “The Postcard Killer”라고 불리는 연쇄살인범 John Frank Hickey를 분석하였다. 그는 18세때부터 뉴욕 동부 일대를 돌아다니며 30여년간 살인을 저질렀다. 그는 자신의 범죄행위를 엽서에 담아 언론에 발송했고, 이러한 수법으로 포스트카드 킬러로 불리우게 되었다. 그는 심리학적 프로파일링에 의해 검거된 최초의 연쇄살인범으로 기록된다.[11]

1932년에 Dudley Schoenfeld 박사는 뉴저지주의 Charles Augustus Lindbergh 라는 20개월된 유아의 납치 사건의 범인에 대한 프로파일링 자료를 제공했다. 이에 따라 결국 범인은 검거되었고, Little Lindbergh Law라고 불리는 연방 납치법을 통과 시키는 계기가 되었다.

이 법은 납치를 연방범죄로 규정하고, 연방수사관은 미국 전역에서 납치범을 추적할 권한을 갖게 되었다.

한편 1956년 정신과 의사인 제임스 브루셀(James Brussel)은 뉴욕 일대에서 10여년간 화재와 폭발을 일삼은 범인, 일명 미치광이 폭파범(Mad Bomber)에 대한 프로필을 뉴욕타임즈에 기고하였다.[12] 1964년에 브루셀은 보스톤 경찰에 Boston Strangler 프로필을 제공하였다. 브루셀은 1962년부터 1964년 사이에 보스톤 일대에서 19세에서 85세 사이의 미혼 여성 13명이 성폭행을 당하고 목을 졸라 살해 당한 사건들을 분석했다. 언론은 범인을 Boston Strangler(보스톤 교살자)라 묘사하며 사건을 보도했는데 범인은 Albert H. DeSalvo라는 배달원이었다. 그는 일부 성폭행만을 인정하고 살인은 부인하였다. 그는 1964년 10월에 검거되어 1967년에 종신형을 받아 복역하다가 교도소에서 1973년에 사망했다. 2013년 7월에 보스톤 경찰은 DNA 분석기법을 통해 그가 부인한 모든 살인 사건의 범인임을 밝혀냈다. DNA 분석을 위해 그의 시신은 묘지에서 파내어졌다.[13]

1972년에 FBI는 패트릭 멀라니(Patrick Mullany)와 하워드 테텐(Howard Teten)을 중심으로 행동과학부(Behavioral Science Unit)를 창설하였다. 1974년에 로버트 케펠(Robert Keppel)과 심리학자 리차드 월터(Richard Walter)가 연쇄 살인범 테드 번디(Ted Bundy)와 그린 리버 킬러(Green River Killer)에 대한 조사를 진행하였다. 이 조사를 바탕으로 폭력범죄의 유형과 특징을 네 가지 형태로 분류하여 HITS(Hunter Integrated Telemetry System) 데이터베이스를 개발했다.

FBI의 BSU에서 로버트 레슬러(Robert Ressler)와 존 더글라스(John Douglas)는 1978년 초부터 36명의 흉악범들을 대상으로 인터뷰를 진행하였고 이것을 바탕으로 성적으로 동기화된(sexually motivated violent offenders) 폭력범들의 유형화를 시도했다. 그리고 FBI는 1984년 6월 21일 레이건 대통령의 승인으로 국립강력범죄분석센터(National Center for the Analysis of Violent Crime: NCAVC)를 발족하여 본격적인 프로파일링 시스템을 구축하였다.[14]

1980년부터 FBI는 정기적으로 프로파일링 자료를 공개하기 시작하였다.

1985년에 영국의 심리학자이면서 수사심리학의 발전을 이끌던 David Canter 박사는 철도 강간범에 대한 프로파일링 자료를 수사당국에 제공하였다.[15]

한편 FBI는 1992년에 범죄분류매뉴얼: 강력범죄 수사 및 분석기준(Crime Classification Manual : A Standard System for Investigating and Classifying Violent Crimes)을 발간하였다. 이 텍스트는 국립강력범죄분석센터(NCAVC)의 존

시어도어 로버트 번디(Theodore Robert Bundy)

Theodore Robert Bundy(1946-1989)

테드 번디(Ted Bundy, 1946-1989)라 불리며, 1970년대에 미국의 7개 주에 걸쳐 30건의 살인을 자백한 연쇄살인범이다. 테드 번디는 1989년 1월 24일 플로리다 주 라이 포드에 있는 플로리다 주립교도소 에서 처형당했다. 그의 피해자는 모두 젊은 여성으로 강간과 시간, 칼이나 전기톱 등을 이용한 사체 훼손 등의 행태를 보였다. 테드 번디는 교도소 수감 중 두 번이나 탈출에 성공하였으며, 10여년 간 감형을 받기 위해 범행을 숨기거나 유죄답변거래(Plea bargain) 등을 시도하였다. 그를 소재로 한 영화나 소설 등 다양하게 등장하였다. 그를 면담하거나 수사한 전문가들은 그를 사이코패스(psychopath), 소시오패스(sociopath), 냉혈한, 더 이상 표현할 수 없는 정도의 악랄한 사람이라고 묘사하였다.

그린 리버 킬러(Green River Killer)

Gary Leon Ridgway(1949-)

그린 리버 킬러로도 알려진 게리 레온 리지 웨이(Gary Leon Ridgway, 1949-)는 1980년대와 1990년대에 걸쳐 워싱턴 주 일대에서 48건의 살인으로 유죄판결을 받았다. 피해자들은 성매매 여성과 가출한 아동들이었으며, 범행수법은 끈을 사용하여 목을 졸라 살해하였다. 피해 사체는 주로 숲이나 야산, 들판에 버렸고, 시체훼손과 시간도 서슴치 않았다.

수사당국은 리지웨이가 총 49건의 살인혐의를 인정하는 조건으로 유죄답변거래(Plea bargain)를 통해 그를 기소하여 가석방 없는 종신형을 선고했다. 그는 종신형을 선고받은 후에는 미국 전역에서 모두 71명을 살해하였다고 자백했다.[16] 리버 킬러에 대한 영화로 Green River Killer라는 이름으로 2005년에 영화로도 제작되었다.[17]

더글라스, 앤 버제스, 앨런 버제스 및 로버트 레슬러(John E. Douglas, Ann W. Burgess, Allen G. Burgess 및 Robert K. Ressler)가 집필하였다. 이 매뉴얼은 범죄수사분석(Criminal Investigative Analysis)이라는 용어를 사용하며, 범죄수사에 있어 프로파일링 기법을 적극 활용하기 시작하였다.[18]

현대: 다양한 법과학과의 접목

범죄인 프로파일링의 효과성에 대한 논란에도 불구하고 범죄 수사에서 이 기술의 사용은 수년에 걸쳐 증가하고 있다. 특정 범죄에서 가장 가능성이 높은 용의자를 식별하기 위해 이전에 수집된 각종 데이터를 사용하는 것은 매우 당연한 수사기법이며, 이를 정교하게 진행하기 위한 다양한 과학적 기술이 접목된다.

범죄인 프로파일링(Criminal profiling)은 법과학(forensic Sciences) 지식을 활용하여 범죄자의 성격 패턴, 행동 및 인구통계학적 특성을 예측하는 작업이다. 범죄 프로파일링은 사용자에게 가해자 특성에 대한 통찰력과 더 나은 이해를 제공한다.

특히 최초의 법과학 분야의 놀라운 발전은 프로파일링을 보다 논리적으로 진행케하는데 도움을 주고, 각 국의 형사사법기관은 매우 체계적으로 관련 분야의 전문성을 도모하는 추세이다. 이 책에서는 미국과 영국 그리고 우리나라의 크리미널 프로파일링 관련 제도와 배경 학문, 대표적인 범죄 유형 등을 기술한다.

참고문헌

1_Geberth, V. J. (2013). *Practical homicide investigation checklist and field Guide*. CRC Press.

2_Bennett, W., & Hess, K. (2006). *Criminal investigation*. Cengage Learning.

3_Chifflet, P. (2015). Questioning the validity of criminal profiling: an evidence-based approach. *Australian & New Zealand Journal of Criminology*, 48(2), 238-255.

4_Kocsis, RN (2007). Criminal Profiling: International Theory, Research, and Practice . Humana Press.

5_Heilbrun, K. (2009). Practical Handbook of Forensic Psychology: Mental Health and Criminal Law. Wiley.

6_Oxford English Dictionary, https://www.oxfordreference.com/display/10.1093/oi/authority.20110803095648437

7_서울신문, 미제될 뻔한 '부산다방 여종업 살인 사건', 지리 프로파일링 '홈즈' 개발로 범인 잡아, 2017년 11월 12일자 보도.

8_Kocsis, R. N., & Palermo, G. B. (2015). Disentangling criminal profiling: Accuracy, homology, and the myth of trait-based profiling. International journal of offender therapy and comparative criminology, 59(3), 313-332.

9_Morton, R. J., Tillman, J. M., & Gaines, S. J. (2014). Serial murder: Pathways for investigations. Federal Bureau of Investigation, US Department of Justice.

10_허경미. (2015). 「범죄 프로파일링 제도의 쟁점 및 정책적 제언」, 경찰학논총, 10(1), 205-234.

11_Marklund, L., & Patterson, J. (2010). Postcard killers. Piratförlaget.

12_Brussel, James (1968). Casebook of a Crime Psychiatrist. Bernard Geis Associates.

13_Bidgood, Jess (July 11, 2013). "50 Years Later, a Break in a Boston Strangler Case". The New York Times. New York City. Retrieved October 16, 2013

14_FBI, Convicted Killer Linked to 90 Murders FBI's Violent Criminal

Apprehension Program Connects Cases to Prolific Serial Killer, https://www.fbi.gov/news/stories/vicap-links-murders-to-prolific-serial-killer-112718

15_Egger, Steven A. (1999). "Psychological Profiling". Journal of Contemporary Criminal Justice. 15 (3): 242-261. doi:10.1177/1043986299015003003. ISSN 1043-9862. S2CID 147167123

16_Johnson, Tracy; Castro, Hector (October 30, 2003). "Green River victims' list may grow by six". Seattle Post Intelligencer. Seattle, Washington: Hearst Corporation. Retrieved September 19, 2013.

17_wikipedia, https://en.wikipedia.org/wiki/Green_River_Killer_(film)#Filming

18_Devery, Christopher (2010). "Criminal Profiling and Criminal Investigation". Journal of Contemporary Criminal Justice. 26 (4): 393-409. doi:10.1177/1043986210377108. ISSN 1043-9862. S2CID 144499374.

제3장

크리미널 프로파일링의 배경 학문 : 법과학

법과학의 정의

법과학(Forensic Science)이란 일정한 법적 기준을 갖춘 과학적 전문성을 바탕으로 증거를 수집, 분석하여 수사 및 재판에 활용할 수 있도록 기여하는 다양한 학문 및 과학분야를 말한다.

법과학을 좀 더 구체적으로 설명할 수 있다.

첫째, 범죄수사에 있어 과학적 지식을 이용한다. 즉, 의학·이학·화학·물리학·생물학·기계공학·토양학·곤충학·건축학 등의 자연과학 분야의 지식은 물론이며, (범죄)심리학·사회학·논리학·통계학·음향학 등 모든 분야의 과학적 지식이 이용된다.

둘째, 다양한 감식기자재 등을 활용한다. 수사자료의 검출·채집·감별 등을 위한 감식기재·재료와 기술이 끊임없이 개발되어 수사활동에 이용되고 있다.

변사체의 부검

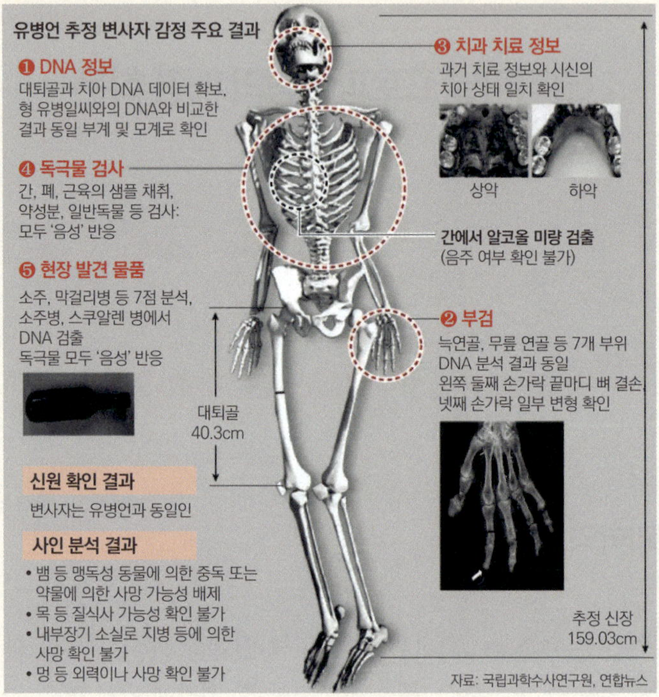

자료: 경향신문, 2014년 7월 26일자 보도.[1]

법과학은 지문감식, 화재감식, 혈액·모발·뼈 등의 감식, 정액·타액·땀 등 분비물의 감식, 총기 탄알의 감정, 문서 필적 인영의 감정, 잠재지문·족흔적·윤적(바퀴흔)·혈흔의 검출 등을 위한 기기 및 재료, 자타살의 감별, 거짓말탐지기 활용, 영상중첩법(super impose), DNA분석 기법 등이 개발되어 활용되고 있고 그 영역도 확장되고 있다.

이와 같이 법과학의 영역은 법의학(법의병리학, 법의유전학, 법의혈청학, 법의인류학, 법의치의학, 법의독성학), 법곤충학, 법의생리학, 법의공학, 법의행동과학 등 다양한 영역에 걸쳐 있다.

에드몽 로카르

법과학은 프랑스의 셜록 홈즈라고 불리는 리옹대학교 범죄학 교수였던 에드몽 로카르(Edmond Locard, 1877. 12. 13 ~ 1966. 4. 4.)가 그 창시자라고 할 수 있다. 로카르는 "모든 접촉은 흔적을 남긴다."(Every contact leaves a trace.)라는 격언을 통하여 범죄현장은 어떠한 형태로든 흔적을 남기며 이러한 흔적을 토대로 과학을 이용한 수사를 통하여 범인을 찾아낼 수 있다고 강조하였다.

법의학

법의병리학

법의병리학(Forensic Pathology)은 질병으로 인한 사망 이외의 모든 죽음, 즉 변사의 사인을 규명하는 법의학을 말한다. 법의학(legal Medicine)은 법과학의 일부로 즉 법(law)분야의 문제를 해결하기 위해 의학적 원리와 지식을 적용하는 응용의학을 말한다. 법의병리학자들은 시체(상처의 형태, 질병, 환경적 조건, 피해자의 이력 등)의 사인(死因)과 관련이 있는 모든 법의학적 증거(forensic evidence)에 대한 감정을 담당한다.[2]

법의병리학자들의 역할은 사망에 대한 사실과 상황을 구체화시키고, 용의자의 진술을 반박할 근거를 제시하는 것이므로 범죄인 프로파일링을 지원한다고 볼 수 있다.

그러나 한편으로 법의병리학의 독창적인 역할로 범죄인 프로파일링을 그 영역으로 수상하는 경우도 있다. 즉, 물리적 증거에 대한 감정 및 범죄의 재구성을 통한 범죄 프로파일링의 기능성과 용의자의 추정이 가능하다는 것이다.

따라서 법의병리학은 필연적으로 검시(檢視, death investigation)를 하게 되며, 검시란 죽음에 대한 조사 즉, 죽음에 대한 법률적 판단을 위하여 시체 및 그 주변의 현장을 포함하여 종합적으로 조사하는 것을 말한다.

법의병리학에서 검시의 대상이 되는 경우를 미국의 모범사후검시법(1954 Model Postmortem Act)에서 일목요연하게 제시하고 있다.[3]

a. 폭력적인 죽음-살인, 자살, 사고사(발열, 화학, 감전사 또는 방사선 누출 등은 제외), 범죄적인 낙태로 인한 사망
b. 쉽게 인식할 수 있는 질병에 의한 급사가 아닌 경우
c. 의심되는 환경에서의 죽음
d. 사체가 화장되었거나, 해부되었거나, 바다에서 발견된 경우, 검시가 불가능하도록 훼손된 경우
e. 공공기관에 수용된 수형자가 병원에 입원해 있지 않은 상태에서 질병으로 사망한 경우
f. 산업재해로 얻은 질병으로 인한 사망 또는 업무 중 사망
g. 죽음과 관련된 질병이 공중보건에 위협을 줄 관련성이 있는 경우

한편 한국의 국립과학수사연구원은 시신이 보여 주는 정보들을 다음과 같이 알기 쉽게 설명하여 법의학에서 사체 부검의 중요성을 일깨워 주고 있다.[4]

시신에게서 찾을 수 있는 정보

모발	마약투약
모근	DNA
뇌	독극물
치아	연령대
목	목졸림
피부	폭행, 감전
심장	화재, 가스중독
뼈(대퇴부)	DNA, 독극물, 폭행여부
근육	DNA, 독극물
손톱 밑	폭행, 목졸림, 저항흔적
장기(폐, 간, 신장, 비장)	플랑크톤 채취로 익사여부
위	독극물
방광	마약투약
혈액	DNA, 혈중알코올농도, 마약
음부	강간여부, DNA 채취로 가해자 확인

자료: 국립과학수사연구원, http: //www.nfs.go.kr/

검시, 검안, 부검의 차이

- 검시(postmortem inspection): 주검(시체)을 검사하는 것
- 검안(postmortem inspection): 주검의 외관만 관찰하는 것
- 부검(autopsy): 주검을 해부하여 내부까지 관찰하여 판단하는 것

검시관의 임무 : ① 사망 선고 ② 주검의 신원 확인 ③ 사망시각 추정 ④ 사망원인 결정 ⑤ 사망의 종류(유형) 결정 ⑥ 증거물 확보 ⑦ 시체를 검사하여 손상이나 사망의 상황을 객관적이고 과학적으로 재구성(reconstruction)

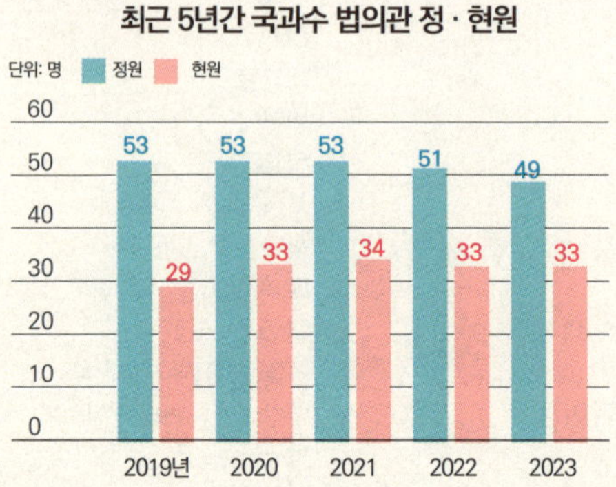

국립과학수사연구원은 2024년 2월 1일 부검을 담당하는 법의관 6명을 모집하는 공고를 냈다. 하지만 지원자가 한 명도 없었다…중략…국과수가 지난해 수사기관으로부터 의뢰받은 부검 건수는 8,059건이다. 그러나 국과수 법의관은 33명으로 정원(49명)을 한참 밑돈다. 1인당 한 해 244구의 시신을 부검하는 셈이다…중략…국과수는 민간의사에게 일부 부검을 맡기면서 부족한 일손을 메우고 있다. 2022년 기준 국과수 의뢰 부검 33%를 촉탁된 외부 의사가 처리했다…인력난의 원인으로는 낮은 처우가 꼽힌다. 국과수 법의관은 의사 면허증이 필수다. 국과수 '5급 전문관'으로 채용되면 초봉은 8,000만원 수준이고, 10년 차 이상 4급 '수석전문관'은 1억원 가량을 받는다. 의사 평균 연봉 2억 3,070만원(2020년 보건복지부 조사)에 한참 못 미친다. 유성호 서울대 법의학교실 교수는 "또래에 비해 적게 버는데 예전처럼 사명감만 강조해봐야 소용없다."라고 말했다.

법의학 인재풀도 씨가 마르는 중이다. 법의관과 법의학자 대부분은 병리과 전문의 출신이다. 하지만 기피 과로 분류되는 병리과 전공의 지원율은 매년 미달이다. 보건복지부 따르면 병리학 전공의 지원율은 2022년 38.8%, 2023년 50.6%, 2024년 60%로 집계됐다. 이는 응급의학과·산부인과 등 필수의료 과와 비슷한 수치다…

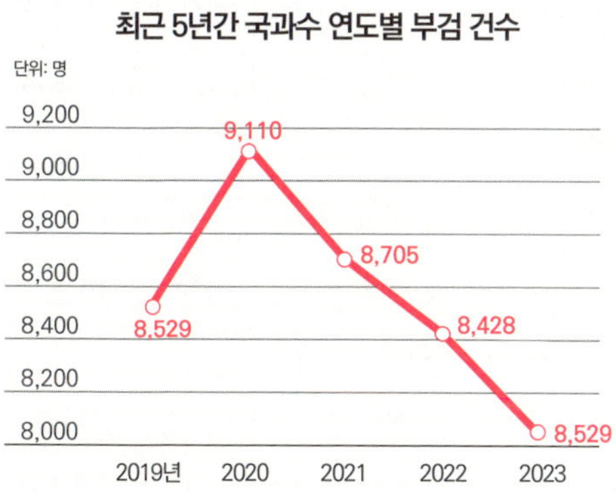

자료: 국립과학수사연구원, 중앙일보, 2024년 2월 21일자 보도. 재구성.[5]

법의유전학

법의유전학(Forensic Genetics)이란 DNA를 분석하여, 특정인의 신상정보를 파악하는 법의학으로 범인을 추적하고, 피살자의 신원을 확인할 수 있다. 즉 개인식별, 친자감정, 이산가족찾기, 범인 확인 등에 활용된다. 인간은 60조 개 정도의 세포를 가지고 있고, 각각의 세포는 서로 다른 염색체를 보유하고 있다. 인간은 각각 고유의 염색체 구조를 가지며, 이를 DNA(디옥시리보 핵산)라고 한다.

일란성 쌍둥이를 제외한 모든 사람이 서로 다른 유전정보를 가지고 있다. 또 죽을 때까지 변함없이 유지되며 매우 소량의 시료로도 분석이 가능하다. 또 안정된 이중 나선구조로 돼 있어 극심한 환경에 노출된 증거물도 분석이 가능하다

한국의 과학수사에 유전자(DNA) 분석이 본격적으로 도입된 것은 1991년 7월로 국립과학수사연구소에 유전자분석실이 신설되면서부터이다. 현재 1년 동안 수사 목적으로 이뤄지는 유전자 분석은 약 30여만 건에 이른다.[6]

과학수사 담당자들은 "범인이 외계인이면 틀릴 수도 있다"는 농담을 할 정도로 유전자분석을 신뢰한다. 유전자 분석은 장기 미제 사건의 용의자를 찾는 데 큰 역할을 해왔다.

한국은 범죄수사 및 범죄예방에 이바지하고 국민의 권익을 보호함을 목적으로 「디엔에이신원확인정보의 이용 및 보호에 관한 법률」을 2010년 4월 15일 제정하였다.

이 법은 수형자, 구속된 피의자, 범죄현장 등에서 유전자정보를 채취하고, 보관 및 수사 등에 활용하며, 나아가 관련 정보에 대한 관리 방법 등을 제시하고 있다.

범죄현장에는 혈액, 정액, 뼈, 치아, 모발, 타액, 대소변, 손발톱 조각, 근육, 담배꽁초, 우표, 편지봉투, 비듬, 지문, 개인물품(면도날, 껌, 손목시계, 귀지, 칫솔) 등 다양한 유류품이 있다. 이러한 것들 중 인체 세포가 포함돼 있는 모든 증거물은 유전자 감식이 가능하다.

2024년 12월 29일에 무안국제공항에서 승객 175명, 승무원 6명 총 181명이 탑승하고 있던 제주항공 2216편이 착륙 도중 폭발하며 탑승자 179명이 사망한 사고가 있었다. 이때 국과수는 유전자분석으로 사망자 179명의 신원정보를 밝혀 유족에게 시신을 인도할 수 있도록 그 역할을 다하였다.[7]

국립과학수사연구원 유형별 감정현황

구분	2023	2024	구분	2023	2024
DB관리	8,187	6,912	생약(한약제)	3	0
검안 · 현장조사	0	0	세균	125	120
교통사고	12,466	11,083	세제 · 향장품	114	60
기계구조물	303	240	식품독성	80	340
기타(사본, 질의 등)	3,023	2,363	식품성분	148	132
농약 · 살서제	1,256	1,698	식품판별	70	112
대량재해 · DVI	16	40	신원확인	6,782	6,234
동 · 식물	159	131	심리생리검사	909	706
마약 · 대마초	28,602	27,437	영상분석	1,381	1,209
문서감정	2,611	7,639	유전자분석	253,120	292,352
미세증거물	10,218	8,956	유해가스 · 유해화학물질	2,693	2,693
미제정밀	940	394	유해환각물질	728	627
법심리평가	462	680	음성 · 음향	4,420	2,260
법의병리검사	12,666	13,047	음주 · 대사체	37,964	38,760
법의부검	8,045	8,692	의약품	34,353	38,824
법의영상의학	6,630	5,815	인체분비물	156,680	165,204
법의진단검사	6,321	7,508	인화 · 탄화물	3,252	2,675
법의특수검사	600	597	일반독물	29,215	26,379
법인지	3	0	진술타당도분석	16	2
법치의학	1,119	1,242	총기 · 화약	471	631
컴퓨터포렌식	6,107	4,873	향정신성의약품	97,293	93,707
향정신성의약품	97,293	93,707	혈액형	18	23
혈액형	18	23	화재 · 폭발	3,580	3,564
흔적 · 형태	435	445	화학적지문(동위원소)	836	609
2023년 총감정건수	744,420		2024년 총감정건수	787,015	

자료. 국립과학수사연구원, 유형별 감정처리 현황. 2025.

유전자감식의 다양한 활용

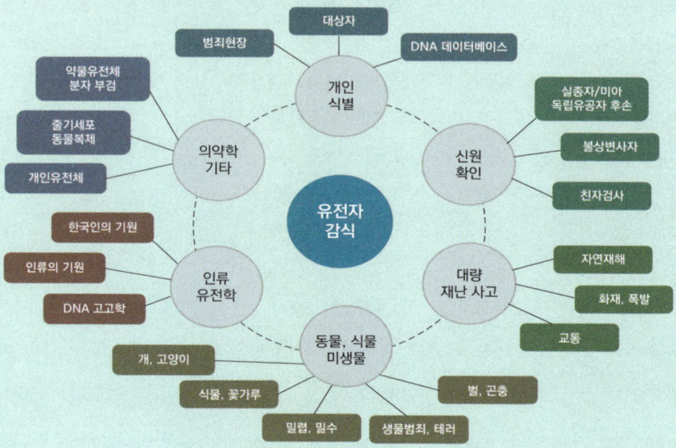

자료: 국립과학수사연구원, https://www.nfs.go.kr/

법의인류학

법의인류학(Forensic Anthropology)은 체질인류학을 활용하여 사회공동체가 요구하는 법률적 문제를 해결하려 노력하는 법의학이다. 법의인류학은 시신의 신원확인에 도움을 주는 개인식별 항목을 찾아내고, 사망의 원인과 그 종류를 추정하여 죽음의 과정을 법의학적으로 재구성한다.[8]

즉, 신장, 체중 등의 계측적 방법과 비계측적 방법인 형태학적 변이, 뼈의 모양 등 형태학적 특징을 통해 신원(사람)을 추측한다. 즉 신원을 알 수 없는 희생자의 정보와 이미 연구된 체질인류학 연구결과를 비교하여 유추하는 것이다.[9]

법의인류학자는 성별, 사망당시의 나이, 사망전 키, 인구집단, 사후 경과시간 추정, 뼈 손상, 병리소견 분석 등 개인 식별항목을 추정하는 역할을 수행한다. 사람과 동물의 뼈를 구분하고, 뼈 손상을 검사하여 원인이 되는 기전과 물체를 규명하며, 사후 경과시간을 추정한다. 위 과정을 통해 향후 신원확인을 위한 정보를 제공하게 된다.

한국에서 법의인류학의 중요성이 크게 부각된 것은 2003년에 발생한 대구 지하철 방화사건으로 인한 대규모 참사현장에서 신원을 확인하는데 활용되면서부터라고 할 수 있다.

법의인류학자는 개인식별항목(biological profile)을 추정할 때 사망 이전 정보를 알고 있는 뼈 표본을 이용하여 이미 규명된 통계학적 자료를 활용한다.[10] 따라서 법의인류학적 측면에서는 뼈 표본의 확보가 필수적이다.

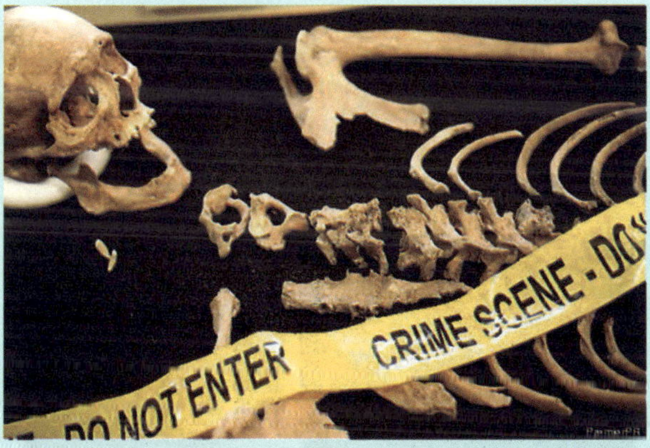

자료: Journal of Young Investigators, http: //www.jyi.org/

법의치학

법의치학(Forensic Odontology)이란 전문적인 치과 지식과 기술 및 경험을 통해 법에 관련된 사항을 해결하는 법과학의 한 분야이다. 법의치학의 주요영역은 개인식별, 연령감정, 교흔 분석, 구강악안면 영역의 손상 분석, 치과 의료분쟁의 법의치학적 감정 등의 영역으로 나뉠 수 있다.[11]

법의치학에서 사망자의 신원 확인 방식은 대상자의 생전 치과기록 및 사후 비교검사를 통하여 식별한다. 대상자의 생전기록을 이용할 수 없는 경우 결손치아, 매복치아, 과잉치아, 해부학적 이상, 치아우식증, 잔존치근, 심한 교모, 치경부 마모, 치아파절, 근관충전 상태, 유치와 영구치의 재료와 구별, 충전물의 재료, 형태 및 와동, 보철물의 재료와 형태, 교정치료와 관련된 장치와 치열의 정보 등 치아의 특징을 관찰하여 신원을 식별한다.[12]

범행현장에 있던 껌, 담배꽁초, 깨물어 먹은 과일자국 등을 통해서도 용의자 중 누가 범인인지 가릴 수 있으며 특히 성폭력범인 경우 가해자에게 남긴 치흔이 결정적인 증거가 될 수 있다.

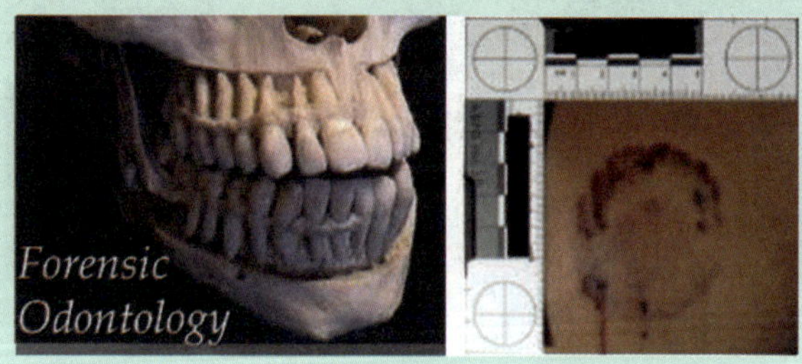

자료: https://wrongfulconvictionsblog.org/2012/09/04/about-bite-mark-evidence-forensic-odontology/

법의독성학

법의독성학(Forensic Toxicology)이란 생체에 유해작용을 일으키는 화학물질이나 중독을 일으킨 물질을 찾아내어 중독 및 사망의 원인을 밝히는 법과학을 말한다.[13]

법의독성학에서 분석되는 대표적인 시료는 알코올, 약물투입, 약물오남용 등이다. 특히 약물에는 ① 마약성 진통제(아편류), ② 중추신경계 억제제(수면제), ③ 중추신경계 흥분제(각성제), ④ 환각제, ⑤ 기타 청산가리와 같은 독극성물 등으로 구분된다.

독은 무기물에서 추출한 독과 생물에게서 추출한 독으로 나뉜다.

무기물 독에는 비소, 안티몬, 베릴륨, 시안화칼륨 등이, 생물독에는 코브라, 보튤리누스의 보톡스, 복어의 독 등이 있다.

중독작용을 나타낸 물질이 무엇인지를 찾는 선별검사 또는 예비검사를 거쳐, 확인검사(confirmative test)를 진행한다. 극히 소량일지라도 검출할 수 있고, 남용약물의 불순물 양상으로 불법 제조원을 확인할 수도 있다.

1978년 11월 18일 남미 가이아나 조지타운 외곽의 '인민사원(The People's Temple)' 교회 소속의 신도 914명의 시체가 발견됐다. 이들은 교주 짐 존스(Jim Jones)의 명령에 따라 극약을 먹고 집단 자살한 것으로 드러났다. 이 안에는 300여 명의 아이들이 포함되어 있어 더욱 충격적이었다. 부검결과 이들은 일명 청산가리라고 하는 맹독성의 시안화칼륨(KCN)을

목사 짐존슨과 사망사체

자료: New York Post, https://nypost.com/2014/08/07/remains-of-9-jonestown-mass-suicide-victims-found-in-delaware/

독극물 살인: 김정남 피살사건

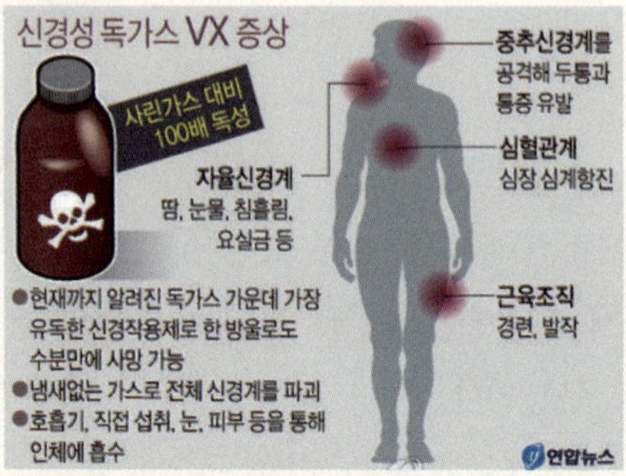

자료: 연합뉴스, 김정남 암살한 독은? … 다양한 독극물 '용의선상', 2017년 2월 16일자 보도

김정남 피살 사건에 사용된 독극물 성분을 조사 중인 말레이시아 화학청 과학수사국은 김정남의 시신에서 신경작용제 VX가 검출됐다고 경찰에 보고했다. … 'VX가스'가 국제적 기준에서 화학무기로 분류되는 물질이며 이와 관련돼 화학국이 추가 조사 중이라는 내용도 적혀있다. … 중략 …

VX가스는 '아세틸콜린에스테라제 억제제'로써 신경계에 들어가 아세틸콜린의 분해를 저해하는 물질이다. 인체에서 아세틸콜린의 분해가 저해되면 심장 박동수가 감소하고 근육이 수축하며 호흡곤란이 일어난다. 증상이 지속되면 자율신경에 손상을 입혀 숨을 멎게 한다. VX가스에 노출되면 아트로핀 등 해독제를 즉시 맞아야 한다. 그렇지 않을 경우 피해자의 치사율은 100%에 가깝다. VX가스는 사람의 피부에 닿는 순간 사망에 이르는 강력한 독성 물질이다. 국제연합(UN)은 'VX가스'를 대량살상무기로 분류하고 있다.

자료: 매일경제, 김정남 피살 독극물은 신경작용제 'VX가스', 2017년 2월 24일자 보도

마신 것으로 나타났다. 시안화칼륨은 전기도금, 금 제련, 농약 등에 사용되는 약품이지만 자살자들이 즐겨 쓰는 독약이다.[14]

2017년 2월 13일에 말레이시아 쿠알라룸푸르 국제공항에서 피살된 김정남은 부검결과 독극물인 VX가스에 의해 사망한 것으로 부검결과 밝혀졌다.

법곤충학

법곤충학(Forensic Entomology)이란 곤충학적 지식을 법적 판단이 필요한 사회문제에 활용하는 곤충학의 한 분야이다. 분류학, 생태학, 분자생물학, 법의학이나 수사과학 등의 분야의 지식이 상호 요구되는 법과학 영역이다.[15]

법곤충학은 도시곤충학(Urban Entomology),[16] 창고곤충학(Stored Product Entomology),[17] 그리고 법곤충학(Medicolegal Entomology)으로 세분될 수 있지만, 실제 과학수사 현장에서는 법곤충학으로 통칭한다.

시신에는 반드시 곤충이 몰려든다. 그런데 시신에 몰려드는 곤충은 그 종류에 따라 시간대가 다르며, 사망 시점과 장소에 따라서도 차이가 있다. 시체의 생전 건강상태와 질병유무에 따라서도 곤충의 종류와 성장은 달라진다.[18]

시체는 시간이 지나면 부패하므로, 시간경과에 따라 시체에 접근하는 곤충들도 점점 더 다양해진다. 따라서 시신의 부패 정도에 따라 나타나는 여러 종류의 곤충군집을 검토하여 사망장소나 사망시간을 추정하는 것이 법곤충학의 핵심적 역할이다.

곤충들의 성장속도를 이용하여 사후경과시간을 추정할 수도 있다. 즉, 파리와 같이 특정 곤충들은 시체에 머물면서 시체를 영양원으로 섭취하고 자라므로 시체에서 채집한 곤충들의 성장속도를 이용하여 사후경과시간을 추정하는 것이다.

따라서 특정 곤충의 생명주기와 행동양식을 알면 사망 이후 발견될 때까지 어느정도 시간이 흘렀는지를 추정할 수 있다. 시체가 원래 장소에서 다른 장소에 옮겨졌다는 사실도 밝혀낼 수 있다.[19]

법곤충학자들은 곤충의 분류와 생태를 익혀야 하고, 여러 종류의 시체 곤충의 생육 온도와 성장률의 관계에 대해 정확한 자료를 확보하고

구더기로 사망 시간 추정

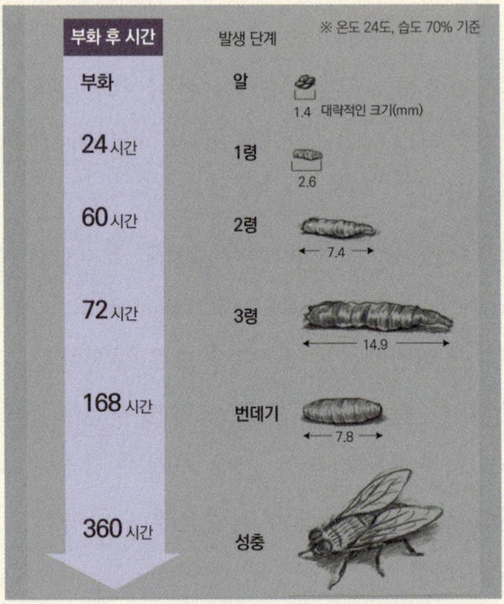

시체의 상태에 따른 곤충의 종류

자료: 중앙일보, 2018년 1월 5일자 보도. 재구성[18]

있어야 법적인 판단에 도움이 되는 감정을 하는 것이 가능하다.

한편 사망 전에 체온이 오르거나 내리는 질병을 앓았을 경우 시체의 사후경직 상태는 더 오래가거나 곧 풀리게 된다. 또한 사후경직 상태는 계절, 영유아, 성인, 노인, 온도, 사체의 이동여부 등에 따라 다르다. 사후경직 뒤에는 조직과 세포가 붕괴되는 자가용해가 일어나면서 암모니아, 황화수소, 이산화탄소, 질소 등의 가스를 방출한다. 이 시점부터 시체의 부패가 진행되며, 시식성 곤충들이 몰려든다.

시체의 부패 초기단계에는 검정파리나 쉬파리들이 눈, 코, 귀, 입, 생식기, 항문, 상처, 멍든 주위에 산란한다.

시체가 부패돼 팽창되는 단계에는 시체 자체의 분해열과 구더기 활동으로 인한 대사열로 시체의 온도가 상승한다. 이때 파리와 구더기가 가장 많아진다. 시체가 놓인 자리의 토양생물이 사라지는 것도 이때다. 시체에서 부패가스가 빠져나가면 파리 구더기가 가장 많지만 반날개, 송장벌레 등과 같은 딱정벌레 종류가 나타난다. 시체의 피부와 뼈만 남는 건조단계에는 파리 구더기들이 많이 사라지고 수시렁이, 개미붙이 등이 보이기 시작한다. 뼈만 남는 백골화단계에서는 곤충들이 거의 보이지 않게 되며 토양생물들이 다시 나타나기도 한다.

법의생리학

법의생리학(Forensic Physiology)은 인체를 구성하는 기관, 개체 및 세포의 기계적, 물리적, 생화학적 기능의 본질에 대한 과학적 탐구결과를 형사사법과정에서 활용하는 법과학이다.

해부학이 생물체의 형태에 관해 연구하는 것이라면, 생리학은 생물체의 기능에 대해 연구하는 것이다. 형태와 기능은 서로 밀접하게 연관되어 있기 때문에, 생리학과 해부학은 밀접하게 연관되어 있다. 그리고 병적인 상태의 기능을 연구하는 병리학 역시 생리학과 밀접하다.[21] 법의생리학은 다중생리검사(polygraph test) 및 뇌파검사(Electro Encephalo Graph test) 등으로 범죄인 프로파일링 및 법원의 재판 등에 기여하고 있다.

다중생리검사

다중생리검사(Polygraph Test)는 대상자가 특정진술을 할 때 보이는 혈압, 맥박, 피부전류저항, 호흡 등의 변화를 심리적·생리적인 검사, 분석을 통해 진술의 진위를 추론하는 것을 말한다. 다중생리검사는 폴리그래프(polygraph)를 활용하여 이루어진다.[22] 즉, 폴리그래프는 뇌파·근활동·안구운동·안진(眼振)·심장박동·호흡 등 여러 가지 생리적 현상을 동시에 기록하는 장치를 말한다. 일명 거짓말탐지기검사라고도 한다.

폴리그래프 테스트 원리

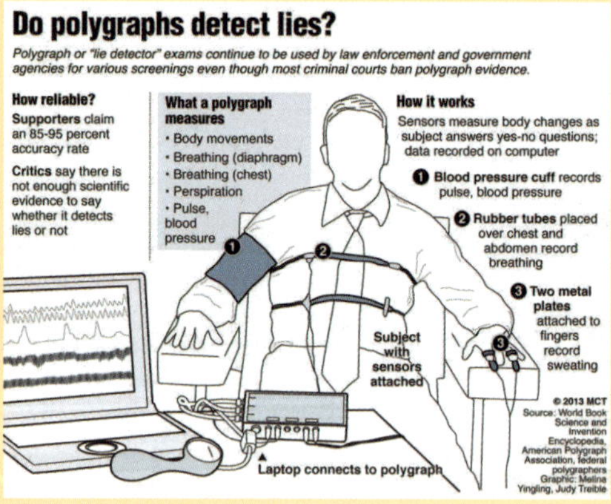

자료: Marisa Taylor, Glitch in widely used polygraph can skew results, http: //www.mcclatchydc.com/

경찰의 거짓말탐지기 검사

구분	2019	2020	2021	2022	2023
서울	1273	1193	1025	1366	1496
부산	977	878	976	968	720
대구	643	659	984	959	923
인천	1013	1108	1214	1127	1015
광주	502	461	657	532	383
대전	314	334	403	390	395
울산	345	330	358	383	409
경기남부	1246	1461	1814	1789	1760
경기북부	629	510	736	790	797
강원	183	171	335	335	435
충북	553	629	607	465	490
충남	336	274	408	279	198
전북	848	852	1070	927	841
전남	677	534	686	614	598
경북	488	385	565	564	520
경남	972	942	899	940	662
제주	509	506	453	343	442

자료: 공공데이터포털, https://www.data.go.kr/

폴리그래프는 1921년 캘리포니아 대학의 버클리대 의과 대학생이었던 존 아우구스투스 라슨(John Augustus Larson)과 캘리포니아 버클리 경찰국이 발명했다.

거짓말탐지기검사는 본질적으로 주관적이다. 따라서 심사관의 경험 부족과 편선 등으로 심사관이 잘못된 결론을 내릴 수 있다.

미국의 경우 FBI를 비롯한 다양한 법집행기관이 폴리그래프를 매우 광범위하게 활용하고 있지만, 연방대법원은 폴리그래프의 증거능력은 각 법원의 재량에 있다고 판시하였다. 즉, 폴리그래프 검사결과에 대해 법원은 제한적으로 증거능력을 인정하고 있다.[23] EU의 경우 회원국 대부분이 폴리그래프 검사를 개인의 침묵의 권리를 침해하는 것으로

대법, 상주 '농약사이다' 할머니 무기징역 확정: 거짓말탐지기 검사

대법은 사이다에 농약을 넣어 이를 마신 할머니 2명이 숨지게 하는 등 6명의 사상자를 낸 일명 상주 '농약 사이다' 사건의 주범 박모(83) 할머니에게 무기징역을 확정했다. … 중략 …

재판부는 "박씨가 피해자를 살해하려고 할 만한 동기가 있었던 것으로 보인다"며 "박씨가 이 사건 범행을 저지른 것이 합리적인 의심의 여지없이 증명되었다고 판단한 원심은 정당하다"고 밝혔다. 또한 "박씨가 피해자들에 대한 구호조치를 충분히 할 수 있었고 범행 현장에 피고인 외에 달리 구호조치를 할 수 있는 사람이 없었음에도 아무런 조치를 취하지 않았다"고 지적했다. … 중략 …

박씨는 화투놀이를 하다 다툰 피해자들을 살해하기로 마음먹고 마을회관 냉장고에 들어있던 사이다에 농약을 넣은 것으로 조사됐다. 또 그는 농약이 든 사이다를 마시고 쓰러져 괴로워하는 피해자들과 1시간이 넘도록 마을회관에 함께 있으면서 아무런 구호조치를 하지 않은 혐의도 받았다. 박씨는 국민참여재판으로 진행된 1심에서 배심원 만장일치로 무기징역을 선고받고 항소했지만, 2심도 같은 형을 선고했다. … 중략 …

한편 2016년 8월 7일 대구지검 상주지청은 "거짓말탐지기 검사와 행동·심리분석 조사에서 A씨의 진술이 명백한 허위로 나왔다"고 밝히기도 하였다.

자료: 연합뉴스, '농약 사이다' 사건 국민참여재판, 2015년 12월 7일자 보도; 동아일보, 2016년 8월 30일자 보도

인식하며 사용하지 않고 있다. 따라서 증거능력도 인정되지 않는다.

한국의 법원은 폴리그래프 검사결과에 대해 직접적인 물적 증거능력을 부여하지 않고, 정황증거로서의 증거능력을 인정하고 있다.

뇌파검사

뇌파검사(Electro Encephalo Graph Test)는 뇌파측정장치를 활용하는 것이다. 사람의 뇌는 알고 있는 사실이나 그와 관련된 사진, 단어를 보여 주면 순간적으로 특수한 뇌파가 발생하는데 이를 측정하는 것이 뇌파 측정장치이다.[24] 이 장치는 피의자가 범죄와 관련된 단서와 일치하는 사진이나 소리를 들을 경우 뇌에서 발생하는 전압의 차이로 범죄와의 관련성을 알아낼 수 있다는 점에 착안해 과학수사에 도입됐다. 또한 뇌파검사는 폴리그래프의 문제점을 보완하기 위하여 수사에 활용되고 있다.

그런데 사람의 뇌는 알고 있는 사실이나 그와 관련된 사진, 단어를 보여 주면 순간적으로 특수한 뇌파가 발생하며, 이 속도가 0.3초이기 때문에 이 뇌파를 P300이라고 한다. 따라서 피의자가 알고 있는 범죄정보와 일치하는 영상이나 소리를 들으면 뇌에서 발생하는 양극전위가 급격히 증가함에 따라 뇌파의 급격한 변동이 나타나며, 이 변동을 체크하여 0.3초(p300, 300msec) 이내에 범죄관련 여부를 파악한다.

즉, 조사방법은 검사 대상자의 머리에 장치를 연결하고 사건과 관련된 화면을 보여 주면서 뇌의 반응을 측정하는 것으로 P300 뇌파가 나

자료. Ten eyewitness News, https: //images.tenplay.com.au/

오면 검사 대상자가 사건과 관련된 것을 알고 있다는 것을 의미한다. 뇌파검사 대신 자기공명 뇌영상촬영기법(fMRI)을 활용할 수도 있다.

그러나 EEG검사는 법원에서 증거능력이 매우 제한적으로 받아들여지고 있다. 법원은 EEG가 증거능력을 갖추려면 측정기술의 표준화, 정상적인 리듬과 그 변화의 명확한 정의, 대뇌 리듬을 조절하는 대사 요인들에 대한 과학적인 증명이 있어야 한다고 요구하고 있다.[24]

법최면

법최면(forensic hypnosis)이란 최면 기법을 활용하여 사건 관련 피해자나 목격자 등의 기억을 되살려 사건의 단서 또는 증거를 수집하는 활동을 말한다. 프로파일러는 외부 소음 등 자극의 영향이 없고 녹음 및 녹화시설이 갖추어진 장소에서 법최면을 실시하여야 한다.

과학수사요원 또는 프로파일러는 수사목적상 적합하다고 판단되는 경우에 피최면자가 동의할 경우에만 법최면을 실시하여야 한다.[25]

국내에서는 1978년 일어난 초등학생 납치 사건을 해결하기 위해 1999년 처음으로 최면 수사가 도입됐다. 국립과학수사연구원에도 법최면 전문가들이 재직하고 있다. 경찰은 2010년부터 법최면전문수사관을 양성하고 있고, 2025년 현재는 전국에 30여명의 전문수사관들이 활동하고 있다.

한편 법최면 수사에서 확보된 진술은 법적 증거 능력이 없다. 최면상태에서 기억해낸 사실이 진실인지 확인할 수 없다는 한계점이 있다. 그러나 최면수사로 범죄사건의 정황, 범인을 추정할 수 있다. 예를 들어 2019년 화성연쇄살인사건을 재수사하던 경찰은 7차 범행 이후 용의자를 본 것으로 알려진 버스 안내원을 대상으로 법최면 수사를 실시했다. 이 여성은 법최면 수사에서 용의자 모습과 당시 상황에 대해 31년 전 경찰 조사와 유사한 진술을 한 것으로 알려졌다.

경찰이 풀어야 할 손정민 사건의 6가지 의혹

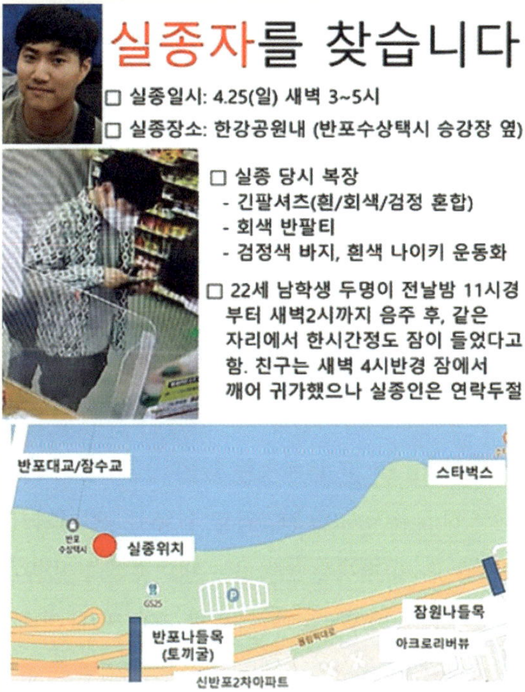

자료: 팬앤드마이크, 2021년 5월 4일자 보도

2021년 4월에 서울 서초구 반포한강공원에서 실종된 뒤 5일 만에 숨진 채 발견된 고 손정민씨(22) 사건과 관련해서도 경찰이 여러 차례 법최면 조사를 실시했다. 손씨 친구 A씨와 사건 목격자들, A씨 휴대전화를 습득한 환경미화원 B씨 등이 대상으로 알려졌다.[26]

법의공학

법의공학(Forensic Engineering)이란 재난현장, 범죄사건현장, 붕괴현장, 교통사고현장 등을 공학적 지식과 기술 등을 이용하여 조사하여 민사적 혹은 형사사법적 목적에 기여하는 법과학을 말한다.[27]

법의공학적 지식이나 장비 등을 이용하여 건물 붕괴, 교량 붕괴 및 건설 결함 등 구조적 문제를 진단하거나 기계오작동, 컴퓨터 프로그램 및 시스템 등 오작동, 교통사고, 항공기사고, 선박사고, 화재나 폭발물 사건, 산사태나 도로붕괴 등 토양 관련 문제 등을 분석하고 그 원인을 찾아내는 등의 활동으로 이어진다.

법의디지털포렌식

법의디지털포렌식(Digital Forensics, Digital Forensic Science)은 디지털 장치에서 발견되는 자료의 복구 및 조사를 포함하는 법의공학의 일부이다. 즉, 법의디지털포렌식은 데스크톱/노트북/라우터/휴대폰/내비게이션/차량용 블랙박스/CCTV/의학용 전자기기/스마트TV/전자시계/디지털 도어[28] 등의 기기나 인터넷상에 남아있는 디지털 정보를 분석해 범죄 단서를 찾아내가는 수사기법이라고 할 수 있다. 디지털 기록매체에 복원 프로그램을 사용하고, 암호 보안을 해제한 뒤 메타데이터를 활용해 디지털 기기의 사용자나 이를 통해 오간 정보를 추적하고 조사하는 것이 디지털포렌식의 일반적 실행 방법이다.[29]

법의디지털포렌식은 초기에는 컴퓨터범죄의 수사와 관련하여 출발하였지만, 최근에는 디지털 데이터를 저장할 수 있는 모든 장치에 대한 조사로 확대되었다.

즉, 법의디지털포렌식은 다양한 영역에 활용된다. 가장 일반적인 것은 형사사건이나 민사사건의 수사 및 재판과정에서 자료를 조사하고

서울시청역 최악의 역주행 돌진사고

檢 "시청역 참사, 급발진 아냐"… 근거는 ① 내비 ② 신발 ③ 제동등

검찰이 서울 시청역 인근 교차로 역주행 참사 사건 수사 결과 가해자 주장과 달리, "역주행 원인은 급발진이 아니다"라는 결론을 내렸다. 사고차량의 통합 내비게이션 등 각종 기록장치는 물론, 제동등(브레이크등), 그리고 운전자 신발까지 모두 '운전자의 오조작'을 가리켰기 때문이다.

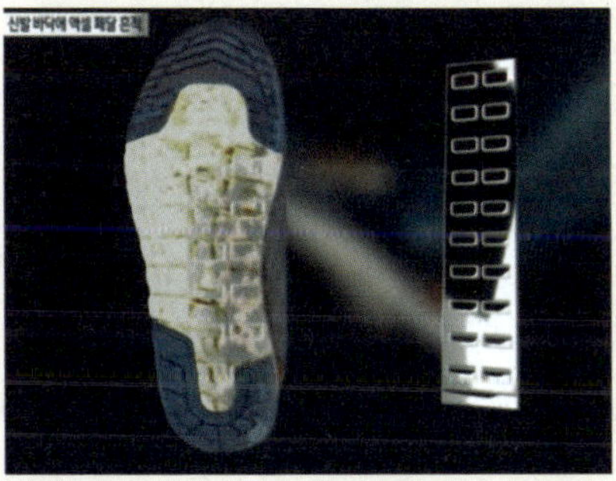

서울중앙지검 형사5부(부장 김태헌)는 20일 운전자 차모(68)씨를 교통사고처리특례법상 치사·상 혐의로 구속기소했다. 검찰은 대검찰청 자동차 포렌식, 국립과학수사연구원 시고 차량 실험 등 과학수사를 진행해 이번 사건이 차량 결함에 의한 급발진이 아닌, 차씨의 가속페달(액셀) 오조작에 따른 것으로 결론 내렸다.

차씨는 지난달 1일 오후 9시 26분쯤 서울 중구 시청역 인근 호텔 주차장에서 제네시스 차량을 몰고 나와 역주행을 해 인도로 돌진, 보행자와 차 두 대를 연속으로 들이받았다. 이 사고로 시청 직원 등 9명이 숨지고, 차씨 부부를 포함해 7명이 부상을 입었다. 보행자용 울타리를 들이받을 당시 차량 속도는 시속 107㎞에 달했다. 차씨는 "당시 브레이크가 딱딱하게 굳어 밟히지 않았다"며 "호텔 지하주차장 안에서도 상당 구간 급발진이 있었다"고 주장했다…중략…

자료: 한국일보, 2024년 8월 20일자 보도.; 중앙일보, 2024년 7월 27일자 보도.

증거의 진실성을 찾고 입증하는 기능이다. 또한 해킹이나 바이러스유포 등과 같은 사이버상의 일탈적인 행위 및 범죄수사 등에 적극적으로 활용할 수 있다. 디지털포렌식을 활용한 프로파일링은 컴퓨터 포렌식, 네트워크 포렌식, 데이터분석, 디지털포렌식, 모바일법의학, 대이터베이스 포렌식 등의 영역으로 구분될 수 있다. 프로파일러는 디지털포렌식을 활용하여 용의자를 확인하고, 알리바이 또는 진술을 확인하고, 의도를 파악할 수 있다.

디지털 증거가 증거능력을 인정받기 위해서는 물리적 증거와 마찬가지로 우선적으로 적법하게 수집된 증거이어야 한다. 적법하게 수집된 증거라 하더라도 증거의 진정성이 인정되어야 하며, 법원에 제출된 증거가 경험적 정보를 담고 있는 전문증거에 해당될 경우에는 당사자의 동의가 있거나 전문법칙의 예외에 해당되어야 한다.[30]

따라서 디지털포렌식 프로파일링이란 인간은 사이버상에서도 일정한 행동적 특징을 가지며, 이는 개개인이 사용하는 컴퓨터, 모바일, 네트워크, 프로그램, 사이트 등에 대한 특징뿐만 아니라 사이버상에서의 행위 역시 일정한 행동패턴(MO)을 갖고 있어 이를 찾아내어 범인을 추론하는 것을 말한다.

디지털포렌식 프로파일링을 다음과 같이 정리할 수 있다.[31]

디지털포렌식의 절차

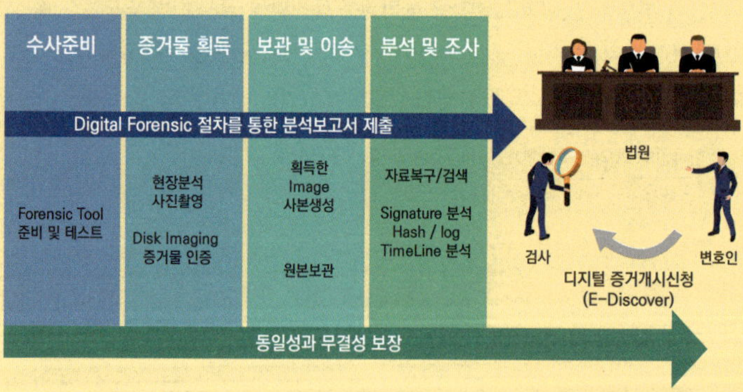

자료: 세계일보, 숙명여고 쌍둥이 발목 어떻게 잡았나...'디지털 포렌식'의 숨겨진 비밀, 2018년 10월 10일자 보도

디지털포렌식의 활용범위 · 개념 · 응용분야

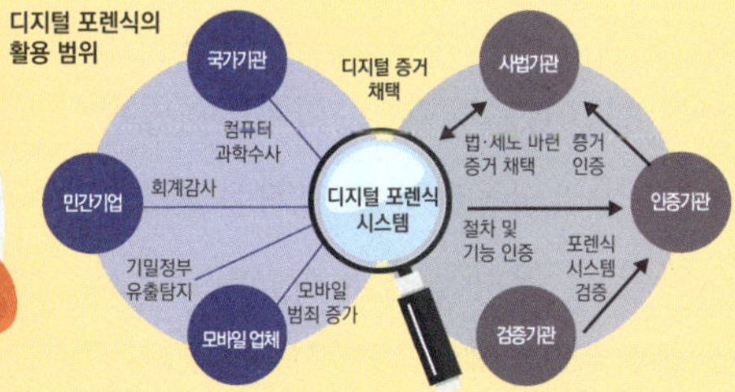

〈자료: 서울과학기술대학교, KB금융·경영연구소〉

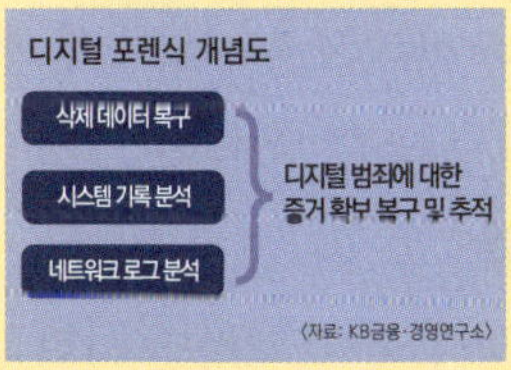

〈자료: KB금융·경영연구소〉

기업의 디지털 포렌식 응용 분야

응용 분야	주요 내용
이 디스커버리 (e-discovery)	정식재판 전 소송 당사자 간 사건과 관련된 정보를 공개하는 제도 (*전자적으로 저장된 정보 포함) 재판 없이 합의를 이끌어내는 효과 있음
침해사고 대응	외부 해킹 및 악성코드 유입 등에 따른 침해 사고 조사
내부 감사	퇴사자, 협력업체 인원 등에 대한 감사, 내부정보 및 기밀정보 유출 조사 등
포렌식 회계 감사	기업의 분식회계 조사, 재무 조작 검사, 상장사에 대한 재감사
민사소송 대응	소비자에 의한 소송 대응, 기업 간 소송 내용

〈자료: LG CNS, KB금융·경영연구소〉

자료: 국민일보, 명탐정 디지털 포렌식, 광화문 집회 참석 명단까지 밝혔다, 2020년 8월 29일자 보도

형사소송법 제131조 전문

제313조(진술서등) ① 전2조의 규정 이외에 피고인 또는 피고인이 아닌 자가 작성한 진술서나 그 진술을 기재한 서류로서 그 작성자 또는 진술자의 자필이거나 그 서명 또는 날인이 있는 것(피고인 또는 피고인 아닌 자가 작성하였거나 진술한 내용이 포함된 문자·사진·영상 등의 정보로서 컴퓨터용디스크, 그 밖에 이와 비슷한 정보저장매체에 저장된 것을 포함한다. 이하 이 조에서 같다)은 공판준비나 공판기일에서의 그 작성자 또는 진술자의 진술에 의하여 그 성립의 진정함이 증명된 때에는 증거로 할 수 있다. 단, 피고인의 진술을 기재한 서류는 공판준비 또는 공판기일에서의 그 작성자의 진술에 의하여 그 성립의 진정함이 증명되고 그 진술이 특히 신빙할 수 있는 상태하에서 행하여 진 때에 한하여 피고인의 공판준비 또는 공판기일에서의 진술에 불구하고 증거로 할 수 있다. 〈개정 2016. 5. 29.〉

② 제1항 본문에도 불구하고 진술서의 작성자가 공판준비나 공판기일에서 그 성립의 진정을 부인하는 경우에는 과학적 분석결과에 기초한 디지털포렌식 자료, 감정 등 객관적 방법으로 성립의 진정함이 증명되는 때에는 증거로 할 수 있다. 다만, 피고인 아닌 자가 작성한 진술서는 피고인 또는 변호인이 공판준비 또는 공판기일에 그 기재 내용에 관하여 작성자를 신문할 수 있었을 것을 요한다. 〈개정 2016. 5. 29.〉

③ 감정의 경과와 결과를 기재한 서류도 제1항 및 제2항과 같다. 〈신설 2016. 5. 29.〉

법의행동과학

법의행동과학(Forensic Behavioral science)이란 인간 행동을 체계적으로 연구하여 인간행동의 목적, 의사결정방법, 그 영향요인 등을 규명하는 학문이다. 법의행동과학은 인지신경과학, 심리학, 경제학, 생물학, 법률, 정신의학 및 정치학 등의 학문을 포섭하며 법적문제 해결에 기여한다.

법의행동과학에는 법정심리학(Forensic Psychology), 법정정신의학(Forensic Psychiatry), 범죄학(Criminology), 행동증거분석(Behavioral Evidence Analysis), 범죄자 프로파일링(Criminal Profiling), 법정사회학(Forensic Sociology) 등이 포함된다.[32]

법의행동과학은 의사결정에 영향을 미치는 요인이 있고, 예측 가능한 패턴이 있기 때문에 이러한 인간의 행동패턴을 이해하면 사람들이 더 나은 결정을 내리는 데 도움이 되는 환경을 설계하는 데 사용할 수 있다고 본다. 특히 법의행동과학자들은 인간의 의사결정은 대부분 기존의 경험법칙을 바탕으로 자동적으로 이루어진다고 주장한다. 법의행동과학자들은 사회과학자들이 사용하는 연구방법들을 차용하였다.

FBI는 이러한 법의행동과학을 바탕으로 범인의 행동 역시 일정한 패턴이 있다는 것을 밝혀내고 이것을 범죄수사에 적용하려는 시도를 하게 되었다. 그 출발이 1972년에 설치된 행동과학부라고 할 수 있다.

하워드 테텐

즉, 1972년에 FBI는 범죄자의 행동을 연구하고, 범죄수사에 활용하도록 훈련시키는, 이른바 행동분석(Behavioral Analysis)을 바탕으로 행동과학부(Behavioral Science Unit: BSU)를 발족했다.

캘리포니아 경찰이었던 하워드 테텐(Howard Teten)은 1962년에 FBI의 특수 요원이 되었고, 1970년에 범죄 프로파일링 기법들을 통해 수사를 지원할 것을 강조하여 FBI 국립아카데미에서 범죄 프로파일 과정을 가르쳤다. 테텐은 동료인 팻 멀루니(Pat Mullany)와 함께 미국의 최초의 프로파일러라고 할 수 있다.[33]

테텐 등은 범죄 프로파일링 기법을 우선 FBI 인질협상지침에 적용하였다. 1974년과 1975년에 멀루니는 몇몇 중요한 인질상황의 성공적인 협상을 이끌었다. 이것은 후에 FBI의 특별수사관들에 의하여 더욱 정교하게 의해 수정되고 보완되면서 행동분석학이 발달하였다.

이후에 BSU는 프로파일러 양성을 위한 요원의 채용과 훈련을 계속하였고, 1990년에 개편되어 FBI 아카데미의 국립강력범죄분석센터(The National Center for the Analysis of Violent Crime: NCAVC)의 소속으로 이전되면서 그 명칭은 행동분석과(Behavioral Analysis Unit: BAU)로 변경되었다.[34]

미국과 같이 프로파일링 부서의 중요성을 인정하고, 적극적으로 운영하는 국가로는 호주, 캐나다, 영국, 네덜란드와 같은 국가를 들 수 있다. 한국 역시 법의행동과학을 프로파일링 수사에서 활용하고 있다.

법의행동과학을 적용할 수 있는 영역[35]

범죄자의 행동 패턴 분석
정신질환자의 행동 분석
피해자의 경험, 행동, 위험 요소 분석
심리적 정보를 토대로 심문 및 인터뷰
언어적, 비언어적 단서를 통해 거짓말 징후 식별
재범 위험성 평가 및 재범 예측
증인 진술의 신뢰성 분석
재판정 출석 증인이나 피고인 등의 정신이상 여부 및 신뢰성 등 분석
청소년 비행성 예측 및 분석
급진주의자, 테러리스트의 심리 및 행동 분석

법의정신의학

법의정신의학(Forensic Psychiatry)은 법과 정신의학을 연결한 학문 분야로, 법적 판단에 필요한 정신과 관련 정보를 제공하는 학문으로 주로 사람의 정신상태 판단, 증언을 알 수 있는지 능력의 여부를 평가하여 민형사상 책임 여부 판단 등에 활용토록 하는 정신의학을 말한다.[36] 법의정신의학은 범죄사건의 여러 가지 물리적인 증거 및 범죄현장, 피해자의 특징, 피해상황 등을 바탕으로 범죄자의 정신이상을 추론하고, 범죄자에 대한 추정결과를 제시하는 것이다.

프로파일링 발달 초기의 대표적인 사례는 미국의 정신분석과 의사인 브루셀(James A. Brussel)이 제시한 1940년대 후반부터 1950년대 중반까지 뉴욕시민들을 공포로 몰아넣었던 미치광이 폭파범(Mad Bomber) 메데스커 사건을 예로 들 수 있다. 그는 37개의 폭탄을 도시 대부분의 기차역과 극장에 설치했다. 브루셀은 이 사건을 분석하여 폭파범의 특징들을 다음과 같이 제시하였다.[37]

미치광이 폭파범(Mad Bomber) 프로파일링

- 금속가공(metalworking), 배관공사(pipefitting) 그리고 전기학적 지식이 풍부한 남성
- 철도회사로부터 중요한 권리침해를 당하고, 그로부터 만성적인 병을 얻었다.
- 편집증을 겪고 있다.
- 야행성 환자이다.
- 만성장애를 가지고 있다.
- 지속적인 망상을 겪고 있다.
- 망상이 변하지 않고, 조직화되어 논리적으로 구성된다.

- 병적으로 자기중심적이다.
- 스포츠맨 같은 체격을 가지고 있다.
- 중년일 것이고 폭파 경험이 있다.
- 상당한 지적 수준, 대학은 가지 않았다.
- 미혼
- 어쩌면 동정(童貞)
- 혼자 살거나 어머니 같은 친척 여성과 함께 산다.
- 슬라브계 사람
- 가톨릭교도
- 고네티깃주(connecticut)에 거주
- 단추가 달렸거나 더블 브레스트 정장 차림을 즐겨한다.

뉴욕타임즈는 1956년 12월 25일자에 브루셀 박사의 프로파일링 기사를 게재했다. 드디어 경찰은 1957년 1월 21일에 폭파범 조지메테스키(George Metesky)를 체포하였다. 그런데 경찰이 메테스키를 체포하러 그의 집을 방문했을 때 그는 더블 브레스트 정장을 입고 나타났고, 이

뉴욕타임즈 기사와 폭파범 메데스커 머그샷

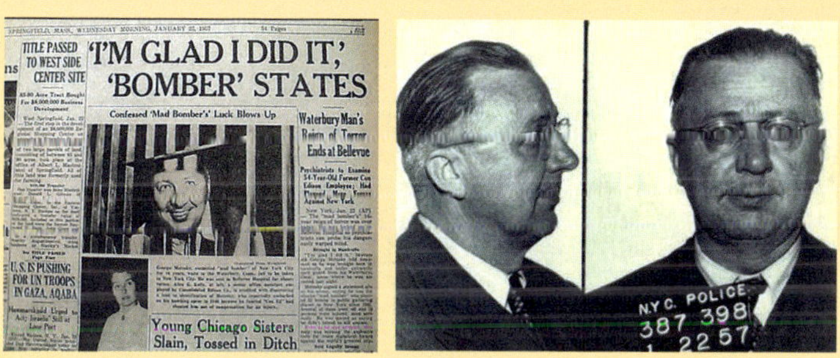

자료: New York Times, http://www.boweryboyshistory.com/2010/05/crazy-tale-of-mad-bomber-1950s-new-york.html

후 재판과정에서도 브레스트 정장을 고수했다. 나머지 대부분의 프로파일링도 일치하였다.

브루셀 박사는 자신의 정확한 프로파일링 결과에 대해 이렇게 설명했다. “단지 뒤집어보기를 시도했다. 즉 그동안 다른 환자들을 통해 얻은 편집광적인 행동양식을 바탕으로 범인의 행동을 분석함으로써 경찰이 찾고 있는 폭파범의 윤곽을 추론했다”는 것이다.

이는 전형적인 귀납적인 추론방법(경험을 바탕으로 추론을 해 나가는 방식)으로 이후 행동과학수사의 바탕이 된다. 이 방법은 사건현장에서 확인된 증거들을 바탕으로 논리적인 결론으로 나아가는 연역적인 추론방법과는 반대되는 것이다.[38]

정신의학에서의 프로파일링은 범죄현장의 행동적 증거로부터 알려지지 않은 범죄자의 정신적 장애를 찾아내고, 유사한 장애를 가지고 있는 다른 환자들의 행동 및 자신의 전문적 지식으로 범죄자 행동을 비교하면서 범죄자를 추론하는 것이라 할 수 있다.

이와 같은 배경에 의하여 심리학적 배경지식이 범죄인 프로파일링에 매우 중대한 영향을 미치고 있고, 관련 분야의 저서 및 다양한 영화나 드라마의 소재가 되고 있다.

정신장애와 범죄 상관성

정신장애 중 환청이나 망상 등의 증세를 보이는 조현병(정신분열증) 환자의 경우 정상적인 치료를 하지 않을 경우 폭력적이며, 공격적인 행태를 보이며, 이는 범죄로 이어질 수 있다. 실제로 우발적이며 충동적인 폭력범, 살인범의 경우 조현병질을 갖는 경우가 있다.

그러나 정신질환이 곧 범죄 원인이라고 인식하는 것은 편견에 불과하다는 지적도 많다.

다만, 프로파일링 과정상 사건의 흉악성, 피해자선택, 증거훼손, 서명, 트로피 등 일련의 데이터를 기초로 범인상을 그리거나 범행패턴을 추론할 수 있다.

국립정신건강센터에 따르면 정신질환자의 범죄율은 0.151%로, 전체 인구 범죄율 1.43%의 10분의 1 수준에 불과하다. 살인, 강도, 방화, 성폭력 등의 강력 범죄도 정신질환자는 0.055%, 전체는 0.294%로 6배가량 차이가 난다. 통계만 보면 정신질환자가 범죄를 일으킬 가능

정신장애 범죄

구분	2019	2020	2021	2022	2023
계	7,818 (100)	9,058 (100)	8,902 (100)	9,929 (100)	13,994 (100)
형법범죄	6,912 (88.4)	7,763 (85.7)	7,571 (85.0)	8,334 (83.9)	12,140 (86.8)
살 인	55 (0.7)	50 (0.6)	50 (0.5)	44 (0.4)	61 (0.4)
강 도	25 (0.3)	37 (0.4)	14 (0.2)	28 (0.3)	25 (0.2)
방 화	136 (1.7)	142 (1.6)	116 (1.3)	142 (1.4)	191 (1.4)
성폭력	489 (6.3)	497 (5.5)	520 (5.8)	495 (5.0)	789 (5.6)
폭 행	1,135 (14.5)	1,145 (12.6)	1,177 (13.2)	1,252 (12.6)	1,522 (10.9)
상 해	479 (6.1)	533 (5.9)	472 (5.3)	451 (4.5)	525 (3.8)
절 도	1,974 (25.2)	2,267 (25.0)	2,131 (23.9)	2,437 (24.5)	4,348 (31.1)
사 기	259 (3.3)	399 (4.4)	347 (3.9)	385 (3.9)	665 (4.8)
폭처법위반 (손괴등)	-	4 (0.0)	5 (0.1)	3 (0.0)	10 (0.1)
폭처법위반 (단체등의구성 ·활동)	1 (0.0)	-	-		2 (0.0)
기 타	2,359 (30.2)	2,689 (29.7)	2,739 (30.8)	3,097 (31.2)	4,002 (28.6)
특별법범죄	906 (11.6)	1,295 (14.3)	1,331 (15.0)	1,595 (16.1)	1,854 (13.2)

자료: 법무연수원, 2024 범죄백서, 2025, 141

성이 훨씬 낮다는 의미다.[39]

최근 5년간 정신장애자에 의한 범죄자의 추이는 2019년 7,818건을 기점으로 증감을 보이다가 2022년 9,929건, 2023년 13,994건으로 증가했다.

병명별 치료감호 대상자의 분류

구분	2019	2020	2021	2022	2023
계	1,012 (100)	1,016 (100)	863 (100)	815 (100)	791 (100)
조 현 병	543 (53.6)	575 (56.6)	509 (58.9)	471 (57.8)	467 (59.0)
정신지체	77 (7.6)	84 (8.3)	62 (7.2)	56 (6.9)	50 (6.3)
조 울 증	76 (7.5)	79 (7.7)	68 (7.9)	63 (7.7)	74 (9.4)
성격장애	13 (1.3)	10 (1.0)	5 (0.6)	5 (0.6)	9 (1.1)
간 질	9 (0.8)	10 (1.0)	6 (0.7)	4 (0.5)	4 (0.5)
약 물 중 독	98 (9.6)	80 (7.9)	64 (7.4)	26 (3.2)	23 (2.9)
기 타	196 (19.3)	178 (17.5)	149 (17.3)	190 (23.3)	164 (20.7)

자료: 법무연수원, 2024 범죄백서, 2025, 400.

형법 제10조(심신장애인) ① 심신장애로 인하여 사물을 변별할 능력이 없거나 의사를 결정할 능력이 없는 자의 행위는 벌하지 아니한다.

② 심신장애로 인하여 전항의 능력이 미약한 자의 행위는 형을 감경한다.

③ 위험의 발생을 예견하고 자의로 심신장애를 야기한 자의 행위에는 전2항의 규정을 적용하지 아니한다.

치료감호법 제2조의3(치료명령대상자) 이 법에서 "치료명령대상자"란 다음 각 호의 어느 하나에 해당하는 자로서 통원치료를 받을 필요가 있고 재범의 위험성이 있는 자를 말한다.

1. 「형법」 제10조제2항에 따라 형을 감경할 수 있는 심신장애인으로서 금고 이상의 형에 해당하는 죄를 지은 자
2. 알코올을 식음하는 습벽이 있거나 그에 중독된 자로서 금고 이상의 형에 해당하는 죄를 지은 자
3. 마약 · 향정신성의약품 · 대마, 그 밖에 대통령령으로 정하는 남용되거나 해독을 끼칠 우려가 있는 물질을 식음 · 섭취 · 흡입 · 흡연 또는 주입받는 습벽이 있거나 그에 중독된 자로서 금고 이상의 형에 해당하는 죄를 지은 자

2023년 정신장애자에 의한 형법범죄의 경우 죄명별로는 절도가 4,348명으로 전체 인원의 31.1%를 차지하여 가장 많은 점유율을 나타내고 있고, 그 다음이 폭행 1,522명 10.9%, 성폭력 789명 5.6% 등의 순으로 나타나고 있는데, 최근 5년간 순위에 있어 다소 변동은 있지만 절도, 폭행이 전체 형법범죄에서 가장 많은 비중을 점하고 있는 것은 변함이 없다.

위와 같이 정신장애자의 범죄 중에서 절도와 폭행 등의 비중이 많다는 것은 정신장애자들의 사회경제적인 여건이 악화되고 있는 데 따른 결과로 보인다.

사이코패스

사이코패스(Psychopath)는 「정신장애진단 및 분류편람」상(DSM) 성격장애의 한 유형이라고 할 수 있다.

성격장애(personality disorders)란 그 개인이 문화적 기대로부터 심하게 벗어나 지속적인 내적 경험과 행동양식을 보이는 것으로서 광범위하고, 고착화 되어 있고, 청소년기 또는 성인기 초기에 시작되며, 시간이 지나도 변하지 않아, 이로 인하여 고통과 장애, 부적절한 행동을 초래하는 것을 말한다.[40]

정신장애진단 및 분류편람 제5판(DSM-V)은 성격장애의 유형을 열

가지 정도로 크게 분류하고 있다.[41]

이 가운데 범죄인 프로파일러 및 법의학에서 주목하는 성격장애는 반사회적 성격장애(psychopath)이다.

DSM-V는 반사회적 성격장애(antisocial personality disorder)의 필수증상은 생활전반에 걸쳐서 타인의 권리를 무시하거나 침해하는 것이며, 이는 소아기 또는 사춘기 초기에 시작되어 성인기까지 지속된다. 정신병질, 사회병질, 비사회적 인격장애로 불리기도 한다. 이들은 공감능력이 결여되어 있고, 냉담하며, 냉소적이고, 타인의 감정이나 권리, 고통을 무시하는 경향이 있다고 진단한다. 한편 정신의학계에서는 온전하지 못한 정신적 작용은 비정상적이며, 일탈적인 행동을 설명하는 여러 요인 중 일부라고 인식하는데, 대체로 사이코패스(psychopath)를 반사회적 정신장애 혹은 반사회적 정신장애자라고 정의한다.[42]

사이코패스는 사이코패시(psychopathy)와 같이 쓰인다. 사이코패스라는 용어는 1879년에 독일의 신경의학자인 에빙(R. v. Krafft Ebing)이 그의 저서 「정신이상론」(Textbook of Insanity)에서 사용하였다. 사이코패스(psychopath)는 그리스어 psyche(영혼, 정신)와 pathos(고통, 질병) 등의 합성어에서 유래하며, 피해자에 대한 동정심이 없는 극도의 잔인성을 가진 범죄자로 이해하고 있다.

사이코패스는 매사 자기를 과대평가하여 현재 일을 자기능력에 걸맞지 않는 시시한 일로 여기며, 지나치게 자신의 의견을 주장하는 경향이 있다.

사이코패스는 그럴 듯한 겉치레를 하며, 언변이 유창하고, 전문적인 용어를 적절히 구사하며, 인격자인 척 행동함으로 가면을 쓴 인격자(The Mask of Sanity)라고 불리기도 한다.

또한 이들은 성관계에서도 무책임하며, 착취적이다. 여러 명의 성적 대상자를 만난 경력이 있다. 부모 역할 역시 제대로 하지 못하며, 반복적으로 생활비를 탕진하거나 군대에서 불명예 제대를 당하거나 자활에 실패하기도 한다. 이들은 일반인에 비해 자살, 타살, 사고사 등 비정상적 원인에 의해 일찍 사망하는 경우가 많다.

사이코패스에게는 불안장애, 우울장애, 물질관련장애, 신체화장애, 병적 도박 및 기타 충동조절장애 등 다른 인격장애가 함께 나타나기도 한다. 10세 이전에 품행장애와 주의결핍 및 과잉행동장애를 갖고 있던 사람들이 성인기에 반사회성 인격장애로 진행될 가능성이 높다. 한편 소아학대 또는 유기, 불안정하고 변덕스러운 부모의 태도, 일관성 없는 부모의 가정교육 등에 의한 품행장애가 반사회성 성격장애로 진행될 가능성을 높인다.[43]

사이코패스에 대한 연구의 출발은 정신의학이었지만, 사이코패스의 반사회성에 대한 연구는 범죄학계에서 더욱 발전하였다. 이는 사이코패스의 행동이 아니고서는 이해될 수 없는 잔인하고, 극악한 범죄의 증가가 영향을 끼쳤다. 사이코패스에 대한 연구를 거듭하면서 범죄학자들은 사이코패스의 범죄적인 행동이 사회적으로 상당한 훈련과 학습을 거친 계산된 행동이라는 것에 동의하면서도 한편으로 왜 특정인이 사이코패스적인 인격을 가지는가에 대한 의문을 가지기 시작하였다.

이 의문은 1990년대 초부터 네덜란드의 로퍼스(H. H. Ropers) 및 부루너(H. Brunner)를 비롯한 많은 학자들이 다양한 연구와 실험을 통하여 뇌 속에 모노아민(Mono Amine Oxidase A, MAOA)이라는 염색체가 부족할 경우, 공격성, 감정, 인지능력에 영향을 주는 세로토닌, 도파민, 노에피네프린 같은 호르몬을 제대로 생산해내거나 전달해주지 못하여 결국 반사회적인 행동을 한다는 일명 모노아민이론(Monoamine Theory)을 제시함으로써 상당 부분 해소되었다. 그런데 모노아민효소가 부족한 상태로 태어난다고 해서 모두가 살인이나 강간 등을 상습적으로 행하는 범죄인이 되는 것은 아니다. 수많은 선행연구에서 모노아민효소가 정상인보다 상대적으로 부족하고, 아동기 시절 일관성 없는 부모 등의 통제, 학대, 유대감 결여 등으로 인한 불안정한 정서 및 왜곡된 사회화로 인하여 일탈된 행동을 반복하고, 그것을 더욱 고착화하여 결국 강력범죄를 행하는 것으로 나타났다.[44]

모노아민이론은 사이코패스 범죄자에 대한 국가형벌권 행사의 한계라는 사회적 고민을 낳게 한다. 사이코패스를 뇌기능에 이상을 가진 정신질병자로 규정할 경우 그의 책임능력은 제한을 받게 되어 연쇄살인범이나 연쇄강간범이라고 해도 교도소에 수감하는 등의 형벌권을 행사하기보다는 오히려 보호 및 치료의 대상이 된다. 그러나 사회에 적응을 하지 못하는 이상성격자로 규정할 경우 사형집행 등 법에 따른 형벌권을 적정하게 행사할 수 있게 된다. 나아가 사이코패스를 정신질병자로 규정한 경우에도 범죄자인 사이코패스를 국가가 감호시설에 수감 후 약물치료 등을 강제로 할 수 있는지에 대한 논쟁도 있다. 미국의 경우 대부분의 주정부가 사이코패스, 즉 반사회적 성격장애를 정신장애로 규정하지 않음으로써 사이코패스 범죄자에 대한 형벌권을 행사하고 있다. 그러나 이에 대해 미국의 수정헌법이 보장하는 개인의 기본권을 침해하는 것이라는 지적도 일부 있다.[45]

사이코패스 여부에 대한 진단은 주로 PCL-R이 사용된다. 이는 캐나다 범죄심리학자 로버트 헤어(Robert D. Hare) 박사가 1980년에 개발한 사이코패스 판정 도구(Psychopathy Checklist)로 1991년에 재개발되어 Psychopathy Checklist-Revised: PCL-R로 불린다.

PCL-R은 심리학자 또는 정신건강, 심리학 또는 정신과 분야에서 훈련받은 전문가에 의하여 20개의 항목을 사용하여 평가한다. 조사는 반구조적질문지조사 및 인터뷰를 통해 3개 척도로 점수가 매겨진다. 점수는 그렇지 않다 0점, 그렇다 1점, 매우 그렇다 2점 등이다. 정보를 수집하고 검토하는 데 최대 3시간 정도가 소요된다.

최대 점수는 40점이며, 사이코패스인지 진단여부의 기준은 헤어

박사는 25점 이상, 미국은 30점, 영국은 25점 이상으로 사용하고 있다. 대검찰청은 24점 이상일 경우를 사이코패스로 진단한다. 범죄경력이 없는 평범한 사람은 5점 이하가 대부분이며, 사이코패스가 아닌 일반 범죄인인 경우 22점 내외인 것으로 나타났다.

브로너 규칙(Brawner Rule)

미국의 정신이상 항변(Insanity Defense) 기준 중 하나로, 1972년 콜롬비아 특별구 항소법원 판례인 United States v. Brawner 사건에서 유래되었다. 이 판결은 기존의 정신이상 항변 기준이었던 '맥노튼 규칙(M'Naghten Rule)'이나 '더럼 규칙(Durham Rule)'의 한계를 보완하고자, 미국법학원(American Law Institute, ALI)의 모델형법선(Model Penal Code) 제4.01조의 내용을 채택하여 확립되었다. 브로너 규칙의 핵심은 정신질환(결함), 인지능력 결여, 법률준수능력 결여로 판결문에서는 "피고인은 범행 당시 정신 질환 또는 결함(mental disease or defect)으로 인해 자신의 행위가 위법하다는 것을 실질적으로 이해할 능력이 결여되었거나(인지적 요소), 법률의 요구사항을 준수할 능력이 실질적으로 결여되었을(의지적 요소) 때 형사 책임이 없다."고 명시하였다.[46] 이는 정신장애로 인한 책임감면을 확대하는 것이다.

이 사건의 피고인은 아치 W. 브로너(Archie W. Brawner)로 그는 술을 마시고 싸움에 휘말려 부상을 입은 후, 총을 가지고 현장으로 돌아와 닫힌 문을 향해 총을 쏘아 빌리 포드(Billy Ford)를 사망에 이르게 했다. 재판 과정에서 브로너는 자신이 정신이상자라고 항변했다.

- 맥노튼 규칙(1843): 정신질환으로 인해 자신이 하는 행위가 무엇인지 모르거나, 그 행위가 잘못된 것임을 알지 못했을 경우에만 책임 감면/면책. (인지 능력에 초점)
- 더럼 규칙(1954): 범죄 행위가 **정신 질환의 '산물'**이라면 책임 감면/면책. (행동이 정신 질환의 결과라는 포괄적 접근)

수사과정에서 사이코패스 진단검사가 이루어진 강력범죄 사건

- **미아동 흉기난동 사건 (2025년 4월, 김성진):**
  서울 강북구 미아동에서 흉기 난동을 벌여 살인 및 살인미수 혐의로 구속 기소된 김성진(33)은 경찰의 진단 결과 **사이코패스로 분류**되었다. 그의 범행 동기는 '이상동기범죄'로 분석됐다.
- **시흥 살인 및 흉기난동 사건 (2025년 5월, 차철남):**
  경기 시흥에서 2명을 살해하고 2명을 다치게 한 혐의를 받는 차철남에 대한 **사이코패스 검사 결과 사이코패스로 진단되지 않았다.**
- **충남 서천 흉기 살해 사건 (2025년 3월, 이지현):**
  충남 서천군의 인도에서 40대 여성에게 흉기를 휘둘러 살해한 혐의를 받는 이지현은 사이코패스 검사를 받았으나, **일부 진술을 거부하여 '진단 불가능'으로 판정됐다.**

2023년

- **부산 또래 여성 살인 사건 (2023년 5월, 정유정):**
  온라인 과외 앱을 통해 알게 된 또래 여성을 살해하고 시신을 유기한 정유정(23)은 사이코패스 진단 검사(PCL-R) 결과 **27점 이상으로 사이코패스로 분류됐다.**
- **분당 흉기난동 사건 (2023년 8월, 최원종):**
  성남시 분당구에서 흉기 난동을 벌여 14명의 사상자를 낸 최원종(23)에 대해서도 사이코패스 검사가 진행되었으나, **피해망상에 따른 범행으로 판단되어 인격장애 진단 항목 채점이 불가하여 사이코패스 진단은 불가능**하다는 결론이 났다. 정신질환(조현성 인격장애)에 의한 망상이 주된 원인으로 판단됐다.
- **신림역 칼부림 사건 (2023년 7월, 조선):**
  서울 관악구 신림역 인근에서 행인들에게 흉기를 휘둘러 1명을 숨지게 하고 3명에게 중상을 입힌 조선(33)은 사이코패스 진단검사 결과 **기준점(25점) 이상으로 사이코패스로 분류됐다.**

사이코패스진단지(PCL-R)

연번	질문	그렇지 않다(0)	그렇다 (1)	매우 그렇다(2)
1	유창한 언변, 매력적 외모 : 언변이 좋고 매력적인 외모라고 생각			
2	과대평가 : 자신의 능력에 대해 자부심, 오만함, 우월감이 대단함			
3	상습적 거짓말 : 늘 아무렇지 않게 거짓말, 속임수, 파렴치함			
4	교활하고 교묘 : 기만과 속임수를 사용하여 다른 사람들을 속여서 개인적인 이익을 얻음			
5	양심의 가책이나 죄책감 결여 : 다른 사람의 상실, 고통 및 고통에 대한 감정이나 관심이 없으며 냉담하고 비 감정적			
6	정서적 빈곤 : 제한된 범위 또는 깊이의 감정, 냉정한 대인관계			
7	호의적 / 공감의 부족 : 타인에 대한 감정이 부족, 차갑고, 경멸적이며, 무신경			
8	자신의 행동에 대한 책임을 지려하지 않는다. : 책임을 거부하고, 다른 사람에게 책임을 전가하려는 시도			
9	지루함을 느끼고 스릴 추구 : 새롭고 흥미진진한 자극과 위험을 감수해야 하는 과도한 욕구			
10	기생하는 생활 양식 : 타인에게 의도적, 조직적, 이기적, 착취적, 경제적 의존			
11	낮은 자기 행동 통제 : 부정적인 감정, 거친 언어습관 및 부적절한 분노 표현			
12	현실적인 장기 목표 없음 : 장기 계획을 개발하고 성취하지 못하는 무능력 또는 지속적인 실패			
13	충동적 : 반성이나 계획이 결여되고 결과를 고려하지 않고 행동			
14	무책임성 : 약속 및 의무를 이행하거나 명예를 훼손하는 반복된 행위			
15	청소년 비행 경력 : 13-18세 사이의 범죄 경력			
16	아동기 품행장애 조기 행동 : 13세 이전에 다양한 비행여부			
17	조건부 가석방 취소 경험 : 규칙위반으로 보호관찰, 가석방 등 취소			
18	난잡한 성적 파트너 : 단기적인, 즉흥적인, 무분별한 성파트너 선택			
19	많은, 단기적인 결혼 : 장기적인 남녀관계에 대한 헌신 부족			
20	다양한 범죄경력			

참고문헌

1_경향신문, 타살? 사망 시점?… 대부분 "확인 불가", https://www.khan.co.kr/article/201407252150095/

2_Sugden. (1995). *The Complete History of Jack the Ripper*. New York: Caroll & Graff. 131.

3_National Association of Medical Examiners Web Site, https: //netforum.avectra.com/eweb/DynamicPage.aspx?Site=NAME&WebCode=NAMEInfo. 1954년 모범사후검시법 이전에는 많은 주에서는 선출직 공무원인 검시관(Coroner)이 사망 원인을 조사하고 필요할 경우 부검을 명령할 수 있었다. 그런데 이들은 의료교육을 받지않은 비전문가도 있었다. 이에 따라 모범사후검시법은 검시관을 의학적 전문지식을 갖춘 면허 있는 법의관(Medical Examiner)으로 임명할 것을 권장하였다. 그리고 부검이 필요한 죽음의 유형을 자세하게 규정하였다.

4_국립과학수사연구원, www.nfs.go.kr/

5_중앙일보, 의대 2000명 늘린다는데…2년간 1명 지원, 국과수 법의관 한숨, https://www.joongang.co.kr/article/25230059/

6_동아일보, DNA 수사 진화… "범인이 외계인 아니면 틀릴 수 없다", 2021년 4월 13일자 보도.

7_연합뉴스, 애끓는 가족찾기의 결정적 단서…DNA, 2025년 1월 5일자 보도, https://www.yna.co.kr/view/AKR20250103078500505/

8_구형남, 김유훈, 최승규 & 김이석. (2011). 법의인류학 감정을 위한 머리뼈골절의 형태 분석 및 도구 추정. 대한체질인류학회지, 24(1), 1-8.

9_의대생신문, 법의인류학의 세계, 2019년 1월 19일자

10_박대균 외, 고리뼈를 이용한 한국인의 성별판별,

11_대한안면통증구강내과학회, 법치의학, http://www.kaom.org/info/part_10.html

12_안용우, 고철희, 허기영, 이상섭, 옥수민, 허준영, ... & 정성희. (2010). 신원불상자의 개인식별에서의 치아의 역할에 대한 고찰. 대한구강내과학회지, 35(2), 111-117.

13_이윤성; 독극물 법의학, 대한내과학회지 제76권 제2호, 특별강연, 2009. 261-264.

14_조행만, 변사체에서 풍기는 살구씨 냄새의 의미, 더사이언스타임지, 2011년

1월 12일자 보도.

15_문태영, 곤충은 네가 지난 여름에 한 일을 모두 알고 있다. 카이스트, 2005년 6월 7일자 보도.

16_환경의 변화에 따른 곤충을 주로 연구하는 법곤충학을 말한다.

17_창고의 곡물, 의약품, 의류 등의 저장품에 해를 끼치는 해충을 배상문제와 연계하여 연구하는 법곤충학을 말한다.

18_부산일보, 「법의학과 인체기행」 ⑤ 법곤충학(下), 2007년 3월 13일자 보도.

19_우동규. (2012). 법곤충학을 이용한 사후경과시간 추정 및 활용. 경찰연구논집, 10, 103−122.

20_중앙일보, 곤충은 알고 있다, 강도에 당한 그가 숨진 시간, https://www.joongang.co.kr/article/22260316/

21_ko.wikipedia.org, 생리학, https://ko.wikipedia.org/

22_Rosenfeld, J. P. (1995). Alternative views of Bashore and Rapp's (1993) alternatives to traditional polygraphy: A critique.

23_Meijer, Ewout H; van Koppen, Peter J (2017). "Chapter 3. Lie Detectors and the Law: The Use of the Polygraph in Europe". In Canter, David; Žukauskiene, Rita. Psychology and Law: Bridging the Gap. Routledge.

24_Niedermeyer, E., & da Silva, F. L. (Eds.). (2005). Electroencephalography: basic principles, clinical applications, and related fields. Lippincott Williams & Wilkins

25_경찰청, 과학수사기본규칙 제23조, 2020.

26_머니투데이, 고 손정민씨 사건서 실시한 '법최면'… 어떤 수사기법?, 2021년 6월 1일자 보도.

27_Spencer, J. T. (2024). Introduction to Forensic Science: the science of criminalistics. CRC Press.

28_박세환, 차세대 디지털 포렌식 기술시장 동향 분석, ITFIND, 2020.

29_주간조선, '최순실 태블릿 PC' 잡은 일등 공신 디지털포렌식의 진화, 2017년 6월 12일자 보도.

30_권양섭. (2019). 디지털 증거의 증거능력에 관한 대법원 판례 분석 – 위법수집증거와 증거능력을 중심으로. 디지털포렌식연구, 13(1), 1−11.

31_Silde, A., & Angelopoulou, O. (2014, September). A digital forensics profiling methodology for the cyberstalker. In Intelligent Networking and Collaborative Systems (INCoS), 2014 International Conference on (445−450). IEEE.

32_Houghtalen, R. P. (2019). The american psychiatric association publishing textbook of forensic psychiatry.

33_Ronson, Jon (15 May 2010). "Whodunnit?". London: The Guardian. Retrieved 28 September 2010.

34_국립강력범죄분석센터(The National Center for the Analysis of Violent Crime: NCAVC)는 그 소속 기관으로 ① Behavioral Analysis Unit (BAU)－East/West Regions; ② Child Abduction Serial Murder Investigative Resources Center (CASMIRC); ③ Violent Criminal Apprehension Program (VICAP) 등이 있다. http: //www.fbi.gov/hq/isd/cirg/ncavc.htm, 2007. 8. 9 검색.

35_Turvey, B. E. (2011). Criminal profiling: An introduction to behavioral evidence analysis. Academic press.

36_Skodol, A. E., & Oldham, J. M. (Eds.). (2021). The American Psychiatric Association publishing textbook of personality disorders. American Psychiatric Pub.

37_Brussel. (1968). *Casebook of a crime psychiatrist*. Bernard Geis Associates; distributed by Grove Press. 29－46; Turvey, et, al. 13에서 재인용.

38_폴 폴랜드지음, 최수묵 편역, 이웃집 사이코패스, 동아일보사, 2013. 56－57.

39_동아일보, 정신질환 범죄자의 재범…법무부－복지부, 책임은 누가 더 클까, 2020년 12월 11일자 보도.

40_이근후 외, 정신장애의 진단 및 통계편람(역서), (서울: 하나의학사, 1995), p. 807; 권석만, 이상심리학의 기초 (서울: 학지사, 2014), 202; 허경미, 현대사회와 범죄학, 박영사, 2016. 62~66.

41_① 편집성(망상성) 성격장애: 타인의 행동이 악의에 찬 동기를 가지고 있다고 해석하는 등 불신과 의심을 많이 하며, 지속적인 갈등을 일으키며, 적대적 태도를 취하는 인격장애이다.

② 정신분열성 성격장애: 사회적 관계에서 고립되고 감정표현이 제한된 인격장애이다.
③ 분열형 성격장애: 관계가 가까워지면 급성불안이 일어나고, 인지 또는 지각의 왜곡, 그리고 괴이한 행동을 보이는 인격장애이다.
④ 반사회성 성격장애: 타인의 권리를 무시하고, 침범하는 인격장애이다.
⑤ 경계성 성격장애: 대인관계, 자아상, 그리고 정동이 불안정하고 심하게 충동적인 인격장애이다. 폭식과 폭음이 잦으며, 자살률이 높은 특징을 보인다.
⑥ 연극성 성격장애: 과도하게 감정적이고, 타인의 관심을 끌려는 인격장애이다.
⑦ 자기애성 성격장애: 자신에 대한 과대평가, 칭찬에 대한 과도한 욕구, 공감의 결여를 특징으로 하는 인격장애이다.

⑧ 회피성 성격장애: 사회활동의 억제, 부적합감, 부정적 평가에 대한 과민성을 특징으로 하는 인격장애이다.

⑨ 의존성 성격장애: 보살핌을 받고자 하는 과도한 욕구가 있는, 순종적이고 의존적 행동을 특징으로 하는 인격장애이다.

⑩ 강박성 성격장애: 정리정돈, 완벽성, 그리고 통제에 대한 과도한 집착을 특징으로 하는 인격장애이다.

42_Frank Schmalleger, Criminloogy Today: An Integrate Introduction, 3rd (ed.), (New Jersey: Prentice Hall, 2002), 175~176.

43_Albert Rabin, "The Antisocial Personality Psychopathy and Sociopathy," in The Psychology of Crime and Criminal Justice, (ed.), Hans Thoch, (NY: Holt, Rinehart and Winston, 1979), 236~251.

44_De Oliveira Souza, R., Hare, R. D., Bramati, I. E., Garrido, G. J., Ignácio, F. A., Tovar Moll, F., & Moll, J. Psychopathy as a disorder of the moral brain: Fronto temporo limic grey matter reductions demonstrated by voxel based morphometry, (*NeuroImage*, 40(3), 2008), 1202~1213.

45_Aharoni, E., Sinnott－Armstrong, W., & Kiehl, K. A. (2014). Can psychopathic offenders be considered morally responsible?. Neuroethics, 7(1), 65－75.

46_justia, United States of America v. Archie W. Brawner, Appellant, 471 F.2d 969 (D.C. Cir. 1972), https://law.justia.com/cases/federal/appellate－courts/F2/471/969/259681/

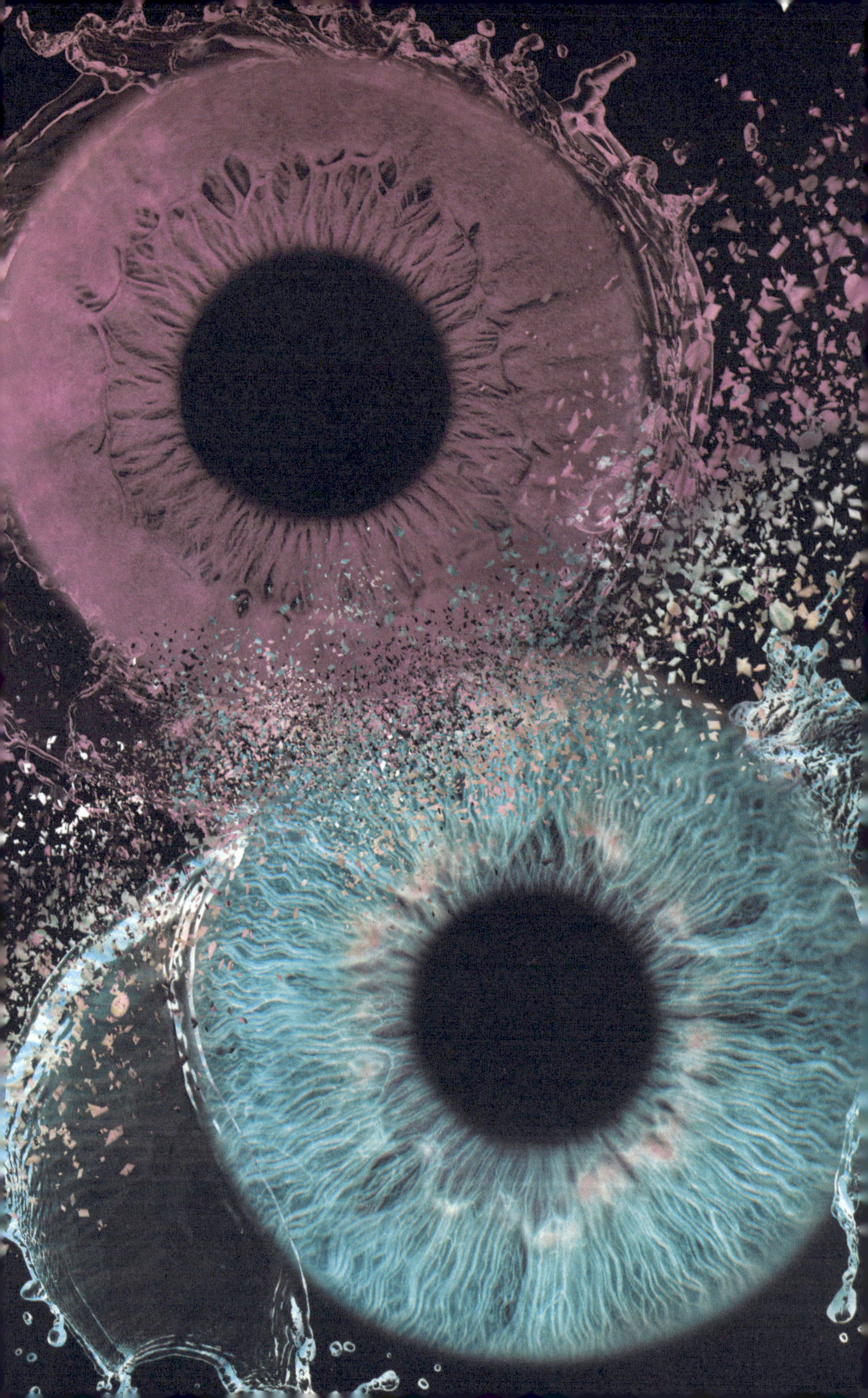

CRIMINAL PROFILING

02

크리미널 프로파일링 조직과 크리미널 프로파일러

제1장

미국과 영국의 크리미널 프로파일링 조직

미국의 크리미널 프로파일링 조직

행동연구및교육단(BRIU)

미국은 1972년 FBI아카데미에 행동과학단(Behavioral Science Unit: BSU)을 만들어 경찰 및 FBI요원들을 대상으로 프로파일링 교육을 시작하였고, 이어 교도소 수형자들을 대상으로 성격조사프로젝트를 추진하는 등 프로파일링에 대한 연구와 현장수사에 적용하였다. 2018년에 FBI Academy의 행동과학단(Behavioral Science Unit: BSU)은 그 명칭이 행동연구및교육단(Behavioral Research and Instruction Unit: BRIU)으로 변경되었다. BRIU는 행동과학적 지식을 바탕으로 FBI 학생, FBI 신입요원, 경찰, 군수사기관, 관련 분야 학계의 종사자들에게 테러리스트 사고 방식과 경찰의 대응 이해, 폭력적 극단주의에 맞서기, 인질협상 및 체포론, 청소년범죄, 위기관리, 사망사건수사, 응용행동과학, 범죄학, 소식

범죄, 교도소갱문화, 정신병리학 등에 대한 교과목을 개발하여 교육과정을 진행하고 있다.

BRIU는 또한 국제경찰미래학자협회및 FBI와 함께 미래워킹그룹(Futures Working Group)을 형성하고 있다. Futures Working Group의 목적은 공공의 안녕과 시민의 안전보호를 위해 지역, 주, 연방 및 국제법 집행기관의 효율성을 극대화하기 위한 예측 및 전략을 개발하고 장려하는 것이다. 또한 일반 대학의 학생들에게 풀 타임 무급 인턴십 기회를 제공하고 FBI의 Honors Internship Program에 참여할 수 있는 기회를 부여하고 있다.

국립강력범죄분석센터(NCAVC)

로버트 레슬러와 터텐, 멀루니 등이 1972년에 FBI아카데미에 설치된 행동과학부(The Behavioral Science Unit)에서 근무하면서 교도소의 연쇄살인범들을 면담하고, 그 관련자료를 분석하는 등의 범죄인성격조사 프로젝트(Criminal personality research project: CPRP)를 진행하였다. 이와 같은 조사결과가 범죄사건 해결에 도움을 주자 좀 더 행동과학적인 측면에서 연구하고, 이를 다시 데이터베이스화할 필요가 있다는 공감대가 형성되었다. 1981년 FBI의 프로파일러이자 수사관인 로버트 레슬러(Robert K Ressler)와 그의 동료들이 국립강력범죄분석센터(National Center for the Analysis of Violent Crime: NCAVC)를 FBI에 설치할 것을 제안하였다. 레이건 대통령이 1984년 6월 21일 승인하였다. 이러한 과정은 미국이 프로파일링을 활용한 수사 및 그 기법 등에 있어 독보적인 위상을 차지할 수 있게 된 배경이기도 하다.

NCAVC는 크게 세 프로그램을 운영한다. 행동분석단(BAU), 아동납치연쇄살인수사자료센터(CASMIRC) 및 폭력범죄체포프로그램(VICAP) 등

ViCAP Homicides and Sexual Assaults Most Wanted

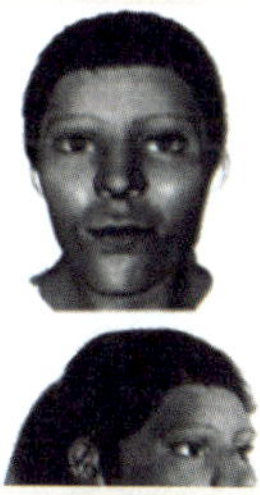

ViCAP Unidentified Persons
JANE DOE - DORCHESTER, MASSACHUSETTS

ViCAP Missing Persons
AMEERA DEADRICK - HOUSTON, TEXAS

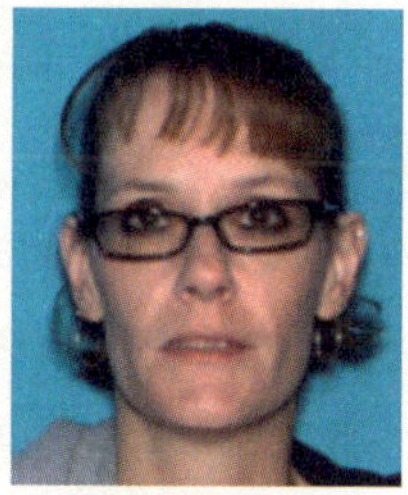

ViCAP Missing Persons
KERI ANNE CEFARELLI - FORT MYERS, FLORIDA

ViCAP Homicides and Sexual Assaults
VICTIM - MARGARET FETTEROLF - BALTIMORE, MARYLAND

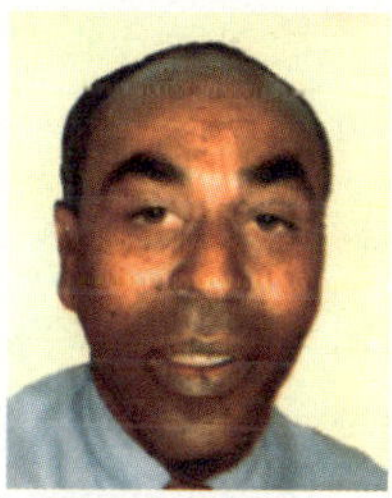

ViCAP Unidentified Persons
JOHN DOE - BREWSTER, NEW YORK

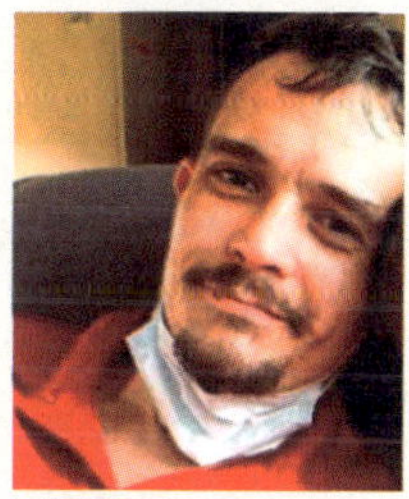

ViCAP Missing Persons
JAMES KEVIN BRADSHAW - ROME, GEORGIA

자료: https://www.fbi.gov/wanted/vicap/

이다. 그리고 이를 지원하는 두 개의 부서 등 모두 다섯 개의 부서로 구성된다.

첫째, NCAVC의 행동분석단(Behavioral Analysis Unit: BAU)은 1997년에 설치되었다. BAU는 5개 부서(Behavioral Analysis Unit 1~5)로 분류된다. 이들은 각각 대테러, 방화 및 폭격 문제, 위협, 사이버 범죄 및 공공부패, 아동대상범죄, 성인대상범죄(ViCAP) 및 연구, 전략개발 및 교육 등을 담당하고 있다.

둘째, NCAVC의 아동납치연쇄살인수사자료센터(Child Abduction Serial Murder Investigative Resources Center: CASMIRC)는 1998년 10월에 30일 의회에

서 통과된 「성범죄자로부터아동보호법」(the Protection of Children From Sexual Predators Act)의 일부로 설치되었다. 이 센터는 아동 납치, 아동실종, 아동살인, 연쇄살인 사건 등과 관련하여 연방 법집행 자원의 조정 및 제공, 교육 및 기타 전문 지식의 적용을 통해 관련 사건의 수사를 지원하는 역할을 하고 있다.

셋째, NCAVC는 1985년부터 교도소의 살인범 및 강력범 등을 면담한 자료 및 기존의 강력범 등의 자료 등을 데이터 베이스화하는 작업을 벌여 강력범체포프로그램(Violent Criminal Apprehension Program: ViCAP)이라는 컴퓨터프로그램을 만들어 운영하고 있다.

이 프로그램은 전국의 법집행기관공무원들이 관할 지역에서 발생한 강력사건(성범죄, 아동납치유괴사건, 살인사건, 실종사건 등 강력사건, 미제강력사건 등)에 대하여 정보를 입력하여 관리함으로써 동일범 및 용의자, 실종자를 찾아내며, 미제사건 등을 해결하도록 하는 범죄정보공유시스템이라고 할 수 있다.

연쇄살인 용의자와 같은 범죄 활동 패턴이 발견되면 ViCAP는 각 기관 간의 의사소통을 조정하여 경찰을 지원할 수 있다. 또한 용의자에 대해 FBI 웹사이트에 공개수배(ViCAP Alert)를 하며, 동시에 각종 온라인 사이트 및 뉴스 레터 및 기타 간행물을 통해서도 수배를 진행한다. 이때 범행정보와 수법, 범죄자 개인정보, 사건담당 기관과 담당자

자료: https://www.fbi.gov/

전화번호 등에 대한 정보를 공개하여 효율적으로 범인을 식별하고 정보공유 및 체포 등이 이루어지도록 한다.

다음은 FBI 내에서 범죄분석관이 주로 근무하는 부서이다. 조직명칭은 조식 개편에 따라 변화할 수 있지만 업무영역은 크게 다르지 않아 보인다.

FBI 내 범죄수사분석관이 근무하는 주요 부서

- **정보부**(Intelligence Branch, IB)
  FBI의 전반적인 정보 분석 및 수사 지원을 담당하는 핵심 부서로 국가 안보, 테러, 조직 범죄, 사이버 범죄 등 다양한 분야에서 분석 업무 수행
  국가안보정보국(Division of National Intelligence), 범죄정보분석센터(Criminal Intelligence Section), 전략정보분석실(Strategic Intelligence Unit)
- **범죄수사부**(Criminal Investigative Division, CID)
  범죄수사를 전담하는 부서로 범죄수사분석관들이 CID에서 데이터 분석 및 지원 역할 수행
  조직범죄 및 폭력범죄과(Organized Crime and Violent Crime Section), 금융범죄과(Financial Crimes Section), 마약범죄수사과(Drug Investigations Section), 인신매매 및 아동착취수사과(Human Trafficking and Child Exploitation Unit)
- **사이버수사부**(Cyber Division)
  해킹, 사이버 테러, 온라인 금융 범죄 등을 수사하는 부서로 사이버 범죄 데이터 분석 및 디지털 증거 분석 업무 수행
- **테러방지부**(Counterterrorism Division, CTD)
  국내 및 국제 테러 조직의 활동을 분석하고 대응 전략을 수립, 범죄수사분석관이 테러 활동 패턴 분석 및 예방 조치 수립에 참여
- **방첩부**(Counterintelligence Division, CD)
  외국 정부의 스파이 활동(첩보전)을 감시하고 대응, 국가 기밀 유출 및 산업 스파이 관련 범죄 분석
- **법의학 및 데이터분석부**(Forensic and Data Analysis Units)
  과학적 수사 및 데이터 분석을 통해 사건 해결 지원, 디지털 포렌식(Digital Forensics), DNA 분석 등 수행

영국의 크리미널 프로파일링 조직

내무부

내무부의 범죄분석부서(Crime Analysis Unit)와 경찰 및 소방분석부서(Police and Fire Analysis Unit) 등을 두어 범죄, 범죄자, 피해자 관련 분석 및 화재, 마약 및 알코올을 포함한 공공안전과 관련된 통계를 분석하여 형사수사와 기소를 지원하고, 범죄예방 및 공공안전 전략을 개발하는 것을 지원한다.[1]

국가범죄청

국가범죄청(National Crime Agency: NCA)은 내무부 소속으로 영국의 중대범죄에 대하여 수사 및 기소권을 행사한다. 이 업무를 처리하는 가운데 필요한 범죄수사 프로파일링 조직으로 중대범죄분석부(Serious Crime Analysis Section: SCAS)를 두었다. 여기에는 전술정보분석팀(The Tactical Intelligence Analysis Team), 국가평가센터(National Assessment Centre), 국가데이터 활용역량(National Data Exploitation Capability), 국가사이버범죄부서(The National Cyber Crime Unit) 등에서 다양한 범죄분석 및 전략을 개발하는 등의 역할을 수행한다.[2]

지방경찰

영국의 자치단체의 자치경찰조직은 범죄분석관(Crime Analyst)을 둔다. 범죄분석관은 일상적인 경찰 활동, 범죄지도 작성, 예측경찰 활동 등을 지원한다.

민간기업

영국의 범죄인 프로파일링 관련 감정 및 분석 등은 원칙적으로 민간기업이 담당하며, 정부가 그 가이드라인을 제시하는 방식으로 진행된다. 이와 같은 민간분야 위탁방식은 형사사법행정의 민영화성책에 의해 추진되었다. 영국은 이미 1991년에 형사사법법(Criminal Justice Act, 1991)을 통하여 알코올중독범에 대한 치료 프로그램을 민간에 위탁토록 규정한 것을 시작으로 2003년의 형사사법법 개정 및 2007년의 범죄인관리법(Offender Management Act, 2007), 2009년의 검시관 및 사법법(Coroners and Justice Act, 2009) 등을 통하여 사회내처우의 강화 및 그 민영화 작업을 체계적으로 진행해왔다. 또한 2015년 이후 민간교정회사를 모든 사회내처우 프로그램에 참여케 한다는 방침을 발표함으로써 민간교정회사와 보호관찰 트러스트가 사회내처우 프로그램의 집행에 있어 상호 경쟁적인 관계를 형성하게 되었다. 법과학서비스(The Forensic Science Service: FSS)는 1999년 4월 1일에 내무부 산하의 공공법인으로 전환했다. 이후 2005년 12월에 내무부 산하의 공기업으로 변경되었다.

그런데 영국 정부는 민영 프로파일링 기업들과의 경쟁으로 시장점유율이 낮아지면서 법과학서비스의 손실이 늘어나자 2009년 10월 22일 일단 일부 지역의 지소를 폐쇄하는 조치를 취하였다. 이후 2010년 12월 4일 내무부는 2012년 3월까지 FSS를 매각하거나 폐쇄하겠다는 방침을 밝혔다. 그리고 2012년 3월 31일 FSS는 해산되었다.

이에 대해 영국 정부는 국가의 형사사법 책임을 민간에게 떠넘기며, 프로파일링 제도를 후퇴시켰다는 등의 비난에 직면했다. 그런데 영국의 이와 같은 정책 변화는 형사사법시스템에 과감하게 추진하고 있는 민영화 및 아웃소싱을 통한 예산절감 정책 등을 반영하는 것이다.[3] 이후 영국의 법과학서비스는 민간기업(private sector)들에 의해서도 이루어지고 있다.

법과학 규제관

한편 영국 정부는 2007년부터 내무부 산하에 법과학자문위원회(The Forensic Science Advisory Council)를 설치하는 방안을 의회와 논의하였고, 의회는 2011년 법과학규제관(Forensic Science Regulator: FSR)을 임명하는 조건으로 이를 승인하였다(법의과학감독관으로 칭하기도 한다).[4]

2021년에 새로 제정된 신법과학규제법(The new Forensic Science Regulator Act 2021)은 법과학규제관에게 부적절한 법과학서비스 제공 등에 대한 조사권(Investigations)을 매우 광범위하게 규정하고 있다.[5] 구체적인 권한은 다음과 같다.

- 경찰 및 형사사법기관에 대해 제공되는 법과학 서비스의 품질 표준을 수립하고 준수 여부에 대한 모니터링
- 경찰 및 형사사법기관에 대해 법과학 서비스를 제공하는 법과학 공급자 및 종사자의 자격요건 심사 및 인증
- 국가 법과학 정보 데이터베이스에 적용되는 품질표준 준수 설정 및 모니터링
- 법과학의 품질기준과 관련된 문제에 대해 내무장관, 경찰, 형사사법기관, 공급 업체 및 저전문가들과의 의견조율
- 법과학 서비스 제공의 품질기준과 관련하여 이해 관계자 및 일반 대중의 불만 처리

법과학규제관은 내무부에 소속되어 있으나 독자적으로 업무를 수행하며, 그 소속으로 5명의 과학자로 구성된 팀을 두고 있으며, 그 관할은 잉글랜드 및 웨일즈의 법집행기관 및 스코틀랜드와 북아일랜드의 법집행기관 중 양해각서를 맺은 법집행기관들에게 미친다.[6]

특히 2023년에는 법과학규제관실천강령(Forensic Science Regulator's Code of Practice 2023)을 제정하였고, 이를 준수하도록 요구하고 있다.[7]

한편 FSR이 제시한 프로파일러의 자격요건과 기준에 의하여 확보된 범인의 진술이나 자료 등은 법정에 증거로 제출될 수 있으며, 증거능력이 인정된다.

법과학규제관(Forensic Science Regulator: FSR)의 관할 대상

법의학 자문위원회(Forensic Science Advisory Council)
오염 전문가 그룹(Contamination Specialist Group)
생물학 전문가 그룹(Biology Specialist Group)
지문 품질 전문가 그룹(Fingerprint Quality Specialist Group)
디지딜 포렌식 진문가 그룹(Digital Forensics Specialist Group)
DNA 분석 전문가 그룹(DNA Analysis Specialist Group)
최종 사용자 전문가 그룹(End User Specialist Group)
법의병리학 전문가 그룹(Forensic Pathology Specialist Group)
의료 법의학 전문가 그룹(Medical Forensics Specialist Group)
품질 표준 전문가 그룹(Quality Standards Specialist Group)
증거 평가 전문가 그룹(Evidence Assessment Specialist Group)
사고 검사 전문가 그룹(Incident Examination Specialist Group)
총기 전문가 그룹(Firearms Specialist Group)
통역 전문가 그룹(Interpretation Specialist Group)
약물 및 독성학 전문가 그룹(Drugs and Toxicology Specialist Group)

자료: https://www.gov.uk/government/organisations/forensic-science-regulator/about/membership/

참고문헌

1_uk government, https://www.gov.uk/government/collections/crime-research-and-analysis

2_NCA, https://www.nationalcrimeagency.gov.uk/what-we-do/how-we-work/providing-specialist-capabilities-for-law-enforcement/serious-crime-analysis?view=article&id=3073&catid=10/

3_BBC NEWS, Businessmen, lawyers and justice, 2013 .7. 9. http: //www.bbc.co.uk/news/uk-20953644/ 2015년 1월 30일 검색.; 허경미, "영국 사회내처우제의 정책적 시사점 연구", 교정연구, 61, 한국교정학회, 2013, 127-152.

4_Parliament, UK,The Forensic Science Service-Science and Technology Committee Contents, http: //www.publications.parliament.uk/pa/cm201012/cmselect/cmsctech/855/85506.htm

5_legislation.gov.uk, Forensic Science Regulator Act 2021, https://www.legislation.gov.uk/ukpga/2021/14/contents

6_GOV.UK, Forensic Science Regulator, https://www.gov.uk/government/organisations/forensic-science-regulator/about

7_uk CPS, https://www.cps.gov.uk/legal-guidance/forensic-science-regulator-act-2021-and-forensic-science-regulators-code-practice/

제2장

미국과 영국의 크리미널 프로파일러가 되려면

미국, FBI의 크리미널 프로파일러(Supervisory Special Agents)

FBI의 크리미널 프로파일러는 정식명칭이 아니다. 크리미널 프로파일러가 되려면 먼저 FBI요원(Special Agents)이 되어야 한다. FBI요원의 기본적인 자격요건은 다음과 같다.

FBI의 지원 당시 연령은 23세에서 36세 사이로 퇴직까지 20년 이상 근무할 수 있어야 한다. 4년제 대학의 법의학, 형사사법학, 심리학 또는 관련 분야에서 학사 학위를 취득해야 한다. 또한 2년 이상의 관련분야 정규직 근무경험이 필요하다. 석사의 경우 1년 이상의 정규직 근무경험이 필요하다. 유효한 운전면허증을 소지하고 6개월 간의 운전경험 및 일정한 체력기준을 충족해야 한다. 또한 FBI아카데미에서 20주 정도 교육을 받아야 한다.

이후 FBI요원으로 3년 이상 근무할 경우 프로파일러(Supervisory Special

Agents) 지원 자격을 갖추게 된다.[1] 다음으로 프로파일러가 되려면 지원자는 SASS(Special Agent Selection System)를 통과해야 한다. 이는 프로파일러로서 정신적 및 신체적으로 가장 적합한 후보자를 선발하는 절차로 3단계이다.

자료: FBI
https: //www.fbijobs.gov/students/undergrad/

1단계는 논리와 추론(logic and reasoning) 테스트를 통과해야 하며, 2단계는 면접과 필기시험(written assessment)을 통과해야 한다. 3단계는 체력테스트 및 신원조회(background check)를 통과해야 한다. 이후 FBI아카데미에서 20주 훈련 과정을 거쳐야 한다. 교육 수료 후 정식으로 FBI NCAVC에 배치된다.

프로파일러와 관련한 교과목은 개인특성진단, 사망원인 분석, 전략적 인터뷰, 범죄 연관성 분석, 위협의 평가 및 관리, 미디어 및 재판전략, 법정에서의 전문가 증언, 지리적 프로파일링, 다기관 조정 등이다.

한편 프로파일러에 대하여 국립강력범죄분석센터(NCAVC)의 행동과학연구 및 교육부(BRIU)가 재교육을 담당하며, 행동과학적 측면에서 응용범죄학/범죄 행위의 심리·사회적 태도/갈등과 위기관리/커뮤니케이션/법 집행의 미래학/청소년 폭력/변사사건수사/갱단의 심리·사회적 행동과 갱단의 사고방식/법 집행의 스트레스 관리, 사이버 범죄자, 대인적 폭력 등 성격특징, 행동특성, 갈등해결 등의 전략과 기술 등을 중점적으로 강의한다.

한편 FBI아카데미의 BRIU는 경찰과 군대, 그리고 연방수사관 등을 비롯하여 미국의 법집행기관원들에게 뿐만 아니라 외국경찰 등에게도 연수기회를 부여하고 있으며, 대학생 및 FBI특별수사관을 희망하는 사람들에 대하여 다양한 인턴십 프로그램(FBI Honors Internship Program)을 운영하고 있다. 또한 BRIU는 범죄문제해결 및 시민의 안전을 도모하는 미국의 경찰조직을 포함한 다양한 국내외 법집행기관들과 미래워킹그룹(Futures Working Group)이라는 협력적 파트너십 관계를 구축하여 운영하고 있다.[2]

국립강력범죄분석센터 자원봉사 실습 프로그램 (National Center For The Analysis Of Violent Crime Volunteer Practicum Program)

공고문 일부

필수 자격(Required Qualifications)

이 프로그램에는 제한된 수의 여석이 있기 때문에 우수한 학업능력, 뛰어난 성격 및 높은 수준의 의욕을 가진 개인만 선택됩니다. 고려 대상이 되려면 지원자는 신청 당시 다음 자격을 모두 충족해야 합니다.

* 지원자는 미국 교육부 장관이 인정한 지역 또는 국가 기관 협회 중 하나에서 인증한 대학에 재학 중이어야 한다.
* 학부생은 최소 3학년 이상이어야 하며, 단과대학 또는 종합대학에 최소 시간제 재학 중이어야 한다.
* 대학원생(석사, 박사, 법학)은 단과대학 또는 종합대학에 재학 중이어야 하며, 특정 학기를 이수하여야 한다.
* 학생은 성적 4.0을 기준으로 최소 학점 평균(GPA)이 3.0 이상이어야 하며 품행이 방정해야 한다.
* 지원자는 강력한 작문 능력, 분석 능력 및 컴퓨터 응용 능력이 있어야 한다.
* 지원자는 미국 시민이어야 한다.
* 지원자는 모든 FBI 고용 요건을 충족하고 기본적인 FBI 배경 조사를 통과할 수 있어야 한다.

자료: FBI, FBI-NCAVC Volunteer Practicum Application 2019-2020.

영국의 크리미널 프로파일러

영국은 크리미널 프로파일러를 공식적으로는 법의심리학자(Forensic Psychologist)의 일부로 간주한다.[3] 이에 따라 영국에서 크리미널 프로파일러가 되려면 영국심리학협회(The British Psychological Society: BPS)의 인증을 받은 심리학 3년제 과정의 심리학 학위, 법의심리학 대학원 석사와 영국심리학협회(BPS)가 감독하는 기관에서 2년 동안 공인된 실습과정을 거쳐야 한다.

영국고용부는 국립채용정보서비스(National Careers Service)를 통하여 크리미널 프로파일러(Forensic psychologist)의 업무를 경찰수사과정에서의 범죄적 행동, 범죄인 심리진단, 교정시설의 사회복귀프로그램 지원 및 정신의학시설내 대상자 치료지원, 그리고 형사사법기관의 범죄자 처우 정책개발지원 및 참여, 범죄행동연구참여 등으로 설명하고 있다.[4] 좀 더 구체적으로는 범죄행동의 특별한 징후진단, 수형자분류, 개별수형자 교육 및 처우 프로그램 개발, 가석방대상자에 대한 정신진단, 수형자에 대한 행동관찰보고서작성, 개별처우정책 및 전략 등 제안, 신규 프로파일러에 대한 교육 및 훈련 등이라고 적시하였다.

범죄인 프로파일러는 경찰서나 검찰, 법원, 교도소, 병원, 보호관찰소, 일반기업체 등에서 전임직 또는 시간제, 프리랜서 등의 형태로 일할 수 있다.

영국의 경우 교정 및 보호관찰 업무의 상당 영역이 민간기업에 위탁하는 방식의 민영화를 도입하고 있어 민영형사사법기관에 근무할 경우 범죄분석관 역시 민간인이라고 할 수 있다. 다만, 이들의 업무는 위탁받은 영역 내에서는 공공성을 가지고 있고, 범죄분석의 가이드라인이 이미 FSR에 의해 규정되어 있는 점 등이 반영되어 이러한 요건이 준수된 경우 법정에서의 증거능력은 제한되지 않는다. 급여수준은 경력에 따라 3~4만 5천 파운드 정도로 추정하고 있다. 관리자급은 7만 파운드 정도인 것으로 알려지고 있다.

특히 크리미널 프로파일러의 자격을 갖추었더라도 정신건강전문가협회(HCPC)를 통하여 반복적인 훈련을 받아야 하며, 고용주 역시 이를 승인하여야 하며, 교정시설 등을 통하여 임상경험훈련을 반복적으로 행하는 것을 조건으로 자격을 유지토록 함으로써 이들의 전문성을 강화하고 있다. 영국의 고용노동부는 크리미널 프로파일러에게 필요한 자질과 태도를 다 같이 제시하고 있다.[5]

영국의 고용노동부가 제시한 크리미널 프로파일러의 자질과 태도

- 범죄자에 대한 위험 평가 준비
- 수감자를 위한 최적 처우 프로그램 조언
- 치료 및 재활 프로그램 개발
- 심리 치료를 제공
- 가석방위원회, 정신장애판정 법정 및 법원에 전문가 조언 제공
- 공식적인 서면 보고서 작성
- 정책 및 전략 작성에 도움
- 새로운 심리학자를 교육하고 멘토링
- 수용자의 스트레스를 줄이는 적절한 처우방법 모색

자료: National Careers Service, https: //nationalcareersservice.direct.gov.uk/

런던광역경찰청(MET)의 크리미널 프로파일러 채용공고 일부[6]

정규직, 주당 36시간 근무, 직함: 법의학 전문가(범죄 현장 검사), Forensic Practitioner (Crime Scene Examination)

급여: £37,744~£42,631

근무지: 런던 전역

…

귀하는 다른 법과학 전문가 및 선임 동료와 함께 일하게 됩니다. 귀하는 MPS 범죄 현장에

대한 법과학적 검사를 수행하고, 법과학적 증거를 효과적으로 보존, 기록 및 복구하게 됩니다. 또한, 우리는 귀하가 모든 범죄 영역에 대한 수사를 지원하기 위해 MPS 인력에게 법과학적 문제에 대한 전문적인 조언과 지침을 제공하기를 기대합니다.

범죄현장조사(CSI) 1단계와 2단계 자격증을 소지해야 하며 운전면허증을 소지해야 하고, 경찰 차량을 운전할 수 있는 권한을 받으려면 내부 운전 평가에 합격해야 합니다.

조사에 사용할 수 있는 모든 범위의 법과학 서비스에 대한 광범위한 이해를 갖추고 있으며, 광범위한 범죄 현장에서의 임상경험을 가지고 있어야 합니다. 선임 동료가 도착할 때까지 주요/심각한 범죄 현장 검사를 주도할 수 있는 검증된 능력이 있어야 하며, 범죄 현장 검사 및 경찰 관련 사건의 모든 측면을 통제하는 데 경험이 있어야 합니다.

또한 다양한 상황에서 신체적, 물리적 운영 업무를 수행할 수 있어야 합니다. 이를 위해 응급생명구조기술 및 경찰안전에 대한 교육을 제공합니다. 또한 경찰정밀심사정책(Metropolitan Police Vetting Policy)에 따른 심사 절차를 통과해야 하며, 여기에는 고용기간 내내 관련 데이터베이스에 보관되는 DNA 및 지문 정보 등이 포함됩니다.

마지막으로, 주말과 공휴일을 포함한 이른 아침, 늦은 밤, 야간 근무에 바쁜 교대 근무팀에 합류하게 되어 힘들 것입니다. 그 대가로 교대 수당과 주말 근무 수당을 제공하겠습니다.

MET 내의 법과학 서비스는 여러 일선 운영 분야에서 흥미로운 경력 기회와 지속적인 전문기술 개발을 의미합니다. 여러분은 모든 분야에서 공평하고 다양한 승진 기회를 통해 경력을 개발할 기회를 갖게 될 것입니다. 또한 상당한 연차 휴가, 공무원 연금 제도, 무이자 금융권 대출 등의 혜택을 누릴 수 있습니다.

주요 활동

범죄 관련 사건에 대한 법과학적 조사 과정을 시작
범죄 관련 사건에 대한 법과학적 검사를 요구하는 법의학적 과정에 참석하고 이를 통제
범죄 관련 사건에 대한 사진 기록을 작성
범죄 관련 사건에 대한 법과학적 검사를 실시
범죄수사부서에 대한 24시간 연중무휴 지원을 위한 교대근무에 전면적으로 참여
잠재적 증거 항목을 패키시, 보관 및 운송하여 연속성올 보장
범죄 현장이나 관련 조사 요소에 대한 법과학적 조사를 평가
형사 사법 절차에서 사용할 증거를 준비하고 제시하고 모든 파트너가 법과학적 증거의 가치를 이해하도록 돕고 요청에 따라 법정 심리에 참석
이사회의 품질 관리 시스템 내에서 근무하고 감사, 역량 테스트, 불일치 사항 보고 등을 통해 시스템의 지속적인 개선에 적극적으로 참여하고 시스템을 개선하기 위한 변경 사항을 제안

추가 정보

업무의 특성상 MET 직업건강검진 과정에 참여해야 합니다.

다음 역량은 면접심사에서 평가되는 것으로 사전평가/업무기반연습으로 구성될 수 있습니다.
우리는 협력적입니다
우리는 전달하고, 지원하고, 영감을 줍니다
우리는 비판적으로 분석합니다
우리는 혁신적이고 열린 마음을 가지고 있습니다
…
더 자세한 것은 MET 홈페이지 채용게시판을 참고하세요….

영국과 미국의 크리미널 프로파일링제도의 특징을 다음과 같이 정리할 수 있다. 첫째, 영국은 프로파일러가 형사사법기관 전반에서 활동하며, 미국의 경우 기본적으로 NCAVC의 업무영역으로 둔다는 점은 근본적인 차이점이 있다. 둘째, 영국의 경우 FSR을 통해 자격요건 및 교육의 표준을 제시하여 전문성을 확보하려는 노력을 하고 있는데 비해 미국은 BRIU를 통하여 프로파일러의 교육 및 인턴십 과정 등을 운영하며, 경찰이나 FBI 요원으로서 최소 3년 이상의 근무경력을 요구함으로써 현장적응성 및 전문성을 사전적으로 확보하려는 장치를 가지고 있다. 셋째, 양국 모두 신리학을 바탕으로 하되, 미국의 경우 범죄학, 법의학, 사회학 등 인접학문을 인정하여 외연을 확장하고 있다. 넷째, 미국은 연방수사기관인 FBI의 특별수사관으로 프로파일러를 임명하여 연방범죄 수사 및 경찰 등 법집행기관의 수사를 지원토록 하고 있다. 다섯째, 양국 모두 범죄 프로파일링의 결과가 직접증거로 채택되는 않지만, 일정한 자격요건을 갖춘 프로파일러에 의한 프로파일링은 범인행동이나 물적 증거를 증명하는 증거로 인정받고 있다. 여섯째, FSR과 BRIU가 연구, 기술, 절차, 교육 등의 표준을 제시하고 법집행기관 등에의 중심축 역할을 하며, 경찰을 포함한 국내외 법집행기관들과 Futures Working Group이라는 협조적 파트너십을 유지한다는 점이다.

참고문헌

1_STUDY.COM, Become a FBI Profiler: Education and Career Roadmap, https://study.com/articles/Become_a_FBI_Profiler_Education_and_Career_Roadmap.html/

2_FBI, Futures Working Group, http: //www.fbi.gov/about-us/cirg/investigations-and-operations-support/fwg

3_prospects, https://www.prospects.ac.uk/job-profiles/forensic-psychologist

4_영국고용부는 국립채용정보서비스(National Careers Service)를 통하여 잉글랜드 및 웨일즈 지방의 13세 이상을 대상으로 영국내 직업의 종류, 자격, 요건, 학력, 취업기회, 급여수준, 고용조건, 경력개발 등에 관한 정보를 온라인 또는 전화로, 그리고 19세 이상을 대상으로는 대면으로 제공하고 있다. National Careers Service, https: //nationalcareersservice.direct.gov.uk/Pages/Home

5_National Careers Service, Forensic psychologist, https://nationalcareers.service.gov.uk/job-profiles/forensic-psychologist

6_METPOLITAN POLICE, Forensic Practitioner (Crime Scene Examination), https://policecareers.tal.net/vx/mobile-0/appcentre-External/brand-3/candidate/so/pm/6/pl/1/opp/13254-Forensic-Practitioner-Crime-Scene-Examination/en-GB

제3장

한국의 크리미널 프로파일링 조직과 크리미널 프로파일러

한국의 크리미널 프로파일링 조직

경찰청

경찰청은 2004년 7월부터 범죄분석관제를 도입키로 하고 2005년에 최초로 30명을 채용하였고, 이후 2006년 30명, 2007년 20명, 2014년 6명, 2015년 6명, 2016년 4명을 채용하였고, 이후 채용이 없다가 2021년에 8명, 2025년에 5명을 채용하여 현재에 이르고 있다. 이들은 신임 교육 후 수사경과를 부여받아 지역경찰관서(지구대·파출소) 6개월간 근무 후 시·도경찰청 과학수사부서에서 5년간 의무적으로 근무하여야 한다.[1]

그런데 범죄분석관이 경찰청이나 시도경찰청 단위의 상급 기관에 배치됨으로써 오히려 사건에 대한 접근성과 집중성이 떨어진다는 의

견도 제시된다. 미국이나 영국의 경우에도 크리미널 프로파일러와 수사관과의 업무연계의 어려움과 원활하지 못한 의사소통이 지속적으로 지적되고 있어[2] 이는 비단 한국의 문제만은 아닌 것으로 보인다.[3] 다만, 그 신분을 수사경찰 경장계급으로 임용함으로써 계층제적인 경찰조직의 특성상 업무의 독립성을 더욱 인정받기 어려운 상태라는 것을 알

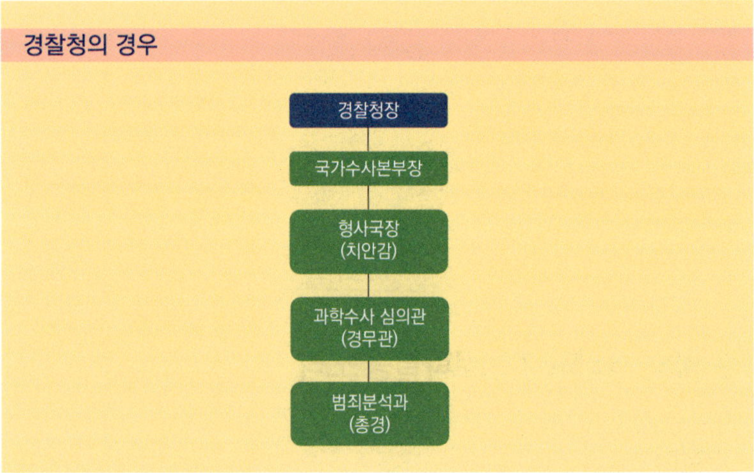

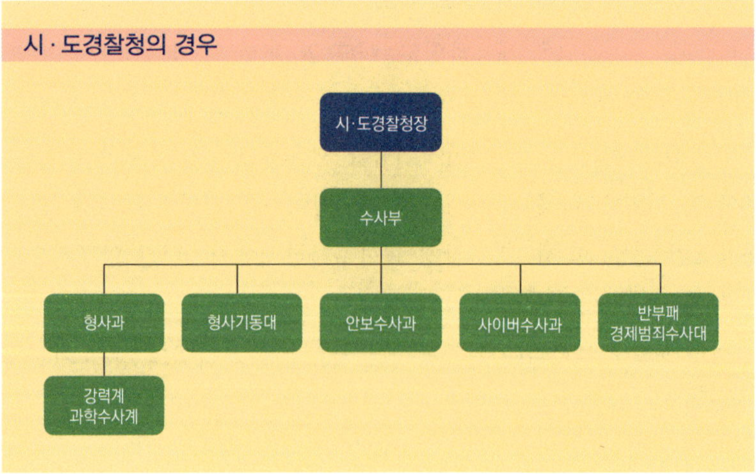

수 있다.

경찰청 과학수사기본규칙 제34조는 범죄분석관은 다음에 해당하는 경우 범죄분석을 실시할 수 있다고 규정하고 있다.

1. 살인 · 강도 · 강간 · 방화 등 강력사건, 장기미제사건, 연쇄사건 등의 피의자가 특정되지 않거나 검거되지 않은 경우
2. 검거된 피의자 또는 사건 관계인 진술의 신빙성을 판단하기 곤란하거나, 사건을 판단하기 위해 추가진술 확보가 필요한 경우
3. 범행동기, 심리상태 등에 대한 종합적인 분석을 필요로 하는 경우
4. 정신질환 또는 이상(異常)동기와 관련된 범죄라고 판단되는 경우
5. 그 밖에 새로운 유형의 범죄에 대한 탐지 · 대응 등을 위해 범죄분석이 필요하다고 판단되는 경우

대검찰청

검찰의 경우 2015년 2월 이후 과학수사부서를 신설해 운영하고 있다.[4] 대검찰청은 2025년을 기준으로 과학수사부에는 법과학분석과, 디엔에이 · 화학분석과, 디지털수사과, 사이버 · 기술범죄수사과 등이 배치되어 있다. 이 가운데 법과학분석과에서 범죄분석관련 사무를 담당한다. 검찰은 심리분석에 대하여 다양한 심리학적 원리들을 적용하여 진술의 진위여부를 판단하는 기법이며 크게 심리생리검사(폴리그래프 및 뇌파검사), 행동분석 그리고 일상심리평가 등으로 구분하면서 이러한 세 분석을 통합하여 최종적으로 범죄자의 심리 및 행동을 재분석하는 통합심리분석을 그 기법과 유형으로 정의하고 있다. 즉, 이는 검찰이 사건이 송치된 이후에 또 다시 수사 중인 사건의 피의자나, 재판 중인 피고인에 대하여 심리분석을 진행하는 것으로 동일한 범죄자에 대한 중복적인 분석작업이 진행될 수 있다는 것을 보여준다.[5]

대검찰청의 분석검사 절차

검사의뢰 → 검사준비 → 검사전 면담 → 검사실시 → 결과분석 → 검사후 면담 → 결과통보

자료: 대검찰청, 과학수사, https://www.spo.go.kr/site/spo/

대검찰청의 범죄분석 사건 사례

'상주 농약사이다' 사건

일명 '상주 농약사이다' 사건 피의자에 대하여 통합심리분석을 실시하였다. 당시 피의자는 자신은 마을회관에 있던 사이다에 농약을 섞은 사실이 없으며 피해자들이 왜 쓰러졌는지 몰랐다고 주장하였으나 통합심리분석결과, 피의자의 주장은 신빙성이 없다고 결론내렸고 분석결과에 대한 분석관의 법정증언이 있었다. 피의자는 유죄가 인정되어 무기징역 확정판결을 받았다.

'양양 일가족 방화살인' 사건

강원도 양양군 조용한 시골마을에서 일가족이 불에 타 사망한 사건이 발생하였다. 피의자는 피해자에 대한 1,880만원의 채무를 면탈하려는 목적으로 수면제를 탄 맥주 및 음료수를 들고 피해자 집에 찾아가 피해자와 피해자의 아이들에게 먹여 정신을 잃도록 한 다음 집에 휘발유를 뿌린 뒤 불을 붙여 살해하였다. 피의자는 불이 붙은 뒤 자신의 행동에 후회하며 구호작업을 하였다고 주장하였으나 통합심리분석결과 이러한 주장은 신빙성이 떨어진다는 결론을 내렸고 피의자는 유죄가 인정되어 무기징역 확정판결을 받았다.

'내연녀의 청산가리 독살' 사건

내연남의 부인인 피해자가 남편과의 내연관계를 정리할 것을 요구하자 이에 앙심을 품고 청산가리를 섞은 술을 피해자에게 마시게 하여 피해자가 사망한 사건이 발생하였다. 피고인은 모든 범죄혐의를 부인하였으나 통합심리분석결

과 피고인의 주장은 신빙성이 낮은 것으로 밝혀졌고 피고인은 연극적인 성향을 갖고 있는 것으로 나타났다. 통합심리분석을 실시한 분석관들 모두 법정증언을 하여 통합심리분석 결과가 증거로 채택되었고, 피고인은 유죄가 인정되어 무기징역 확정 판결을 받았다.

'부천 초등생 토막 살인' 사건

친부모인 피고인들이 친아들(7세)을 폭행하고 살해한 후 사체를 토막내어 집 안에 있는 냉장고에 보관한 엽기적인 사건이 발생하였다. 대검에서는 통합심리분석을 실시하여 피고인들 진술의 신빙성 유무를 밝혀내었고, 위 결과를 바탕으로 피의자들을 추궁한 결과 공소사실 모두 자백하였다. 피고인들은 친부는 징역 30년, 친모는 징역 20년 확정판결을 받았다.

국립과학수사연구원

국립과학수사연구원은 분석사무를 법의학부, 법과학부와 법의공학부로 분류하고, 법의학부 소속으로 법의검사과를 두었다.

법의검사과에서는 범죄예방, 수사, 재판 그리고 교정 분야 등 사법시스템에서 요구하는 다양한 요구들에 대해 심리학적 원리를 적용하여 법적인 조력을 하고 있다.

법의검사과는 심리검사실과 범죄분석실로 구분된다. 심리검사실은 대상자 진술의 진위를 확인하는 심리생리검사, 진술타당도 분석, 성격과 인지능력 검사 등을 담당한다.

범죄분석실은 피해자 및 목격자의 기억 회상을 돕기 위한 법최면검사와 범죄의 원인과 수법 등에 관한 연구를 수행하는 범죄분석업무 등을 담당한다.

따라서 국과수의 법의검사과가 범죄인 프로파일링 및 범죄수사를 위한 지원을 하거나 직접 프로파일링 업무를 담당한다고 할 수 있다.

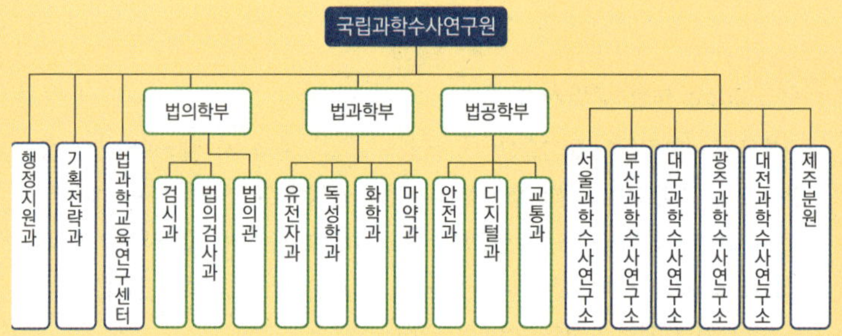

자료: 국립과학수사연구원, 조직도, https://www.nfs.go.kr/site/nfs/ex/dept/Dept_List.do

한국 경찰의 크리미널 프로파일러

경찰청은 2025년도 채용공고를 통하여 경찰청은 범죄분석관의 주요 업무를 다음과 같이 명시하고 있다. 이는 2021년도에 8명을 채용한 이후 5명을 더 증원하는 것으로 신규인력의 유입이 매우 제한적이라는 것을 알 수 있다.

범죄행동분석, 지리적 분석, 진술분석 등 과학적 수사지원
미검, 발생사건에 대한 수사단서 지원을 위한 용의자 유형 분석
수사면담 및 심리평가를 통한 대상자 성향 분석
범죄분석 자료 및 범죄통계, 수사자료 등 범죄양상 분석

이를 위하여 필요한 역량으로 다음을 요구하고 있다.

다양한 심리평가, 방법을 숙지하고 수사에 활용할 수 있는 역량
사고력, 창의력, 논리적, 과학적 분석 및 해석능력
투철한 국가관과 윤리관, 사명감
사물에 대한 종합적 관찰력 및 통합력

이를 위하여 필요한 지식으로 범죄심리학, 심리측정 및 평가, 행동심리학, 이상임상심리학, 사회문화심리학, 성격 및 발달심리학, 프로파일링, 법과학, 수사심리학 등을 들고 있다.

그리고 범죄분석관 채용에 응시할 수 있는 관련전공을 다음과 같이 제한하고 있다.

심리학, 사회심리학, 범죄심리학, 법심리학, 임상구시심리학, 임싱심리학, 응용사회심리학, 상담임상심리학, 임상상담심리학
**진공멍과 통일한 선공만 인정하며, 관련전공 학사학위 취득자 중 관련 전공 석사학위를 취득한 자

우대할 수 있는 요건은 다음과 같이 제시하였다.

관련 전공 석사학위 이상 취득(응시자격 외)
관련 분야 연구경력(응시요건 충족 이후 경력만 인정, 최대 5년)
관련분야 연구실적
범죄심리사, 임상심리사, 정신건강임상심리사, 사회조사분석사 중 1개 이상을 취득한 경우(상위자격1개만 인정)

구술 실기는 관련 전공지식의 현장 응용력 및 '범죄행동분석(프로파일링)'에 대한 개념 등 지식을 평가한다.

실기시험의 평가기준은 다음과 같다.

구 분	내 용	비율(%)
직무지식	• 현장재구성 등 과학수사 기초 지식 • 범죄행동분석 직무 지식(Profiling, 범죄심리 등) • 사건자료 활용 방안 등	40
전공지식	• 심리 · 사회 · 범죄학 기초 • 심리평가 · 측정 • 심리(사회)통계 활용(연구방법론 포함) • 데이터 관리 및 통계(조사)분석 경험 등	40
발전역량	• 범죄행동분석 또는 전공분야 연구 실적 ※ KSCI 등재(후보) 학술지에 논문게재시 평가우대 • 학위 과정 외 관련 교육 실적 ※ Profiling, 범죄심리, 임상심리, 상담, 통계, 심리평가 등 • 관련 업무 실적, 근무 경력 • 개인 업무 추진 계획(발전방안) 등	20

합격자들에게는 수사경과를 부여하며 지역경찰관서(지구대 · 파출소) 6개월 근무 후 시 · 도경찰청 과학수사(관리)계에서 5년간 의무적으로 복무하여야 한다.

이는 몇 가지 문제를 보여준다. 첫째는 실기시험과 면접의 내용이 중복될 수 있으며, 그 경계가 모호하다는 점이다. 두 번째는 5년간 프로파일링 업무에만 전종할 요원임에도 불구하고 이들에게 경찰과 동일한 체력종목과 기준을 부여하는 것이 과연 적정한가이다. 셋째, 이들은 수사부서에 곧바로 배치하지 않고 지구대(파출소)에 6개월 간 배치한다는 점이다.

한국의 크리미널 프로파일링의 과제

전문화교육 문제

프로파일러의 신임교육과정은 중앙경찰학교에서 34주간 실시되고 있다. 초기단계에는 일반경찰과 별다른 교과내용의 차이를 두지 못하였으나 점차 개선하여 범죄분석실무나 범죄심리학, 형사사진학, 피의자면담기법 등의 프로파일링에 필요한 기초적인 이론을 강화하고 실무적응훈련 과목을 보완했지만, 여전히 현장실습기간은 제한적이다.[6]

프로파일러로 근무하는 동안에는 경찰수사연수원에서 제한적이긴 하지만 범죄분석전문화과정을 통해 재교육기회를 부여하고 있다.

사건정보공유 문제

현재 수사경찰이 관리하고 접근할 수 있는 있는 범죄사건정보시스템은 범죄정보관리시스템(CIMS)과 과학적분석시스템(SCAS), 수사종합검색시스템(CRIFISS) 등이 있으며, 범죄분석관의 경우 전체 또는 부분적으로 이 시스템을 공유하고 있다.[7, 8]

그런데 이러한 프로그램들은 대부분 사건을 담당하는 수사경찰이 사건정보를 입력해야 하고, 또한 정보접근권한이 제한적으로 허용되는 경우도 있다. 한편 범죄분석관의 업무특성상 광범위하면서도 세부적인 사건정보에 대한 접근권을 행사하여야 하나 대부분 사건 초기단계에서는 사실상 그 행사가 제한적이다.[9]

경찰청의 범죄분석업무운영지침 제4조는 살인 등 중요강력사건에 대해 6개월 이상 해결하지 못할 경우 반드시 사건서류를 편철하기 전에 범죄분석관에게 범죄분석을 의뢰하도록 규정하여 범죄분석관의 업무영역을 구체화하였다. 제11조는 범죄분석관의 담당수사관에 대한 정보요구권을, 그리고 동 지침 제12조 제1항은 사건담당관서의 형(수)사과장은 중요사건발생 및 접수시 경찰청 과학수사센터장, 시도청 형(수)사과장에게 범죄분석을 의뢰할 수 있고, 범죄분석관은 신속히 범죄분석보고서를 작성, 통보해야 한다고 함으로써 중요사건에 대한 범죄분석의뢰와 그에 대한 응답의무를 부여하고 있으며, 제2항은 사건 담당관서 형(수)사과장은 범죄분석보고서에 대한 수사보고서를 신속히 작성, 통보해야 한다고 함으로써 수사 이후의 결과를 범죄분석관에게 제공하도록 명시하고 있다.

크리미널 프로파일링의 연속성 문제

경찰조직의 범죄분석관은 수사경찰의 한 구성원으로 수사에 참여하는 것이다. 따라서 사건이 검찰에 송치되거나 재판에 계류 중인 경우에 원칙적으로 경찰관인 프로파일러가 다시 동일 범죄인을 대상으로 면담을 하는 등의 기회는 거의 없다고 할 것이다.

그런데 경찰과 검찰의 서로 다른 프로파일링은 현행 수사구조상 불가피한 측면이 있지만 동일 범죄인을 대상으로 수사단계마다 다른 프로파일러가 개입하는 것이 과연 효과적인 방법인가에 대한 신중한 논의가 필요하다고 본다.

한편 교정처우 과정의 프로파일링은 범죄유형 및 범죄자 성격, 사회환경, 그리고 범죄패턴, 재판 후의 태도 등에 이르기까지 수사과정에서보다 더 많은 범죄자 정보를 수집하여 데이터베이스화 할 수 있다는 장점이 있다.[10] 그러나 지금까지는 더 이상의 프로파일링은 진행되지 않고 있다. 즉, 교정 및 보호관찰 기간 중의 범죄자의 태도변화 등에 대한 프로파일링 차원의 접근은 이루어지지 않아 대상자들의 정보관리가 단절되는 것이다.

이는 특히 2012년 8월 20일 서울 광진구 중곡동에서 전자발찌를 착용한 채 주부를 성폭행하려다가 살해한 서진환 사건에서 확연하게 드러났다. 당시 전자발찌 착용자였던 서진환을 담당하는 서울 보호관찰관은 지침대로 서진환을 면담관찰하지 않았고, 그나마 같은 해 6월

중곡동 주부 살해사건 이후 달라진 것들

검·경찰 DNA정보 공유	-국과수 DAN검색→미 발견시 대검찰청에 사건정보 포함 검색의뢰→ 대검 자동검색 후 경찰서에 직접 통보 -단, DB통합이나 실시간 검색은 아님
전자발찌법 개정	-긴급 상황시 신상·위치정보를 파악한 뒤 사후영장 처리 가능 -지난 22일 국회 본회의 통과. 시행·공포 전
화학적 거세 확대적용	-피해자 나이에 관계없이 재발가능성에 따라 성 범죄자에 확대 적용 -지난 22일 국회 본회의 통과. 시행·공포 전

자료: 서울신문, 중곡동 주부살해 사건 100일 악마 서진환이 바꿔놓은 제도, 2012년 11월 27일자 보도

전자장치 부착 등에 관한 법률(약칭: 전자장치부착법)

[시행 2024. 7. 17.] [법률 제20007호, 2024. 1. 16., 일부개정]

제16조의2(피부착자의 신상정보 제공 등) ① 보호관찰소의 장은 범죄예방 및 수사에 필요하다고 판단하는 경우 피부착자가 제14조제2항에 따라 신고한 신상정보 및 피부착자에 대한 지도 · 감독 중 알게 된 사실 등의 자료를 피부착자의 주거지를 관할하는 경찰관서의 장 등 수사기관에 제공할 수 있다. 〈개정 2017. 12. 12.〉

② 수사기관은 범죄예방 및 수사활동 중 인지한 사실이 피부착자 지도 · 감독에 활용할 만한 자료라고 판단할 경우 이를 보호관찰소의 장에게 제공할 수 있다. 〈개정 2017. 12. 12.〉

③ 보호관찰소의 장은 피부착자가 범죄를 저질렀거나 저질렀다고 의심할 만한 상당한 이유가 있을 때에는 이를 수사기관에 통보하여야 한다.

④ 수사기관은 체포 또는 구속한 사람이 피부착자임을 알게 된 경우에는 피부착자의 주거지를 관할하는 보호관찰소의 장에게 그 사실을 통보하여야 한다.

⑤ 제1항부터 제4항에 따른 제공 및 통보의 절차와 관리 등에 필요한 사항은 대통령령으로 정한다.

[본조신설 2012. 12. 18.]

20일에 면담할 당시 서진환이 '사람을 성폭행하거나 칼로 찌르고 교도소에 들어가고 싶은 마음'이라는 취지의 진술을 했는데도 불구하고 별다른 후속조치를 취하지 않았다는 것이 2013년 감사원의 감사결과 밝혀졌다. 특히 감사원은 당시 서울보호관찰소가 관찰 대상 1,165명 중 서진환을 재범 위험 9위로 분류했으면서도 아무런 조치를 취하지

않았고, 서진환은 7월 18일 주부성폭력사건에 이어 8월의 살인사건까지 이르렀다며 보호관찰의 허술함을 지적하였다.[11]

그런데 이 사건은 보호관찰소의 부실한 대상자 관리도 문제지만 일정한 흉악범에 대하여 교도소의 형집행기간 및 출소 후 보호관찰 기간에도 교정보호처우와 함께 프로파일러와의 면담을 통한 태도 및 행동예측 등의 과정이 병행될 필요성을 보여주는 단적인 사례이며, 흉악범죄자에 대한 수사 및 형사사법기관 간 정보공유의 필요성이 얼마나 절실한지를 보여주는 경우라 할 것이다.

비슷한 사례는 2021년 8월에도 발생하여 출소한 전자발찌 착용자가 보호관찰관의 부주의로 2건의 살인을 저질렀다. 2021년 5월 6일 전자발찌를 부착하고 출소한 강윤성(56세)은 6월 1일과 8월 27일 두 차례 외출제한조치를 위반했다.[12] 그가 6월 1일 외출제한조치를 처음 위반하자 보호관찰소 직원이 찾아가 구두경고하고, 6월 7일 다시 방문해 자술서 형식으로 위반사유 진술조서를 받았다.

강윤성은 첫 살인을 저지른 직후인 8월 27일 0시 14분께 두 번째 외출제한을 위반했다. 위반 사실을 감지한 보호관찰소가 전화하자 강씨는 "배가 아파 약을 사러 편의점에 들렀다"고 둘러댔다. 현장에 출동한 보호관찰관은 강씨가 0시 34분께 귀가하자 "30일 소환조사를 받으라"고 통지한 뒤 집 안을 들여다보지 않은 채 돌아갔다. 당시 집에는 강씨가 8월 26일 살해한 40대 여성 피해자의 시신이 있었다는 것이다.

이와 같이 보호관찰관의 단순감시로는 출소한 강력범의 재범억제는 한계가 있다. 또한 교도소와 출소 이후에도 프로파일러와의 연계가 필요한 이유를 보여준다. 나아가 보호관찰시스템의 개선도 필요하다.[13]

또한 영국과 같이 교정시설이나 보호관찰소 등에 크리미널 프로파일러를 배치하여 필요한 서비스를 제공할 필요도 있다.

전자감독 대상자 현황

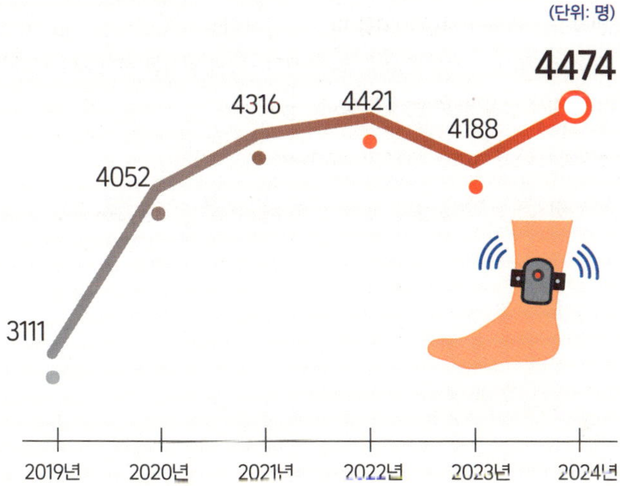

법무부에 따르면 성폭력 전과자의 동종 범죄 재범률은 2021년 1.40%에서 지난해 0.57%로 3분의 1 감소하는 등 전자감독 효과가 나타나고 있다는 분석이다. 2019년 4월부터 19세 미만 대상 성범죄자 중 재범위험성이 높은 전자감독대상자에 대해서는 일정기간 1대1 전담 보호관찰을 실시하고, 특별사법경찰관으로 구성된 '신속수사팀 운영' 등을 도입한 결과다. 2023년 전자발찌 장치를 훼손이 쉽지 않은 장치로 바꿔 성능도 대폭 강화했다.

해마다 대상자 늘어… 스토킹 사범도 포함됨

지난해부터는 개정 스토킹처벌법이 시행되면서 전자발찌 부착명령을 받은 스토킹 가해자도 관제센터 관리 대상에 포함됐다. 하지만 감시 인력 보강이 없이 과부하가 걸렸다는 지적이다. 현재 전담인력 1명이 관리하는 전자감독 대상자는 20여명으로 경제협력개발기구(OECD) 평균인 10명보다 2배나 많다. 특히 지난해 전자감독 대상자는 4474명으로 전년(4188명) 대비 10% 가까이 늘었다.

보호관찰소의 관할 지역이 넓고 대상자가 많아 어려움

보호관찰소는 법원의 관할 지역을 따르는 탓에 대상자를 만나러 가는데에만 수시간이 걸린다… 대상자당 일주일에 적어도 3번 일상을 관찰해야 하지만 먼거리일 경우 현실적인 어려움이 있다…중략…

자료: 법무부, 서울신문, 2025년 4월 8일자 보도, 재구성

참고문헌

1_경찰청, https://public.jinhakapply.com/PoliceV2/Notice/List.aspx?CurrentPage=6&CategoryID=11/

2_Laurence Alison, Alasdair Goodwill, Louise Almond, Claudia van den Heuvel and Jan Winter. "Pragmatic solutions to offender profiling and behavioural investigative advice", *Journal of Personality and Social Psychology, Vol.15, 2010*. 115－132

3_허경미,「범죄 프로파일링(criminal profiling) 기법의 효과적 활용방안」, 치안정책연구소, 2008, 74

4_대검찰청, 검찰조직구조, https://www.spo.go.kr/site/spo/06/10602010200002018100812.jsp/

5_실제로 심리분석은 경찰청의 과학수사센터 및 국립과학수사연구원, 대검찰청 과학수사담당관실에서 각각 진행될 수 있다. 검찰청, 수사지원분야, http: //www.spo.go.kr/spo/

6_허경미. (2015). 범죄 프로파일링 제도의 쟁점 및 정책적 제언. 경찰학논총, 10(1), 205－234

7_시스템의 구성 및 운영에 대해서는 허경미,「범죄 프로파일링(criminal profiling) 기법의 효과적 활용방안」, 치안정책연구소, 2008, 74－77.

8_윤해성, 전현욱, 양천수, 김봉수, & 김기범. (2014). 범죄 빅데이터를 활용한 범죄예방시스템 구축을 위한 예비 연구 (I). 형사정책연구원 연구총서, 1－431.

9_허경미. (2015). 범죄 프로파일링 제도의 쟁점 및 정책적 제언. 경찰학논총, 10(1), 205－234

10_이창한, "범죄 프로파일링에 있어 경찰과 교정기관의 협력에 관한 연구", 교정연구, 제31호, 한국교정학회, 2006, 251－236.

11_서울신문, "전자발찌 관리 不實이 性범죄 더 키웠다," 2013년 1월 23일자 보도.

12_매일경제, "전자발찌 훼손 살해범은 전과 14범인 56세 강윤성", 2021년 9월 2일자 보도.

13_서울신문, "전자발찌 효과로 성폭력 재범률 감소… 대상자 느는데 인력은 여전히 부족", 2025년 4월 8일자 보도.

제4장

유능한 크리미널 프로파일러와 크리미널 프로파일링 증거능력

브렌트 터비가 제시하는 유능한 크리미널 프로파일러

브렌트 터비(Brent Turvey)는 유능한 크리미널 프로파일러가 되기 위해서는 다음과 같은 요건을 갖출 것을 주장한다.[1]

유능한 크리미널 프로파일러가 되려면

- 분석적 사고능력
- 자신에 대한 이해
- 생활경험
- 직관에 대한 적절한 통제
- 편견배제
- 도덕적 평가 배제
- 개방적 사고
- 범죄자적 사고

첫째, 분석적 사고능력(Ccritical Thinking)이 필요하다. 크리미널 프로파일러는 무엇보다 비판적이고 분석적인 사고를 할 수 있어야 한다. 프로파일러들은 잘 연마된 비판적 사고 능력을 가지고 있어야 하며, 객관적이고 규칙적으로 사건들에 다가가야만 한다. 그들은 세부사항에 대한 열정을 가지고 있어야 하고 모든 가정들에 기꺼이 의문을 제기해야만 하며 또한 문제들을 확인하기 위해서는 법과학적 지식과 범죄수사를 이해할 수 있어야 한다.

둘째, 크리미널 프로파일러는 자기 자신에 대하여 명확히 알고 있어야 한다(Understanding Self). 자신에 대한 명확한 이해는 자신의 욕구·취향·희망·도덕 등을 구별할 줄 안다는 것이다. 이는 직면한 사건에서의 범죄자의 욕구·취향·희망·도덕 등을 더욱 명백히 인식하는 데 도움을 준다. 프로파일러 자신이 스스로에 대한 이해가 부족할 경우 범죄자에 대한 이해와 판단을 그르칠 수 있으며, 자신의 경험과 감정을 범죄자나 피해자에게 전이시키는 부작용을 낳을 수 있다.[2]

셋째, 적당한 연령에서 나오는 생활경험이 필요하다(Life Experience). 나이가 많다고 반드시 현명한 것은 아니지만, 생활하면서 얻는 지혜와 특별한 안목은 무시할 수 없다. 한편 프로파일러는 프로파일링과 관련된 경험이 우선적으로 중요시되며, 경험에서 얻은 식견을 사건에 대한 추론과 판단에 활용할 수 있는 능력도 함께 필요하다.

넷째, 직관에 대한 적절한 통제가 요구된다(Appropriate Control over Intuition). 삶의 경험 축적은 반드시 어떤 방향으로든 직관을 이끌어낸다. 직관이란 특정한 이유, 또는 합리적, 또는 명료한 과정을 거치지 않고도 알거나 믿는 것을 말한다. 그러나 직관이 가지는 매력성에도 불구하고, 직관적인 본능은 선입견, 편견, 정형화, 그리고 축적된 무시의 연장선상일 수도 있다. 이러한 것들은 심각하게 수사전략에 피해를 줄 수 있다. 따라서 직관을 합리적이고 명확하게 증명할 수 있지 않다면, 수사전략, 제안 혹은 최종 프로파일링에서 제외되어야만 한다.

직관이 전문가를 무책임하게 만들어서는 안 되며, 과학적 사실들과 의 견해를 정당화하는 데에 사용할 수 있어야 한다.[3]

다섯째, 편견에서 벗어나야 한다(Appropriate Control over Intuition). 수사과정에서 크리미널 프로파일러는 항상 객관적으로 사건과 관련된 정보들을 바라보아야 한다. 주어진 정보는 잠재의식적으로 프로파일러로 하여금 편견을 갖게 할 수 있고, 편견에 따른 용의자 프로파일을 결론으로 도출케 하는 잘못을 범할 수도 있다.

예를 들어, 살인사건의 용의자는 이웃, 배우자, 친척 등 시체를 발견한 사람일 수 있다. 특히 피해자 주변에 대하여 수집한 정보를 통하여 이들에 대한 선입감이나 편견이 더 강화될 수 있다. 따라서 프로파일러는 좀 더 객관적으로 얻어진 정보를 활용하고, 추론의 기술을 세련되게 하는 등의 방법을 통하여 용의자 프로파일을 만들어야 한다.

여섯째, 범죄자에 대한 도덕적 평가에서 벗어나야 한다(Exclude Moral Assessment). 이는 크리미널 프로파일러가 최종 프로파일을 제시하면서 범죄자에 대하여 병자, 정신이상자, 미치광이, 쓰레기 같은 사람, 아무짝에도 못 쓸 사람, 부도덕한 사람 등 프로파일러 자신의 도덕적 감정을 담아 추정해서는 안 된다는 것이다.

개인적인 감정들은 프로파일링에서는 용납되지 않는다. 범죄자의 성격적 특징을 설명할 때 가능한 형용사들을 사용하지 않거나 최소화하는 훈련이 필요하다.

일곱째, 개방적인 사고를 가져야 한다(Open Mind). 개방적인 사고가 비판적 사고와 상충하는 것은 아니다. 이는 선입견이나 편견, 혹은 연역적 이론들에 의해 영향받지 않는 것을 의미한다. 또한 모든 가능성을 고려하고 아무것도 예단하지 않는 것을 의미한다.

개방적인 사고는 두 개의 매우 중요한 현실들을 받아들이는 것을 포함한다. 예를 들어 우리에게 불쾌하거나 역겹거나 생각할 가치도 없는 어떠한 행동들이 성적(Sexual)인 자극을 줄 수 있다는 것과, 보통 사람과는 전혀 다른 행동이나 물건, 또는 상황에서 쾌락을 맛보려는 사람들이 존재한다는 사실이다. 따라서 개방적인 사고는 모든 생각과 이론에 같은 비중과 우선권을 주는 것이 아니라, 프로파일러 자신이 가지고 있는 관념, 선입견, 편견을 억제하고 모든 가능성을 받아들이는 마음자세라 할 수 있다. 이는 프로파일러로 하여금 비판적인 사고를 가능케 하는 원동력이라 할 수 있다.

여덟째, 범죄자처럼 생각할 수 있어야 한다(Thinking like a Criminal). 즉 크리미널 프로파일러는 특정사건에 따라 해당 범죄자의 지적인 수준과 사용가능한 범죄자의 기술을 이해하려고 노력해야 하는 것을 말한다. 모든 범죄자는 완전하게 서로 다르다는 것을 전제하고, 다른 특정한 욕구, 경험, 그리고 관념들에 의하여 자극을 받고 범죄를 행한다는 것을 인정해야 한다.

따라서 프로파일러는 모든 행동증거를 시험하고, 각각의 행동에 의해 만족된 욕구들을 이해하려고 노력하여야 한다. 하나의 행동으로 범죄자를 추정할 수 없으며, 행동의 연속성과 패턴을 이해함으로써 비로소 유용한 프로파일을 제시할 수 있다.

재판에서의 크리미널 프로파일링 증거능력

미국의 경우 범죄인 프로파일링이 법원의 증거로 채택되는 경우는 연방증거법 제404조부터 제406조의 규정에 따라 일정한 제한이 따른다.[4] 제404조는 특성증거(Character Evidence)는 일정한 예외를 제외하고 유무죄를 결정짓는 증거능력이 없으며, 예외적으로 일정한 요건을 갖춘 피고인, 피해자, 증인 등의 특성증거에 한해서 그 증거능력을 인정한다. 제405조는 특성증거가 인정되려면 일정한 증명이 가능하여야 한다고 규정하고 있고, 제406조는 목격자의 증언과 관계없이 개인과 조직의 행동이 특정한 상황에서 개인과 조직의 특성과 관계가 있다는 것이 증명되어야 한다는 것이다. 이는 재판과정에서 프로파일러가 제시한 특성증거의 증거능력이 인정되려면 특성증거의 보편성과 이를 증명하는 과학적 증거 및 프로파일러의 경력 등이 뒷받침되어야 한다는 것을 의미한다.[5]

한편 영국의 경우 법과학규제관이 제시한 프로파일러의 자격요건과 기준에 의하여 확보된 범인의 진술이나 자료 등은 법정에 증거로 제출될 수 있다.

프로파일링은 과학적인 실험이 가능한 방법으로 진행되는 것이 아니다. 즉 모든 범죄인이 프로파일러가 예측하는 대로 동일한 방식으로 범죄를 행하지도 않고, 동일한 범죄결과를 야기하지도 않는다.

한국의 경우 범죄분석은 수사과정의 일부이므로 특별히 증거능력의 유무에 영향을 준다고 보긴 어려울 것이나 일정한 요건을 갖춘 경우 법원은 양형의 판단자료로 활용하는 것으로 보인다.

즉, 대검찰청이 제시한 몇 가지 사례들을 분석하면 크리미널 프로파일러의 증언을 증거로 채택한 경우와 프로파일링을 활용한 피고인이나 증인 등의 진술을 증거로 인정한 경우 등으로 구분할 수 있다.

다음은 경제협력개발기구(OECD)가 2023년을 기준으로 전세계 공공기관 신뢰도 조사 결과 중 경찰에 대한 국가별 신뢰도 결과이다. 가장 높은 국가는 핀란드이고 가장 낮은 국가는 콜롬비아이며, 한국은 세 번째로 낮아 45% 정도로 나타났다.

경찰 신뢰도는 크리미널 프로파일링의 효용성을 인정하는 지표가 될 수 있고, 한편으론 프로파일링에 의한 피고인이나 증인의 자백이 진실인가에 대한 의문을 보이는 지표도 될 수 있다.

OECD 국가의 경찰에 대한 신뢰도

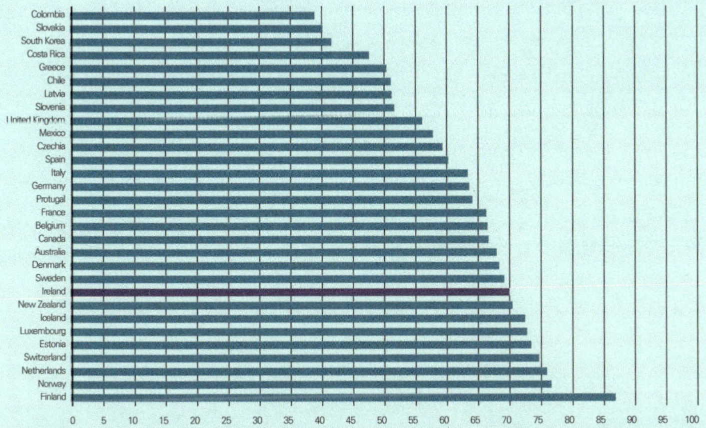

자료: oecd, https://www.oecd.org/en/publications/oecd-survey-on-drivers-of-trust-in-public-institutions-2024-results_9a20554b-en.html/

영국인들의 경찰에 대한 신뢰도, 즉 '경찰이 진실할 것이다'라고 신뢰하는 정도는 하향 추세를 보여 2019년 76%, 2020년 71%, 2023년 56%로 나타났다. 이는 영국의 입소스 진실성 지수(Ipsos Veracity Index)를 통하여 밝혀졌다.[6]

한편 영국의 선데이타임즈(The Sunday Times)의 설문조사에 따르면 영국 응답자의 46%는 경찰이 주택침입 사건을 수사하지 않을 것이고, 49%는 경찰이 차량 절도 사건에 대응하지 않을 것이며, 심지어 41%는 노상 폭행 사건도 수사하지 않을 것으로 생각하는 것으로 나타났다.[7]

미국의 경우 갤럽이 1993년 이후 매년 실시하는 신뢰도가 좀 더 명확한 설명이 될 수 있다. 2019년까지 대다수의 미국인이 경찰에 대해 높은 신뢰도를 보였으나, 2020년 조지 플로이드가 경찰 구금 중 사망한 후 2020년에는 경찰에 대한 신뢰도가 48%로 하락했다. 2021년 51%로 증가하였지만, 이후 하락하여 2023년에는 역대 최저치인 43%

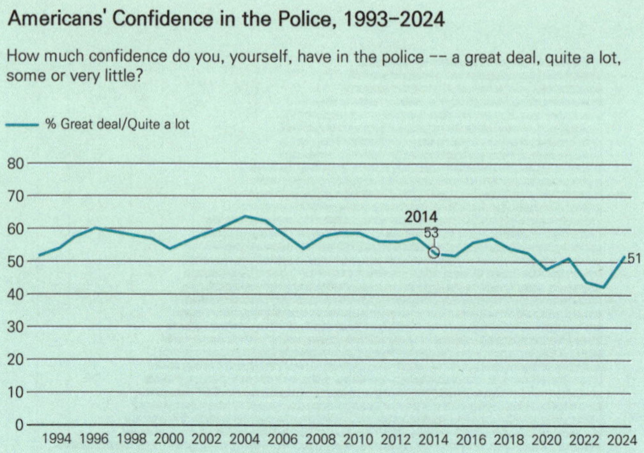

자료: USA GALLUP, U.S. Confidence in Institutions Mostly Flat, but Police Up, https://news.gallup.com/poll/647303/confidence-institutions-mostly-flat-police.aspx/

를 기록했다가 2024년에 51%로 상승했다.

이러한 의문은 몇 가지 연구결과에서 확인된다. 즉, 아이슬란드 정부가 2004년 10월 전체 고등학생 및 대학생의 80%인 10,472명을 대상으로 청소년들의 범죄자백, 구금경력 및 범죄부인과 청소년들의 행동변인적 특성을 등을 함께 질문하였다. 조사결과 18.6%의 청소년들이 경찰에 의해 용의자로 지목되어 심문을 받은 경험이 있고, 이들 중 53%는 범죄인정 자백을 했다. 자백자 중 7.3%가 거짓으로 범행을 인정한 것으로 확인되었다. 그런데 경찰심문 경험이 많은 청소년은 최대 12%까지 거짓자백을 하고 있었고, 이들은 다른 청소년들보다 비행경험이 많고, 비행친구가 많으며, 패배감이 높은 것으로 나타났다.[8]

오원춘 사건 판결시 1심법원과 2심법원의 프로파일링 결과 활용

1심법원 프로파일링 결과: 형량 가중 사유로 활용

피고인에 대한 심리분석 결과, 피고인은 내향적·소극적 성향으로 대인관계에 대한 욕구 없이 혼자 있는 것을 좋아하여 친하거나 마음을 터놓을만한 친구가 없는 편이고, 또한 피고인은 열등감이 높고 자신에 대한 통제력이 취약하여 충동적인 경향이 있는 반면, 감정 억제 경향성이 높아 적절하게 스트레스를 해소하지 못하고, 대인관계 기술의 부족으로 인하여 가족이나 인간관계에서 고립되어 있으며, 특히 여성에 대한 열등감, 부적절감을 보이며, 사회성이나 대처능력의 부족이 두드러지게 나타나는 것으로 평가된다…

2심법원 프로파일링 결과: 형량 감경 사유로 활용

① 사체손괴와 관련된 정황

프로파일링 보고에 '토막과 피부절단의 형태는 시신은닉이나 이동의 편의를 위한 것이며, 처리과정에서의 미숙이 피부절단이라는 잔인한 형태로 나타난 것으로 보인다'라고 기재되어 있는 점…

② 사전 계획, 준비의 유무

프로파일링 보고에 피고인이 늦은 시간대 거리에 있던 피해자를 돈을 주면 쉽게 성관계를 하는 윤락녀와 동일시하며 접근, 이를 거부하는 피해자와 시비 중 납치하였을 가능성이 높고, 체계적·구체적으로 범행을 계획하고 살인을 통해 자존감을 상승시키는 일반적 사이코패스와는 달리 성욕에 의한 우발적 살인을 함이라고 기재되어 있는 점…

③ 양형의 조건 - 피고인의 잔혹성 관련

범죄자 프로파일링에 의할 때 피고인이 일반적인 사이코패스에 해당되지는 않는 것으로 평가되었고, 달리 피고인에게 고도의 반사회적 인격장애가 있다고 판정할 만한 자료도 존재하지 아니하며…

법원, 프로파일링 보고서를 판결문에 증거로 적시해

충남경찰청 프로파일러팀이 작성한 경찰 프로파일링(Profiling · 범죄심리분석) 보고서가 법정에서 증거로 채택된 것으로 확인됐다. … 중략…

문제의 장기미제 사건은 속칭 '갱티고개 살인' 사건으로, 대전지법 천안지원은 2017년 11월 22일 범인 A(51)씨와 B(40)씨에 대해 강도살인 혐의로 무기징역을 선고하면서, 판결문에 프로파일링 보고서를 증거로 적시했다.[9] A씨와 B씨는 2002년 충남 아산시에서 노래방 여주인을 살해하고 시신을 아산 갱티고개에 유기한 혐의를 받았다.

지난해 1월 최규환 충남경찰청 프로파일러 등 미제사건 분석팀이 '2인 이상 면식범, 계획적 강도 사건'으로 수사방향을 잡아 사건 당시 범인 동선을 재구성한 것을 계기로, 경찰은 지난해 6월 A씨와 B씨를 검거했다. 이들은 범행을 시인하면서도 우발적 범행이라고 주장했으나, 법원은 '계획적인 강도 사건'이라는 경찰과 검찰의 손을 들었다.

프로파일링 보고서를 증거자료로 삼은 재판부 판단은 물증이 부족한 장기미제 사건 속성이 영향을 미친 것으로 보이지만, 법조계에서는 매우 전향적인 조치로 받아들이고 있다. 법원은 그간 증거 채택에 높은 수준의 증명력을 요구해 프로파일링, 최면수사로 얻은 진술 등을 인정하지 않았고, 거짓말탐지기 결과도 극히 예외적인 경우에만 채택해왔다.

강동욱 동국대 법학과 교수는 "용의자 진술만 있는 상황에서 자백의 신빙성을 인정하기 위한 보강증거로 쓰인 것으로 보인다"면서 "범인 자백이 있어도 직접 증거가 없으면 처벌이 어려웠지만, 최근 법원이 '시신 없는 살인' 사건에도 유죄를 인정하는 등 증거 인정 범위를 확장하는 추세"라고 말했다.[10]

자료: 한국일보, 프로파일링 보고서, 법정서 증거 능력 첫 인정, 2021년 1월 5일자 보도 외

참고문헌

1_Chisum, W., & Turvey, B. (2011). An introduction to crime reconstruction. Criminal profiling: An introduction to behavioral evidence analysis, 253－286.

2_Depue, Douglas, Hazelwood & Ressler. (1995). *Criminal Investigative Analysis: An Overview*, in Burgess, A. and Hazelwood, R.(Eds.), Practical Aspects of Rape Investigation, 2nd ed., NY: CRC Press. 119－123.

3_Petherick, W. A., & Turvey, B. E. (2011). Behavioral Evidence Analysis. Criminal Profiling: An Introduction to Behavioral Evidence Analysis, 133.

4_허경미. (2015). 범죄 프로파일링 제도의 쟁점 및 정책적 제언. 경찰학논총, 10(1), 205－234.

5_Ebisike, N., *The Use of Offender Profiling Evidence in Criminal Cases*, Golden Gate University School of Law, 2007, 165－169.

6_이 조사는 1983년부터 꾸준히 조사되어 온 영국 내 직업 신뢰도 조사 중 가장 오랜 역사를 자랑한다. IPSOS, https://www.ipsos.com/en－uk/ipsos－veracity－index－trust－police－drops－second－year－row?utm_source＝chatgpt.com/

7_The Sunday Times, Three quarters of victims have no faith in justice system, https://www.thetimes.com/uk/crime/article/three－quarters－of－victims－have－no－faith－in－justice－system－zlgq3lrqm?utm_source＝chatgpt.com&region＝global/

8_Gudjonsson, G. H., Sigurdsson, J. F., & Einarsson, E., The role of personality in relation to confessions and denials. *Psychology, Crime and Law, Vol.10, 2004*, 125-135.; Gudjonsson, Gisli H., et al. "Custodial interrogation, false confession and individual differences: A national study among Icelandic youth." *Personality and Individual Differences Vol.41 No.1, 2006*, 49－59.

9_대전지방법원 천안지원 2017. 11. 22. 선고 2017고합142호 판결.

10_이 사건은 항소심(대전고등법원 2018. 4. 13. 선고 2017노508호 판결) 대법원(대법원 2018. 6. 28. 선고 2018도6310 판결)은 피고인들의 상고를 기각하고 원심의 형을 확정하였다.

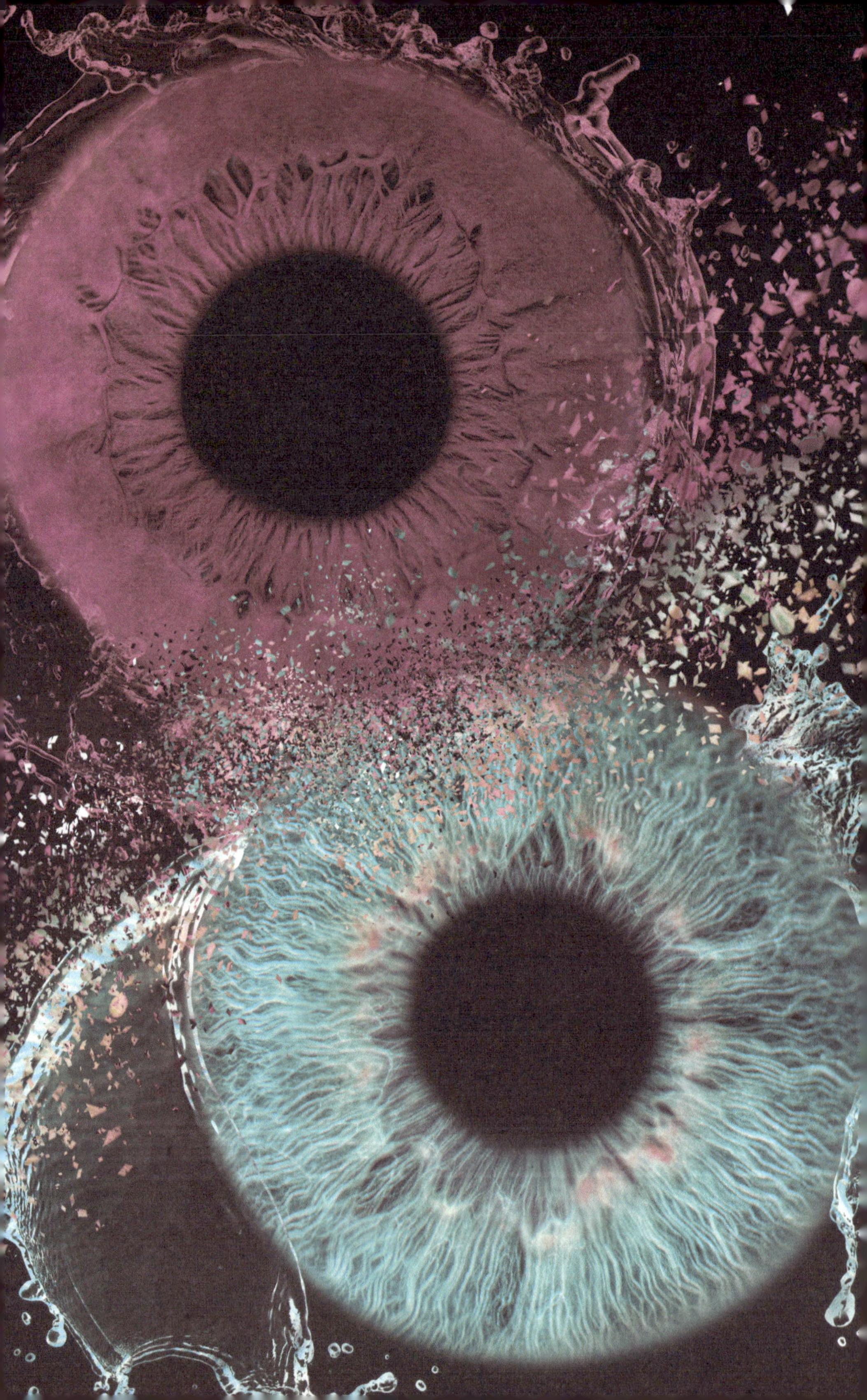

CRIMINAL PROFILING

03

크리미널 프로파일링 방법

CRIMINAL
PROFILING

제1장

귀납적 범죄인 프로파일링

귀납적 범죄인 프로파일링 개념

귀납적 범죄인 프로파일링(Inductive Criminal Profiling)은 서로 다른 사건의 특징을 비교하고 분석하여 공통점을 찾아냄으로써 범죄인상(Criminal Image)을 추론하는 방법을 말한다.[1] 따라서 귀납적 프로파일링은 동일 유형 범죄의 경우 공통적인 범죄자의 특징이 존재한다고 가정하고 이를 밝히려는 노력을 한다.

귀납적 프로파일링은 범죄행위에 대한 이론적이고 실험적인 연구결과를 바탕으로 한다. 따라서 귀납적 프로파일링은 범죄행동의 특징을 분류하고, 서로 비교하는 방식으로 프로파일링을 진행한다.

귀납적 프로파일링은 통계학적, 비교분석학적 정보의 일반화 결과라고 할 수 있으며, 범죄자의 특성은 논리적이고, 서로 상관성이 있으며, 따라서 통계적으로 추론이 가능하다고 전제한다.

따라서 귀납적 프로파일링은 프로파일러에게 전문화된 법과학적 지식, 범죄행동에 대한 연구 및 훈련 등이 많이 필요하지 않다고 본다. 오히려 귀납적 프로파일링은 범죄에 대한 일반화된 데이터, 대중매체로부터의 정보, 범죄사건 자체의 정보 등을 기초로 이루어지므로 심리학, 사회학, 범죄학 및 정신의학 등에 대한 체계적인 지식을 더 요구한다.

따라서 귀납적 프로파일링은 범죄가 기존의 범죄와 유사성이 있을 때 더욱 효과적인 추론방법이다.

귀납적 프로파일링을 위한 기초자료는 첫째, 수사기관이나 프로파일링 전문기관 등이 국내외에서 발생한 강력사건을 정리하여 보관 중인 데이터, 즉 공공기관 보유 데이터, 둘째, 프로파일러 자신의 기억, 경험 등에서 얻은 경험칙, 셋째, 교정시설 재소자면접 등에서 얻은 공식적 또는 비공식적 연구결과 등이다. 이러한 점에서 FBI의 범죄수사분석, 한국의 범죄분석관 채용, 다양한 데이터수집프로그램 등은 귀납적 프로파일링의 연장선상에 있다.

귀납적 프로파일링은 몇 가지 장점이 있다. 첫째, 기존의 데이터를 사용하므로 간단하고, 빠르게 결과가 도출되어 쉽게 활용할 수 있다. 둘째, 보편적이고, 통계적인 자료를 바탕으로 함으로 전문적인 법과학 지식, 교육, 훈련 등을 많이 필요로 하지 않는다. 셋째, 귀납적 프로파일링은 많은 시간을 절약할 수 있으며, 잠재적 특징과 관련된 자료를 빠르게 제공한다는 장점이 있다.

그러나 한편으로 귀납적 프로파일링은 단점도 있다. 첫째, 정보자체가 모집단 표본의 한계를 가진 상태에서 일반화되기 쉽고, 구체적 사건과의 관련성이 명확하지 않다. 즉, 준비된 자료는 선정된 표본을 중심으로 일반화시킨 결론이고, 보관중인 자료를 수집하는 지식과 능력에 절대적으로 의존하여 만들어진 것이다.

둘째, 귀납적 프로파일링은 체포된 범죄자로부터 제한적으로 수집된 자료를 토대로만 만들어진 일반화, 평균적인 결론이다. 즉, 모집단 자체가 이미 체포된 사람으로부터 얻은 것으로, 결과적으로 범죄자 모집단에서 가장 지적이거나 숙련된 범죄자들이 검거되지 않음으로써 이들로부터 자료를 얻지 못한 것이다.

셋째, 귀납적 프로파일링의 일반화는 비범죄인에게도 사용될 수 있는 부정확성을 가지고 있다. 즉, 전문성이 부족하고, 충분하지 못하고, 구체적이지 못하다는 한계를 가지고 있다.

귀납적 프로파일링의 잘못된 가설

- 프로파일러는 지식, 경험, 범죄현장의 재구성 없이 행동을 암시하는 물리적 증거를 해석할 수 있다.
- 범죄현장을 방문하는 것은 시간낭비이다.
- 잘 알려진 범죄자들은 동일한 유형의 범죄를 저지른 알려지지 않은 범죄자들이 가진 개인적 특성을 공유하고 있다.
- 과거의 범죄자들은 유사한 환경적 조건에 의해 영향을 받았고, 일반성을 가졌고, 구체적인 동기로 인해 행동하는 현재의 범죄자들과 유사하다.
- 개인적 인간 행동과 특성들은 일반화될 수 있고, 매우 작은 표본으로도 특성과 행동을 통계적으로 분석하여 동일하게 예측할 수 있다.
- 행동과 동기는 시간이 지나도 개인의 내적인 것은 변화하지 않고, 정적이며, 예측할 수 있는 특성들이다.

범죄수사분석 프로파일링 기법

범죄수사분석 프로파일링 개념

범죄수사분석 프로파일링(Criminal Investigative Analysis Profiling; CIAP)은 FBI가 국립강력범죄분석센터(National Center for the Analysis of Violent Crime: NCAVC)에 설치된 강력범제포프로그램(Violent Criminal Apprehension Program: ViCAP)을 시행하면서 각 수사관들이 일정한 양식에 의해 보고서를 작성, 이를 컴퓨터 분석프로그램에 입력하여 범죄자를 귀납적으로 추정

하는 프로파일링 기법이다.[2]

범죄수사분석 프로파일링의 가장 우선적인 목적은 수사관들이 용의자를 선별하고, 확정할 수 있도록 수사관들에게 강력범과 일반적인 정보를 제공하는 것이라 할 수 있다.[3]

1985년부터 도입된 강력범체포프로그램(ViCAP)의 범죄수사분석 프로파일링은 FBI의 최초이자 대표적인 프로파일러인 로버트 레슬러(Robert Ressler)의 역할이 컸다. 그는 미 육군에서 근무한 후 1970년 FBI, 행동과학부서(BSU)에 입사하여 1990년에 은퇴했다. 그는 20년의 근무기간 동안 강력 범죄자들의 심리적 프로파일링에 크게 기여했다. 그는 퇴직 후「연쇄살인범」(Serial murder) 등을 집필하고 프로파일러를 양성하는 등 왕성한 활동을 이어갔다.[4]

레슬러는 재직하는 동안 그의 동료들과 함께 강력범들과의 면담을 통하여 피해자를 전형적으로 선택하는 범죄자의 심리적인 특징을 체계적으로 정리하였다.

그리고 이들이 행한 범죄를 분류하는 작업을 진행했다. 그리고 이를 토대로 1985년에「범죄분류편람: 강력범죄 수사 및 분류표준」(Crime Classification Manual: A Standard System for Investigating and Classifying Violent Crime) 등을 발간하여 이후 강력범죄수사 및 프로파일링 자료로 활용토록 하는 등 프로파일링을 활용한 수사를 본격화하는 계기를 만들었다.[5]

레슬러 등은 연쇄살인범들을 조직적 범죄자(Organized Offender)와 비조직적 범죄자(Disorganized Offender) 그룹으로 구분하고 그 특징을 도출하였다. 조직적 범죄자들은 일반적으로 지적이며, 정신병질적인 상태이

거나, 자신의 일상생활을 상당히 계획적으로 이끌어간다. 그들의 범죄현장은 깨끗이 청소되어 있고, 무기와 증거를 인멸하며, 심지어 사체를 은닉하기 위한 시도를 하기도 한다. 이에 비해 비조직적인 범죄자는 일반적으로 정신장애가 있고, 자신들의 범죄현장을 청소하거나 증기를 인멸하거나 사체를 은닉하는 등의 시도를 거의 하지 않는다.

FBI가 분류한 조직적 범죄자 프로파일링 비교

조직적 범죄자	비조직적 범죄자
평균 이상의 지능	평균 미만의 지능
사회적으로 유능	사회적으로 부적응
숙련된 업무 종사	비숙련된 업무 종사
성적으로 유능	성적으로 무능
상위 형제 서열	하위 형제 서열
부친 직업 안정	부친 직업 불안
아동시절 일관성 없는 처벌 경험	아동시절 거친 처벌 경험
범행 과정 중 안정된 기분	범행 과정 중 격노한 기분
범행시 음주	범행시 약간의 음주
일상적인 직장 스트레스	약간의 직장 스트레스
파트너와 동거	혼자 생활
자동차를 이용한 원거리 범행	자신의 주거지 또는 직장 근처에서 범행
범행 후 미디어 뉴스 관심 많음	범행 후 미디어 뉴스 약간 관심
범행 후 간혹 직업 또는 직장 이동	범행 후 뚜렷한 행동 변화

자료: Douglas, John E.; Burgess, Ann W.; Burgess, Allen G.; Ressler, Robert K. (2006). Crime classification manual : a standard system for investigating and classifying violent crime (2nd ed.). San Francisco, Califonia, 70; Morton, R. J., Tillman, J. M., & Gaines, S. J. (2014). Serial murder: Pathways for investigations. Federal Bureau of Investigation, US Department of Justice.

FBI가 분류한 범죄현장 프로파일링 비교

조직적 범죄자	비조직적 범죄자
조직적	비조직적
계획적	우발적
익숙한 사람을 범행대상	낯선사람을 범행대상
피해자에 대해 사람으로 인식	피해자를 사람으로 인식하지 않음
피해자와 대화	피해자와 최소한의 대화
범죄현장에 대한 통제	범죄현장이 어지럽혀 있음
피해자에 대해 복종요구	피해자에 대한 갑작스런 폭력행사
피해자 감금	최소한의 피해자 억압
살해 전 공격적인 행동	살해 후 시간 등 행위
시체 숨김	현장에 시체 방치
무기나 증거를 은폐	무기나 증거를 현장에 방치
피해자나 시체를 이동	피해자나 시체를 현장에 방치

자료: Ressler, Robert K. (2006). Crime classification manual : a standard system for investigating and classifying violent crime (2nd ed.). San Francisco, Califonia, 75; Morton, R. J., Tillman, J. M., & Gaines, S. J. (2014). Serial murder: Pathways for investigations. Federal Bureau of Investigation, US Department of Justice.

FBI의 CIA (Criminal Investigative Analysis)

접근방식	주로 귀납적(Inductive): 과거 유사 사건의 통계적 패턴, 범죄자 인터뷰 데이터 기반
주요 원리	조직화/비조직화 이분법, 패턴 인식
개발 주체	FBI 행동과학부(BSU/BAU)
활용 현황	FBI 및 FBI 교육을 받은 많은 법 집행 기관에서 주로 사용

범죄수사분석 프로파일링 단계

레슬러 등은 범죄수사분석, 즉 프로파일링 과정을 자료를 수집 · 분석하는 단계, 범인의 의사결정 추정단계, 범죄진단 단계, 범인을 프로파일하는 단계, 수사단계, 정보화 단계 등 여섯 단계로 구분하고 있다.[6]

자료수집분석(Profiling inputs)

이 단계는 프로파일러가 서류조사, 범죄현장 세부정보, 사진, 부검

보고서, 범죄감식 자료분석보고서 등을 정리하고, 수집하며, 종합하는 과정이다.

범인의 의사결정 추정(Decision process models)

이 단계는 범죄자의 의도, 동기, 피해자에 위험요인을 판단하고 평가한다. 범죄가 우발적인지 또는 계획적인지, 범행시간이 어느 정도인지, 범행을 결정하는데 얼마나 시간이 걸렸는지 등을 판단한다. 이 단계는 범행이 고의적 살인인지 아니면 과실인지 등을 밝히는 단서가 될 것이다.

범죄진단(Crime assessment)

이 단계는 프로파일링의 핵심이다. 프로파일러는 범인과 피해자의 흔적을 추적하고 범죄현장을 재구성한다. 프로파일러는 범죄가 조직적인지, 또는 비조직적인지 결정한다. 어떤 범죄이든 프로파일러는 전체적으로 범죄를 재구성한다. 즉 범죄자가 어떻게 행동했는지, 피해자와 범죄자 사이에 무슨 일이 벌어졌는지, 피해자가 어떻게 선택되었는지 등을 추론하는 것이다.

범죄인 프로파일링(Criminal profiling)

입력된 자료 및 프로파일러의 경험과 지식을 기초로 프로파일링을 시작한다. 프로파일러는 범인의 대략적인 외모, 가능한 연령, 성별, 종교, 개인적 성장사, 피해자와의 관계, 인간관계사, 피해자의 사회경제적 배경, 피해자의 교육 및 직업, 피해자를 선정한 배경, 범죄에 사용된 행동수법 등이 포함된다. 또한 프로파일러는 범인의 체포전략과 심문방법을 제공한다.

수사(Investigation)

주어진 프로파일을 기초로 수사기관은 범인을 체포하기 위한 수사를 진행한다. 수사를 하는 과정에서 수사관이 새로운 정보를 발견하면 프로파일러에게 제공한다. 프로파일링의 성공은 범인을 체포하고 범죄사실을 자백하였을 때이다.

정보화(Apprehension)

범죄자가 체포되면 개발된 프로파일은 법의학 전문가에 의한 분석자료와 함께 완전한 프로파일 자료로 보존된다. 그리고 이것은 이후 다른 유사사건의 자료로 활용될 것이다.

한편 FBI는 범죄분류편람을 지속적으로 보완하여 출간하고 있다.

수사심리학 프로파일링 기법

수사심리학 프로파일링(Investigative Psychology Profiling: IPP)은 심리학적 배경지식을 가지고 범죄자를 추정하는 귀납적인 프로파일링 기법이다. 범죄자의 행동에 대해 심리적으로 접근, 분석을 시도한 영국의 응용심리학자인 데이비드 캔터(David Canter)에 의해 발전되었다.[7] 캔터는 1994년부터 수사심리학이라는 용어를 사용하기 시작했다.

수사심리학 프로파일링은 심리학적 토대에서 첫째, 범죄자의 사람들과의 관계설정능력(interpersonal coherence), 둘째, 시간과 장소의 상징성(significance of time and place), 셋째, 범죄자의 특징(criminal characteristics), 넷째, 범죄경력(criminal career), 다섯째, 범죄자의 법과학에 대한 경계(forensic awareness) 등의 축적된 자료를 바탕으로 범죄자를 귀납적으로 추정하

데이비드 캔터, 영국의 수사심리학의 기초를 다지다.

데이비드 캔터(David Victor Canter, 1944~)는 심리학자이다. 캔터는 도시내의 사람과 건물 사이의 상호 작용을 연구하고 사무실, 학교, 교도소, 주택 및 기타 건물 형태의 디자인에 대한 출판 및 컨설팅을 제공하고, 사람들이 대규모 환경을 어떻게 이해했는지를 탐구하는 건축 심리학자(architectural psychologist)로 경력을 시작했다. 그는 1980년 환경범죄학저널(Journal of Environmental Psychology)을 창간했다. 건축 분야에서의 그의 작업은 화재 및 기타 긴급 상황에서의 인간 반응에 대한 연구로 이어졌다. 그는 영국의 수사 심리학(investigative psychology in Britain)에 대해 썼다. 그는 1985년 철도강간사건(Railway Rapist)에서 경찰을 도왔다. 그는 10년 동안 Surrey 대학의 심리학 교수로 재직하면서 수사심리학 : 범죄자 프로파일링 및 범죄행위분석에 관한 커리큘럼을 운영하고 수사심리학을 발전시켰다.

자료: Wikipedia, https://en.wikipedia.org/

는 기법이라고 정의할 수 있다.[8]

캔터는 심리학적인 측면에서 범죄자의 행동을 추정하는 배경을 다음과 같이 설명하고 있다.[9]

첫째, 범죄자의 사람들과의 관계설정능력은 일반적으로 사람들이 나른 사람들과 접촉할 때 상대방을 대하는 스타일을 크게 벗어나지 않는다는 것이다. 즉, 캔터는 범죄자가 피해자를 대하는 태도는 범죄자가 평상시 사람들과의 관계에서 보여주는 태도가 반영될 것이고, 대체로 사람들의 태도는 상당히 일관성을 유지하는 특징이 있다고 본다. 평상시 친구, 가족, 동료들에게 이기주의적인 행동을 하는 강간범이라면 피해자에게 역시 이기적인 행동을 보였을 것이라고 추정할 수 있다.

둘째, 시간과 장소의 상징성은 범죄자는 평상시 자신이 편하게 느끼고, 자신있게 행동할 수 있는 시간과 장소를 선택할 것이라는 가정으로 범행시간대와 장소를 통하여 범죄자를 추론할 수 있다. 즉, 범죄자는 심리적으로 평상시와 같이 편안하게 행동할 수 있고, 범죄자가 잘 아는 장소를 선택하여 범행을 행한다고 보는 것이다.[10]

셋째, 범죄자의 특징은 범죄수사관들 자신이 취급했던 사건에 대해서 수사관들 자신이 가지고 있는 정보를 활용하여 범인을 추정하는 것이다. 수사관이 이미 취급했던 사건들과 범죄자와의 심문과정 등을 통하여 범죄자의 성격과 범죄의 특징을 유형화 한 정보나 지식 등을 통하여 범죄자를 추정하는 것을 말한다. 이는 앞서 FBI가 범죄자를 조직화된 범죄자와 비조직화된 범죄자로 분류하여 범죄자상을 추정하는 것과 같은 맥락이라고 할 수 있다.[11]

넷째, 범죄경력은 범죄자들은 과거의 범죄행위와 유사한 행동과 수법을 보여준다는 것에 착안되었다. 특히 연쇄범의 경우 과거와 유사한 행동과 수법을 보여주면서도 한편으로는 보다 정교한 수법으로 범행을 한다. 따라서 수사기관이 보관하고 있는 유사한 범죄자들의 범죄경력을 분석하여 일관성 있는 범죄경력자를 찾아내는 과정을 통하여 범죄자를 추정할 수 있다.

다섯째, 법과학에 대한 경계는 범행현장의 유류물 등에 대한 DNA 분석 등의 법과학적 감식으로 인하여 자신이 체포되지 않도록 주의하면서 범행을 하는 것을 말한다. 과거에 정액 DNA검사로 검거된 적이 있던 강간범은 다시 범행을 할 경우 콘돔을 사용하여 수사기관의 DNA분석을 어렵게 할 수 있고, 모자나 장갑, 마스크 등의 도구를 이용하여 피해자가 자신을 알아보지 못하게 하는 등의 변장을 하기도 한다. 즉 범죄감식을 방해하기 위한 현장훼손이나 증거인멸 등의 시도가 오히려 범죄자가 누구인지 추정할 수 있는 또 하나의 요소가 된다는 것이다.[12]

캔터는 이와 같은 수사심리학적 배경자료들을 바탕으로 강간범을 세 유형으로 구분한다.

첫째 유형은 자신이 원하는 것을 얻어내려고 하는 계획적인 범죄자로 범행대상을 단순히 범행대상으로만 인식하며, 피해자가 자신을 알아보지 못하도록 소치를 취하고, 강간도구나 피해자를 제압할 수 있는 무기를 휴대하는 등의 사전준비를 한다. 둘째 유형은 범행대상을 자신의 분노와 공격을 표출하는 도구로 삼아 노골적으로 피해자를 모욕하고, 공격하며, 피해자에게 적극적으로 자신의 성적인 행위에 동참하도록 요구한다. 셋째 유형은 범행대상을 인간적으로 대하는 경우로 피해자의 외모를 칭찬하는 등 피해자와 친밀감을 형성하려고 한다. 이 유형은 자신의 행위에 대해 자신감이 결여되어 있고, 범행대상과 정서적인 유대감을 형성하길 원한다고 한다.[13]

참고문헌

1_Acharya, H. V., & Vyas, J. M. (2014). Psychological profiling in criminal investigation. International Journal of Medical Toxicology & Legal Medicine, 16(3and4), 14–23.

2_http: //www.fbi.gov/hq/isd/cirg/ncavc.htm

3_Rachel. (2005). *Crime Analysis and Crime Mapping*, California: Sage Publication, Inc, 14.

4_Ressler, R. & Shachtman, T., (1997) I have lived in the monster: Inside the mind of the world's most notorious serial killers. New York.St. Martin

5_Burgess, Hartman, Ressler, Douglas, & McCormack. (1986). Sexual homicide: A motivational mode. *Journal of Interpersonal Violence, 1(3)*, 251–272; Douglas, Ressler, Burgess, & Hartman. (1986). Criminal Profiling from crime scene analysis, *Behavioral Sciences and the Law, 4(4)*, 1986, 401–421.

6_Ressler, R. & Shachtman, T., (1997) I have lived in the monster: Inside the mind of the world's most notorious serial killers. New York.St. Martin

7_Canter. (1998). Profiling as poison, Inter alia, 2(1), 11.

8_Canter, D., & Youngs, D. (2005). Introducing investigative psychology. Reino Unido, Psychology and Law Capítulo, 11.

9_Canter, D. (2004). Offender profiling and investigative psychology. Journal of Investigative Psychology and Offender Profiling, 1(1), 1–15.

10_Ainsworth. (2001). Offender Profiling and Crime Analysis. Essex, UK: Willan Publishing, 199.

11_Morton, R. J., Tillman, J. M., & Gaines, S. J. (2014). Serial murder: Pathways for investigations. Federal Bureau of Investigation, US Department of Justice.

12_Canter, D. (2014). Criminal psychology: Topics in applied psychology. Routledge.

13_Ellis, H. E., Clarke, D. D., & Keatley, D. A. (2017). Perceptions of behaviours in stranger rape cases: a sequence analysis approach. Journal of Sexual Aggression, 23(3), 328–337.

제2장

연역적 범죄인 프로파일링

연역적 범죄인 프로파일링 개념

연역적 범죄인 프로파일링(Deductive Criminal Profiling)이란 범죄와 관련된 물리적 증거와 행동증거의 패턴을 분석하여 범죄자를 추론하는 방법을 말한다.[1] 연역적 프로파일링은 일반적인 정보나 가설 등을 배제하고, 오직 해당 범죄로부터 수집한 증거나 피해자 특징, 현장특징 등을 통하여 범인상을 그려나가려 한다.

따라서 심리학, 사회학, 범죄학 및 정신의학, 법과학적 지식과 응용은 연역적 프로파일링에서 중요한 역할을 한다. 프로파일러는 물리적 증거가 비 물리적 증거에 대한 단서를 제공할 수도 있으므로 범죄현장과 사용된 물리적 증거를 기반으로 사랑, 증오, 질투 등과 같은 정신적인 이미지를 찾아내고 형상화할 수 있어야 한다. 그러므로 연역적 프로파일링을 위해서는 일정한 지식과 훈련이 필요하다.

연역적 프로파일링은 프로세스 지향적이므로, 프로파일러는 범죄현장, 분석적 사고 및 물리적 증거를 검토하여 행동분석증거를 얻어야 한다. 연역적 범죄인 프로파일링은 범죄과정을 검토하고, 증거를 평가하며, 검증이나 검사의 결과를 중요시하고, 특정 범죄나 연쇄범죄의 행동증거로 간주되는 감식자료를 전제로 한다.[2] 따라서 연역적 프로파일링은 과학적 원리와 지식, 교환원리(exchange principle), 비판적 사고(critical thinking), 분석적 논리(analytical logic)와 동적인 증거(evidence dynamics) 등의 개념을 필요로 한다.

교환원리(exchange principle)란 범죄자가 특정한 지역이나 특정한 사람과 접촉한 뒤에 남기는 흔적으로 법과학을 바탕으로 설명할 수 있는 영역을 말한다. 비판적 사고는 신념과 행위를 이끌어내는 관찰, 경험, 반영, 추론 또는 의사소통에 의해 얻어진 정보를 평가하고, 적극적으로, 기술적으로 개념화하고, 적용하고, 분석하고, 종합하는 과정을 말한다.[3] 분석적 논리(analytical logic)란 범죄현장에서의 증거분석능력과 이후의 서류분석을 통한 논리의 정립과 결과에 대한 추론까지를 의미하는 것이다. 이것은 사건에서 확립된 사실에 대해 검증 가능한 가설이 성립할 수 있다는 것을 포함한다. 이러한 과정은 결국 현존하는 증거(evidence dynamics)로부터 자연스럽게 하나의 결론, 즉 범죄인상을 제시하는 것이며, 이러한 과정을 연역적 추론이라고 할 수 있다. 대표적으로 행동증거분석 프로파일링(Behavioral Evidence Analysis Profiling: BEAP)이 이에 속한다.

연역적 범죄인 프로파일링은 몇 가지 장점이 있다.

첫째, 프로파일러가 추측이나 가정을 배제하고 현장에 떨어진 증거와 범죄자와의 관계를 증명해 갈 수 있는 정확한 정보를 제공한다.

둘째, 프로파일러가 현장의 수사요원과 행동을 같이 함으로써 풍부한 현장경험을 통하여 더욱 전문화될 수 있다.

행동증거분석 프로파일링은 사건현장의 수사요원들이 실제로 범죄현장에 도착하여 증거를 수집하고 이를 분석하며, 그 특징들이 보여주는 의미들을 종합하여 범죄자의 특징을 도출함으로써 결국 용의자를 추출하며, 범인을 체포하는 일련의 과정과 그 궤를 같이 한다. 따라서 이 방법은 프로파일러가 수사요원과 함께 수사에 참여하거나, 수사요원이 프로파일링 역할을 동시에 해 나가는 모습으로 보여질 수 있다.

셋째, 프로파일러는 범죄학, 사회학, 심리학, 법과학 등에 배경지식을 가져야 하고, 일정한 훈련을 필요로 함으로 체계적으로 교육되고 훈련된 프로파일러를 양성할 수 있다.

그러나 한편으로 연역적 범죄인 프로파일링은 몇 가지 단점도 있다.

연역적 범죄인 프로파일링의 단점은 만약 현장에 물리적 증거가 전혀 없다면 범죄자에 대해 아무런 추론도 할 수 없게 된다는 모순을 안고 있다.[4] 즉, 기본적으로 연역적 프로파일링 기법은 현장에 여러 증거가 남아있고, 이를 수집하고 분석하면서 범인을 추론하는 것이므로 증거가 없다면 프로파일링의 논리적 근거를 찾을 수 없기 때문이다.

행동증거분석 프로파일링 기법

행동증거분석 프로파일링 개념

행동증거분석 프로파일링(Behavioral Evidence Analysis)이란 범죄현장의 다양한 물적 증거와 피해자 특징, 현장 상황 등을 가능한 모두 조사하고 해석하는, 즉 연역적 추론(ideodeductive method)을 통해 범인상을 찾는 프로파일링 기법을 말한다. 기본적으로 행동증거분석기법은 개인이 사고하는 방식은 그의 행동에 반영된다는 가정을 전제로 한다.[5]

이 기법은 미국의 브렌트 터비(Brent Turvey)에 의하여 고안되었다.[6]

브렌트 터비의 BEA (Behavioral Evidence Analysis)

접근방식	주로 연역적(Deductive): 개별 사건의 물리적/행동 증거에 대한 논리적 추론 기반
주요 원리	범죄 현장 분석, 피해자학, 범죄 현장 특성, 가해자 특성 등 각 증거의 개별 분석 및 통합
개발 주체	브렌트 E. 터비
활용 현황	전 세계적으로 BEA 방법론을 따르는 독립적인 프로파일러 및 일부 기관에서 사용

브렌트 터비

행동증거분석 프로파일링 단계

터비는 행동증거분석 프로파일링은 법과학적 감식작업, 피해자 분석, 범죄현장분석, 범죄자특징추론 등 네 과정(단계)을 거쳐서 완성된다고 설명하였다.

법과학적 감식작업

법과학적 감식작업이란 범죄현장에서 발견된 모든 물리적 증거에 대한 법과학적 분석작업을 세밀하게 진행하는 것이다.[7] 프로파일러는 이 단계에서 사건을 둘러싼 모든 물리적 증거에 대해 사건과의 관련성을 평가하고, 그것의 본질과 가치를 결정하게 되며, 유죄증거로 제시할 수 있는지를 검토하게 된다. 다각적인 범죄감식을 통하여 프로파일러는 기초가 되는 증거가 무엇인지, 현장에서 찾지 못한 증거가 무엇인지, 또한 잘못 해석된 증거는 없는지, 수집된 증거들을 통하여 후속적인 분석을 할 수 있는지 등을 고려해야 한다. 이를 위해서는 먼저 범죄현장에 대한 완전한 확보가 필요하다. 범죄현장은 범죄자의 현장접근방법, 공격방법, 행동수준, 장소적 특징, 성적 행위의 성질과 결과, 범행도구, 언어적 활동, 그리고 후

속 범죄에 대한 경고행위 등을 알려주는 직접적 또는 간접적 증거들을 가지고 있다. 범죄현장의 증거는 법과학적 증거 및 피해자학적인 증거로 구분할 수 있다. 범죄현장을 통하여 범죄자의 마음, 계획, 성적 환상 그리고 동기 등을 추론할 수 있고, 범행수법(Modus Operandi: MO)과 상징적 행위(Signature Behaviors)를 구분할 수 있다.

피해자분석

일상활동이론에서 착안된 것으로 일상활동이론의 핵심은 범죄피해자는 일상적인 활동스타일, 취미, 친구, 적대적 관계, 인구통계학적 특징 등에 따라 결정된다고 가정한다. 피해자와 범죄자는 일상활동적 측면에서 상호 공통성이 있다는 것이다. 따라서 일반적으로 피해자의 성격과 행태적 특징을 조사하는 것은 범죄자의 성격과 행태적 특징을 파악하는 데 도움이 된다.[8]

범죄현장분석

프로파일러가 범죄현장의 특징을 찾아내는 것이다. 범죄자의 현장 접근방법, 위치형태, 성적 행동의 성격과 후속조치, 사용한 도구, 말투와 그 형태, 범죄자가 착용한 장갑이나 스키마스크, 변조 목소리, 콘돔 사용 등 범죄자가 자신을 은폐하기 위한 수단 등의 특징을 밝히는 것이다. 범죄현장에 나타난 물리적 증거 및 행동적 증거를 통한 추정은 다음과 같은 가정을 전제로 한다.[9]

① 어떠한 범죄자도 동기 없이는 행동하지 않는다.

② 모든 단독범죄자들은 고유의 행동과 동기를 가진다.

③ 서로 다른 범죄자들은 완전히 다른 이유 때문에 동일한 또는 유사한 행동을 보여준다.

④ 인간행동, 인간 상호작용 그리고 환경적인 영향들의 성질이 주어진다면, 두 케이스들은 완전히 같지 않다.

⑤ 인간행동은 환경적인, 생물학적인 요소들에 따라 오랜 시간에 걸쳐 독특하게 개발된다.

⑥ 범인의 수법은 시간, 범행 횟수에 따라 진화한다.

⑦ 범죄자는 많은 범죄, 또는 단 하나의 범죄를 행하면서도 다양한 동기를 가질 수 있다.

범죄자 특징 추론

이 과정은 앞 서의 세 단계를 거쳐서 얻은 자료를 바탕으로 범죄자의 특징을 추론하는 것이다. 그동안의 물리적 증거, 피해자의 특징, 범죄현장의 특징 등을 종합하여 과학적인 방법으로 평가하고, 연역적으로 추론하여 범죄자의 특징을 밝히는 것이다. 즉, 범죄자 특징을 암시하는 행동패턴, 물리적 그리고 행동적 증거, 피해자의 특징, 범죄현장 특징에서 연역되는 심리와 정서, 그리고 주변관계를 가진 용의자를 추정하는 프로파일을 제시한다.[10]

참고문헌

1_Bartol, C. R., & Bartol, A. M. (2012). Criminal & behavioral profiling. Sage.

2_Baeza, Chisum, Chamberlin, McGrath & Turvey. (2000). Academy of Behavioral Profiling: Criminal Profiling Guidelines, *Journal of Behavioral Profiling*, 1(1).

3_Turvey, B. E. (2011). Criminal profiling: An introduction to behavioral evidence analysis. Academic press.

4_Petherick, W., & McDermid, V. (2005). Criminal profile: Into the mind of the killer. Reader's Digest.

5_Turvey, B. E. (Ed.). (2020). Criminal profiling: an introduction to behavioral evidence analysis. Academic press.

6_터비 박사는 알라스카에 The Forensic Criminology Institute를 세워 세계 각 국의 형사사법기관에 프로파일링 관련 자문 및 후학 양성을 하고 있다. https://www.forensic-institute.com/instructors/

7_Turvey. (2002). *Criminal Profiling: An Introduction to Behavioral Evidence Analysis* (2nd ed.). London: Academic Press, 41.

8_Fowlis, N., O'Reilly, M., & Farrelly, M. (2016). Abuse Victims and High-Profile Offenders: A Discourse Analysis of Victim Construction and Adult Mental Health. In The Palgrave Handbook of Adult Mental Health (167-188). Palgrave Macmillan UK.

9_London: Academic Press, 42.

10_Turvey, B. E. (2015). Criminal Profiling. The Encyclopedia of Clinical Psychology.

제3장

지리적 범죄인 프로파일링

지리적 범죄인 프로파일링 개념

지리적 범죄인 프로파일링(Geographic Criminal Profiling)이란 범인의 범죄 행동 유형과 수법을 지리적 관점에서 분석하는 것이다. 환경범죄학을 기반으로 착안되었다.

환경범죄학(Environmental criminology)은 특정 건축 환경 내의 범죄 패턴 및 외부적 변수가 사람들의 인지 행동에 미치는 영향을 분석하는 것에 초점을 둔다. 환경범죄학은 범죄원인을 과학적 방법을 적용하여 규명하려고 하는 적극적인 관점이다.

범죄의 공간적 패턴에 대한 연구는 시카고 대학교의 Robert Ezra Park, Ernest Burgess 등의 동심원 모델이론에서 출발하였다. 이후 범죄매핑시스템을 이용하여 경찰이 범죄 사건의 지리적 위치를 정확히 파악할 수 있는 데이터를 수집하고, 대응책을 마련하는데에 활용되기 시작했다. 동시에 범죄자가 범죄를 저지를 위치를 결정할 때

지리적 요인을 고려한다는 생각을 전제로 하는 지리적 프로파일링이 발달하기 시작했다.[1] 환경설계를 통한 범죄예방(Crime prevention through environmental design: CPTED)이론, 범죄핫스팟(crime hot spots)이론, 깨어진 창문 이론(broken windows theory) 등 역시 환경적 범죄학을 토대로 한 것이다.

지리적 프로파일링의 가설

환경적 범죄학적 관점에서 지리적 프로파일링의 가설은 범죄여행이론(Journey−to−Crime Theory), 일상적 활동이론(Routine Activity Theory), 합리적 선택이론(Rational Choice Theory), 범죄패턴이론(Crime Pattern Theory) 등을 바탕으로 한다.

범죄여행이론: 범인은 범죄여행을 할 것이다.

범죄가 가해자의 집 가까이에서 일어날 가능성이 높고 범인은 범행을 위하여 가능한 가장 빨리 이동할 수 있는 수단을 찾을 것이다.

일상적 활동이론: 범죄장소는 범인의 일상적 활동공간 안에 존재할 것이다.

범죄자의 일상활동과 피해자의 일상활동이 시공간적으로 교차한다

자료: ECRI, http: //geographicprofiling.com/

는 것이다. 양 당사자의 활동공간과 시간은 직장, 학교, 집 또는 레크리에이션 등 다양한 영역에서 겹쳐질 수 있다.

합리적 선택이론: 범인은 최소한의 범행시간과 안전한 도피에 효과적인 장소를 물색할 것이다.

범인은 범행장소를 선택할 때 가장 빨리 범행을 하고, 안전하게 도피할 수 있는 장소를 선택한다는 것이다. 따라서 범행지역은 범인에게 익숙하며, 지리적으로 완전하게 파악된 곳을 선택하게 된다.

범죄의 패턴이론: 범죄는 계획적이며, 일정한 패턴을 보일 것이다.

범죄현장과 범죄기회는 우연한 것이 아니며, 철저하게 가해자의 정신적인 지형도에 따라 피해자를 구상하고, 선택한다는 것이다. 따라서 범죄장소 및 범죄는 일정한 패턴을 보이며, 연쇄살인이나 연쇄강간 등에서 그 패턴을 더욱 극명하게 보이게 된다.

범죄자는 범죄 대상지역을 정할 때 자신의 일상활동상 주요 활동지역(Aanchor Points)을 중심으로 범행대상자를 처음 만나는 지점, 공격하는 지점 등을 정한다고 전제하고, 범인의 범죄행동 유형과 수법을 분석하는 범죄자 추정기법이라고 할 수 있다.[2]

킴 로스모

로스모 공식

캐나다의 범죄학자인 킴 로스모(Kim Rossmo)는 1989년에 사이먼 프레저 대학(Simon Fraser University)에서 진행된 연구를 통하여 지리적 프로파일링 기법을 개발하였다.[3]

로스모는 범행장소는 범인이 익숙한, 그리고 지

리적으로 단거리이며, 접근가능성이 편리한 곳(comfort zone)으로 선택할 것이라고 가정하였다. 로스모는 이러한 가정을 이른바 로스모 공식(Rossmo's Formula)이라고 명명하고, 이를 증명하는 컴퓨터 분석프로그램인 리겔(Rigel)을 개발하였다.[4]

리겔 프로그램에 범죄정보와 다양한 변수를 입력시킬 경우 심각한 위험지역(jeopardy surface)과 평균지역, 안전지역 등으로 구분되는 범죄지도(criminal map)를 얻을 수 있다. 로스모는 심각한 위험지역은 적색, 평균지역은 주황색, 안전지역은 청색 등으로 표시하고 적색지역으로 나타난 곳은 평균 95% 이상, 주황색 지역은 90% 이상의 범죄 가능성이 있다고 주장한다.

한편 리겔 프로그램은 다양한 변수에 의해 데이터를 조정할 수 있는 사건이 아니라면 그 효과가 크지 않고, 프로파일러가 상당한 숙련이 필요하다는 지적도 있다.[5]

지리적 프로파일링 고려요소

범죄장소 및 증거

범죄장소는 범인과 피해자의 이전 위치 및 미래의 일을 추정할 수 있는 정보를 제공한다. 또한 범죄현장의 단서를 수집하고 비교하는 것은 범죄패턴을 유추하는 데 도움이 된다.

범죄자 유형

로스모 박사는 지리적 프로파일링과 관련하여 네 가지 유형의 범죄자를 제시하였다.

사냥꾼(Hunter): 사냥꾼은 고향을 떠나지 않고 특정 희생자를 골라낸다. 그는 자신의 주거지 근처에서 범죄를 계속하는 패턴을 보인다.

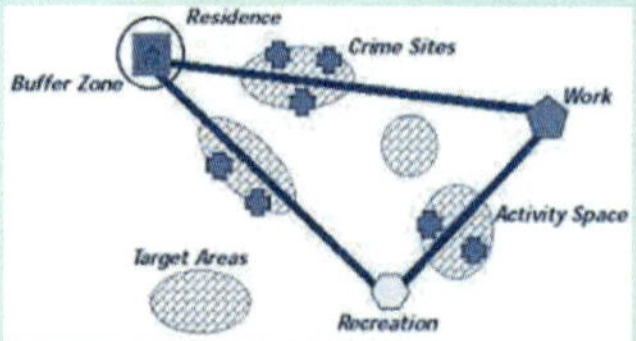

자료: Rossmo, D. K. (2000). Geographic profiling. Boca Raton, FL: CRC Press.

밀렵꾼(Poacher): 밀렵꾼은 사냥을 하기 위해 주거지를 떠난다. 즉, 범인은 범행을 위하여 주거지를 떠났다가 다시 주거지로 돌아오는 패턴을 보인다.

방랑자(Troller): 한 곳에 머물지 않고 이동하면서 피해자를 물색하고 범행을 계속하는 패턴을 보인다.

유인꾼(Trapper): 범인이 피해자를 유인하여 제3의 장소에서 범행을 행하는 패턴을 보인다.

범행순서

범인은 범행시 첫째, 적당한 피해자를 물색하고, 둘째, 공격방법을 결정한다.

피해자의 위치

피해자의 위치는 범죄현장의 기하학적 배치, 즉 공간기회구조(Target Backcloth: Spatial Opportunity Structure)와 일치한다. 따라서 특정인물 혹은 대상이 어느 지점에, 어느 시간대에, 어떤 계절에 있었는지에 따라 범행의 대상이 될 수도 있고, 이를 피해갈 수도 있다. 이를 컴퓨터 그래픽으로 연결하면 방사선기회구조(Spatial Opportunity Structure)를 띠게 된다.

지난 2016년에 캐나다에서 72명의 연쇄강간범이 행한 361건의 강간사건을 분석한 결과 범죄자가 피해자를 선정하는 패턴이 부분적으로 방사선기회구조를 띠고 있다는 것이 밝혀지기도 하였다.[6]

뉴욕시의 지역별 범죄 지도

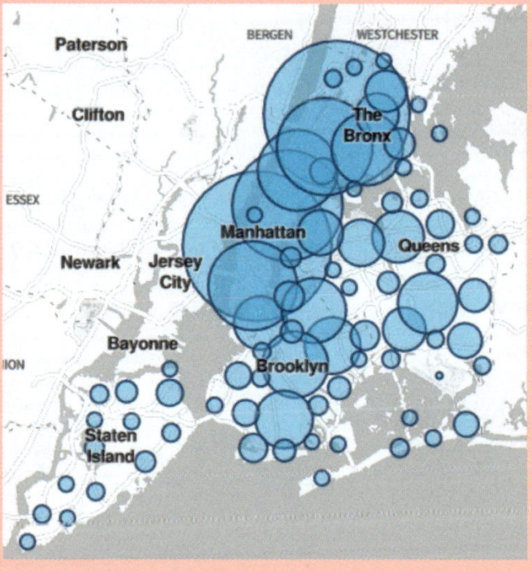

자료: Arccrime Map, nyc crime map, https://www.arcgis.com/apps/instant/sidebar/index.html?appid=8153f961507040de8dbf9a53145f18c4/

국도 및 고속도로의 교차로와 게이트

국도 및 고속도로의 교차로와 게이트 주변은 매우 매력적인 범죄유인지역이다. 왜냐하면 범인과 피해자 모두에게 여행에 적합한 지역이기 때문이다.

버스 터미널 및 기차역 주변

버스 터미널이나 기차역 주변은 범인과 피해자 모두에게 여행과 편리한 이동성을 제공하는 곳이므로 매력적인 범죄유인지역이다.

물리적 환경 및 심리적 경계

범인 및 피해자 모두 강, 호수, 바다, 산 등과 같은 물리적 환경에 의하여 접근을 꺼려하는 곳이 있다. 심리적으로는 흑인이라면 백인들이 주로 모여드는 카페나 해변에 나타나 그 자신을 확연하게 드러내는 일을 피할 것이다.

인구사회학적 선호

특정 범죄인들은 피해자를 물색할 때, 자신이 선호하는 인종, 성별, 연령 등을 기준으로 삼는다. 즉, 이웃 주민의 구성은 범인의 범행방사선구조에 영향을 준다.

피해자의 일상적인 활동

피해자의 일상을 이해하면 피해자를 찾는 방법에 대한 통찰력을 얻을 수 있다.

이러한 요인을 종합하면 범죄자의 이동성, 교통수단, 지적능력, 직업, 주거지 위치 등을 밝혀주는 지리적 패턴 혹은 공간을 파악할 수 있다. 범인의 공간적 의도를 인식하고, 범죄자가 안전하다고 느낄 수 있는 지대가 어느 지점일 것인가, 그리고 그 곳이 범죄자의 집, 직장 또는 중요한 다른 특정지역과 어떻게 연결될 것인지에 대한 정교한 진단이 필요하다.

지리적 프로파일링과 범죄대응

캐나다의 밴쿠버경찰이 리겔 프로그램 시스템을 공식적으로 도입하여 강력사건을 수사하고 있고, 미국, 영국, 독일, 벨기에, 오스트리아, 뉴질랜드 등에서도 이 프로그램을 활용하고 있다.[7]

지리적 프로파일링 기법은 범죄발생장소를 분석하여 범죄발생을 예측하고 대응체계를 마련하는 시스템으로 변화하여 다양하게 응용되고 있다.

미국은 IBM의 빅데이터 범죄분석 소프트웨어(SW) 'i2 COPLINK'를 현장에 적용했다. 앱의 지도에 범죄발생 가능성이 높은 지역을 표시하고, 경찰이 인근지역 순찰을 강화하는 방식이다. 캘리포니아 등 일부 주에서 쓰는 '실시간 범죄 앱(real-time crime app)'은 24시간 이내 발생한 사건의 장소, 시간 및 개요를 주민에게 공개한다.[8]

한국의 경우 정부(행정안전부)가 2016년 1월부터 국민안전과 밀접한 치안·교통·재난·맞춤안전 등 4대 안전분야 정보를 인터넷 또는 모바일을 통해 지도형태로 보여주는 '생활안전지도서비스(SAFE MAP SERVICE)'(지역안전지수)를 시행하였다.[9] 2020년부터는 교통사고, 화재, 범죄, 자연재해, 생활안전, 자살, 감염병 등 7개 분야로 산출한다.

전국 지역안전지수

근거법령

「재난 및 안전관리 기본법」 제66조의10(안전지수의 공표)

지역 안전지수는 2023년 통계를 기준으로 ▲교통사고 ▲화재 ▲범죄 ▲생활안전 ▲자살 ▲감염병 등 총 6개 분야를 대상으로 산정되었다.

인구 10만 명당 사망자 수를 OECD 통계 평균과 비교(한국/OECD 평균)하면 다음과 같다. 생활안전(19.9명/32.4명) 영역에서는 OECD 평균보다 38.6% 적게 발생했으며, 화재(0.6명/1.1명)는 OECD의 절반(54.5%)이며, 범죄(0.6명/2.9명)는 1/5 수준(20.7%)인 것으로 나타났다. 교통사고(5.0명/5.1명)는 OECD 평균과 비슷하며, 자살(27.3명/11.6명)은 OECD 평균보다 2.3배 높고 감염병분야(결핵+에이즈, 2.7명/1.6명)는 OECD 평균보다 월등하게 높다.

광역자치단체 중 분야별 지역 안전지수가 1등급인 지역은 ▲교통사고-서울·경기 ▲화재-세종·경기 ▲범죄-세종·전남 ▲생활안전-부산·경기 ▲자살-세종·경기 ▲감염병-울산·경기로 나타났다.

지역 안전지수

시도	교통사고	화재	범죄	생활안전	자살	감염병
서울특별시	1	4	3	2	2	2
부산광역시	3	3	5	1	4	4
대구광역시	4	3	3	4	4	5
인천광역시	2	2	2	4	3	4
광주광역시	5	2	4	2	3	2
대전광역시	3	4	4	3	2	3
울산광역시	2	5	2	3	5	1
세종특별자치시	4	1	1	5	1	3
경기도	1	1	4	1	1	1
강원특별자치도	4	3	3	4	5	3
충청북도	3	3	3	2	4	2
충청남도	3	2	3	4	4	3
전북특별자치도	3	4	2	3	2	2
전라남도	5	5	1	3	3	5
경상북도	4	4	2	3	3	4
경상남도	2	3	4	2	2	4
제주특별자치도	2	2	5	5	3	3

자료: 행정안전부, 지역안전지수 공표, 2024년 12월 31일자 보도자료, 1-6.

경찰차로 데려다줄게"… 女 83명 강간·살해, 피해자 3명 더 늘었다

여성 83명을 성폭행한 후 살해한 혐의를 받는 러시아 연쇄살인범이 자신의 범행을 또 자백해 징역 10년을 추가 선고 받았다.

22일(현지시간) 리아노보스티 통신에 따르면 시베리아 이르쿠츠크주 레닌스키 지방법원은 이날 여성 3명을 살해한 혐의로 추가 기소된 미하일 포프코프(59)에 대해 징역 10년형을 선고했다. 이날 재판에서는 그가 1997~2003년 이르쿠츠크 지역에서 25~31살 여성 3명을 살해한 사실이 추가로 입증됐다. 포프코프가 1992~2010년 저지른 연쇄살인으로 유죄를 인정받은 건 이번에 4번째다.

피해자들을 납치하고 성폭행한 뒤 살해한 포프코프는 '앙가르스크의 미치광이' 혹은 '늑대인간'이라고 불린다. 전직 경찰인 포프코프는 1992년부터 2012

년까지 83명의 여성을 살해했다고 진술했다. 실제 희생자 수는 약 200명 정도로 알려졌다.
포프코프는 전직 경찰관으로서 길거리 순찰을 자원하며 술에 취한 접대부나 여성 취객 등 젊은 여성들에게 접근해 "경찰차로 집에 데려다주겠다"고 안심시킨 뒤 인적이 드문 곳에 데려가 성폭행한 후 살해했다. 포프코프의 범행은 20년이 지나서야 덜미가 잡혔다. 경찰 신분을 활용해 범죄 현장의 증거를 없애는 등 경찰 수사망을 계속 피해 다니면서다.
수사당국은 현장에서 공통으로 발견된 차량 바퀴 자국을 단서로 그를 체포했다. 포프코프는 3번의 별도 재판을 걸쳐 법원으로부터 2번의 종신형을 선고받았으며 현재까지 10년 가까이 복역 중에 있다. 현재까지 그가 자백한 살해 건수는 모두 86건이다. 이 가운데 법원이 그의 범행을 인정한 건 83건이다.

"사형 받는 것이 더 낫다… 전쟁터 보내달라"

포프코프는 지난 1월 "우크라이나에서 싸우게 해달라"며 감옥에서 나와 바그너그룹 용병으로 참전하고 싶어한다는 뜻을 전한 바 있다. 그는 러시아 국영 TV와의 인터뷰에서도 "러시아를 위해 싸우겠다"며 "푸틴의 전사들과 함께 싸우게 해달라"고 간청했다… 중략

자료: 서울신문, 2023년 11월 23일자 보도.

지리적 프로파일링을 통하여 딥페이크 범죄가 특히 많이 발생하는 곳과 해당 지역적 특성 등을 파악할 수도 있다.

딥페이크범죄가 사회문제로 부각되기 시작한 2021년부터 2024년까지 지역별로 가장 많이 신고된 지역은 서울과 경기 남부로 각각 58건씩으로 나타났다. 경기 북부(37건), 전북(21건), 경북·경남(17건), 부산(13건), 대구·인천·전남(11건) 등에서도 신고 접수가 많았다.

2021년과 비교하면 경기 북부는 4.1배(9건→37건)로 같은 기간 전국 범죄 건수가 1.9배(156건→297건) 늘어난 데 비해 증가세가 가파르다. 경

2024년 범죄분야 지역안전지도

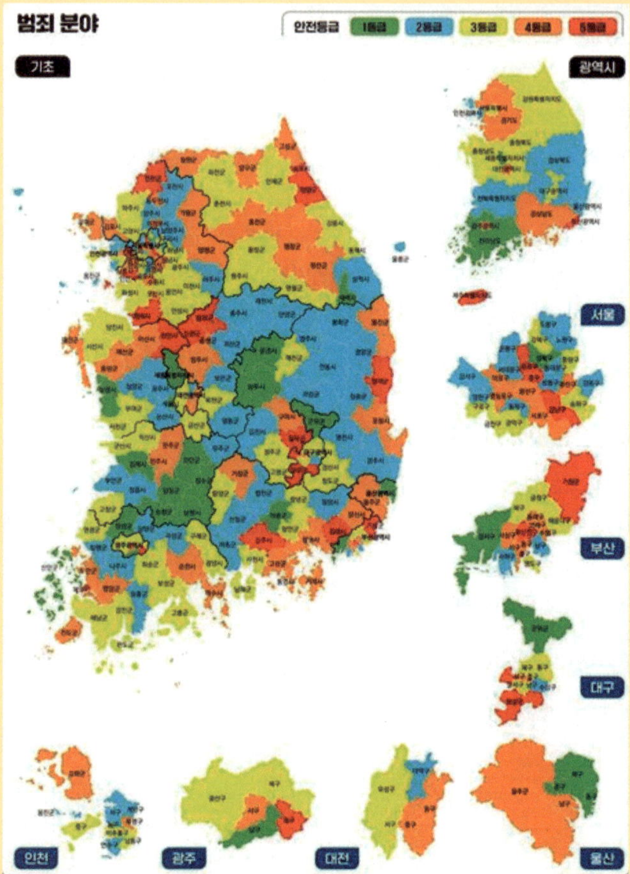

자료: 행정안전부, 지역안전지수 공표, 2024년 12월 31일자 보도자료.

남도 2.8배(6건→17건)나 늘었다. 2021년엔 1건에 그쳤던 경북·충북·광주는 2024년 각각 17건·10건·4건이 접수되는 등 대다수 지역에서 범죄가 증가했다.

범인 검거율은 지역에 따라 차이가 매우 큰 것으로 나타나 2021년부터 2024년까지 딥페이크 범죄 발생이 가장 많은 서울은 검거율

딥페이크 범죄 발생 지도

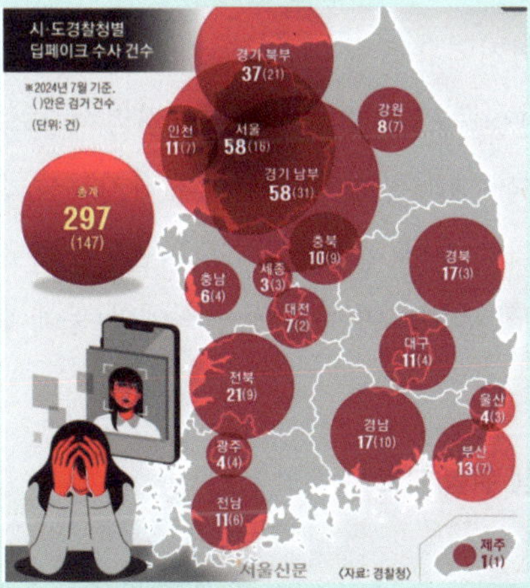

자료: 서울신문, 2024년 9월 18일자 보도[10]

이 30.1%로 가장 낮았다. 인천(31.1%)과 세종(33.3%)도 30%대이다. 경북(40.6%), 전남(47.4%), 전북(47.4%)도 50%를 넘지 못했으나, 제주(76.5%), 충남(73.1%), 충북(72.4%), 경남(67.6%) 등은 높은 사건 해결률을 보였다. 이와 같은 결과는 딥페이크 범죄의 가해자와 피해자가 비교적 같은 지역권이나 생활권에서 생활할 것으로 가정할 경우 범인은 피해자의 근처에서 피해자를 알고 있거나, 마주쳤거나 이해관계가 있거나 직장동료나 친구 등일 가능성을 추론할 수 있다.

한편 한국경찰은 지리적 프로파일링 시스템에 프리카스(Pre-CAS)와 지오프로스(GeoPros)를 활용하고 있다. 프리카스(Pre-CAS)는 인공지능(AI) 기반 빅데이터 분석으로 범죄 위험도를 예측해 대비하는 시스템으로 범죄위험도 예측 분석에 있어 도시형·산업형·주거형·도농복합형·농림수산형·관광형 등 6개 지역 특성에 따른 각자의 데이터를 입력하는 방식으로 운영한다. 이 빅데이터를 100㎡ 격자 단위로 해당

구역의 범죄 위험도를 250개로 분류하여 시·군·구 단위 내에서 1등급부터 10등급까지의 척도로 구분하고 범죄수사에 활용한다. 1등급부터 3등급을 고위험지역으로 분류한다.

지오프로스(GeoPros)는 경찰청이 개발한 지리적 프로파일링 시스템으로 다양한 수많은 범죄정보 데이터와 전자지도를 결합하여 지역별 발생지도를 만들어 수사에 활용한다. 2024년부터는 경찰관 개개인이 수집한 정보를 직접 입력하여 수사에 범죄예방 등에 활용토록 기능이 강화되었다.[11]

지오프로스 범죄발생 위험 지도

자료: 파이낸셜뉴스, 2024년 2월 15일자 보도.[12]

참고문헌

1_Bartol, Curt R.; Bartol, Anne M. (2006). Current Perspectives in Forensic Psychology and Criminal Justice. Sage Publications.

2_Rossomo v. Vancouver Police Board. (2002). http: //www.hamiltonhowell.ca/cases/rossmo.htm; 이건학, 진찬우, 김지우, & 김완희. (2016). 성폭력 범죄의 공간적 분포 특성에 관한 연구: 환경범죄학에 기반한 공간 분석. 대한지리학회지, 51(6), 853−871.

3_Rossmo, D. K. (1993). A methodological model. American Journal of Criminal Justice, 17(2), 1−21.

4_Rossmo, Kim D. (1995). "Geographic profiling: target patterns of serial murderers" (PDF). Simon Fraser University: 22.

5_Petherick. (2006). Serial crime: *Theoretical and practical issues in behavioral profiling*, California: Elsevier, 43.

6_Townsley, M., Birks, D., Ruiter, S., Bernasco, W., & White, G. (2016). Target selection models with preference variation between offenders. Journal of quantitative criminology, 32(2), 283−304

7_Tompson, L., Johnson, S., Ashby, M., Perkins, C., & Edwards, P. (2015). UK open source crime data: accuracy and possibilities for research. Cartography and geographic information science, 42(2), 97−111; 장병열 & 김영돈. (2013). 빅데이터 기반 융합 서비스 창출 주요 정책 및 시사점. 과학기술정책, 23(3), 4−16

8_동아일보, 빅데이터로 범죄 패턴 분석 … '생활형 범죄' 예방한다. 2017년 7월 7일자 보도.

9_안전지도: 생활안전지도, http://www.safemap.go.kr/main/smap.do

10_서울신문, [단독]경기북부 '딥페이크' 3년새 4배… 서울·세종·인천 검거율 30%, https://www.seoul.co.kr/news/society/2024/09/18/20240918500089/

11_뉴스핌, 지리적 프로파일링 시스템 기능 확대..."재난·범죄 예방 기여", 2024년 2월 15일자 보도. https://www.newspim.com/news/view/20240215000763/

12_파이낸셜뉴스, '현장 경찰만 아는' 유흥주점·폐가 위치 수시 공유… '집단지성' 활용, https://www.fnnews.com/news/202402150530372371/

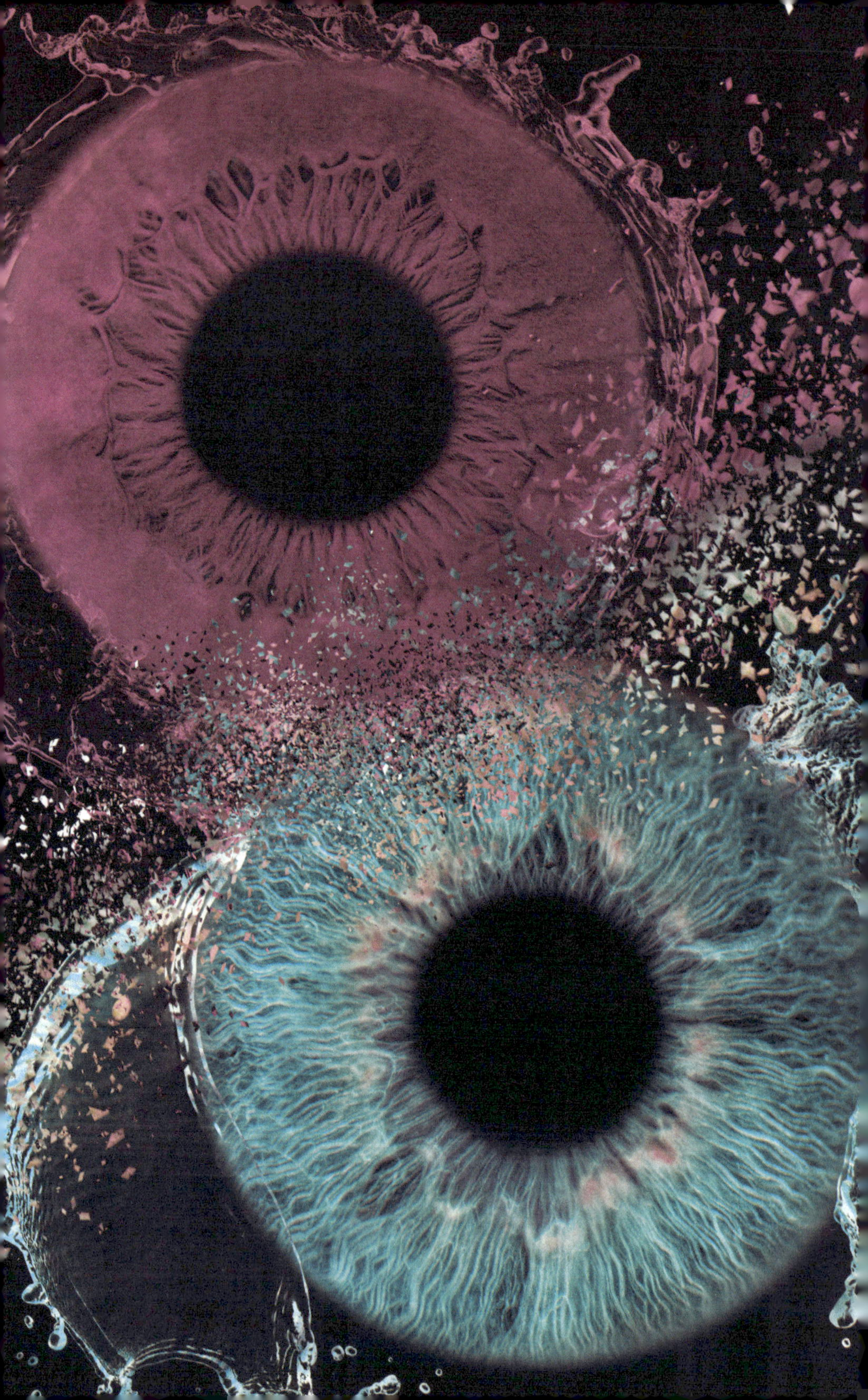

CRIMINAL PROFILING

04

범죄유형별 프로파일링

제1장

살인범 프로파일링

연쇄살인범 프로파일링을 위한 귀납적 데이터

연쇄살인범을 정의할 때 그 범행 횟수를 어떻게 정할 것인가는 연쇄살인범을 규정하기 위해 매우 중요한 요소라 할 수 있다. 많은 수사기관과 연구자들은 대체로 최소 3명 이상의 피해자가 발생할 것을 주장하며, 이것이 보편적인 합의로 보여진다.[1] 이에 대하여 2명 이상으로 해야 한다는 의견도 제시되고 있지만,[2] 그럴 경우 교도소에 수감 중인 상당수의 살인범이 연쇄살인범으로 새롭게 정의되어야 할 것이고, 피해자를 4명 이상으로 규정할 경우 연쇄살인범의 특징에 드는 많은 살인범들을 간과하는 우려를 낳을 수도 있다는 지적이다.[3]

연쇄살인범에 대한 본격적인 프로파일링 결과는 FBI의 행동과학부(Behavioral Science Unit) 수사관들에 의해 교도소에 수감 중인 살인범들을 심층면담한 자료 및 이들에 대한 수사자료 등을 바탕으로 제시되기 시작하였다. 로버트 레슬러를 포함한 FBI 행동과학부 수사관들의

자료: fbi, https: //www.fbi.gov/

살인범들과의 면담은 1978년 말 이른바 범죄인성격조사프로젝트(Criminal Personality Research Project: CPRP)를 통하여 이루어지기 시작했다.

이 프로젝트 결과를 바탕으로 한 범죄학자들의 다양한 후속 연구를 통하여 연쇄살인범의 동기(motives), 목적(gains)과 병질적 징후(etiology)는 전통적인 살인범과는 본질적인 차이를 보이는 것으로 밝혀졌다.[4] 또한 실제로 교도소에 수감된 연쇄살인범보다는 아직도 살인을 계속 진행하면서 검거되지 않는 연쇄살인범이 더 많으며, 검거되지 않는 연쇄살인범은 일 년에 한두 차례 살인을 행하면서 보통 사람들 속에서 일상적인 생활패턴을 유지하고 있다고 설명하였다. 이들을 검거하지 못하는 것은 사건을 담당하는 수사기관의 무지와 정보교환의 부족, 그리고 연쇄살인에 대한 이해의 부족 및 프로파일링에 대한 인식의 한계와 거부감 등 때문이라고 진단하고 있다.

연쇄살인범의 프로파일

범죄인 성격조사 프로젝트(CPRP) 결과 연쇄살인범들은 대부분 남성이고, 백인이며, 25세에서 34세 사이의 연령, 범죄와 범죄수사에 관심이 많은 것으로 나타났다.[5] 이들은 또한 성격변화(personality degeneration)의 경향을 보여 초기에는 치밀한 계획을 세우지만, 횟수를 거듭할수록 우발적인 살인을 한다. 이들은 대체로 자신의 범죄 및 범죄당시 자신의 정서 등에 대해 말하기 꺼려한다. 특히 연쇄살인범은 법률적으로 자신에게 불리한 부분에 대해서는 진실을 말하길 꺼려한다. 그러나 최종적으로 유죄가 확정된 경우에는 비교적 자유롭게 진실을 말하는 경향

세기의 연쇄살인범들

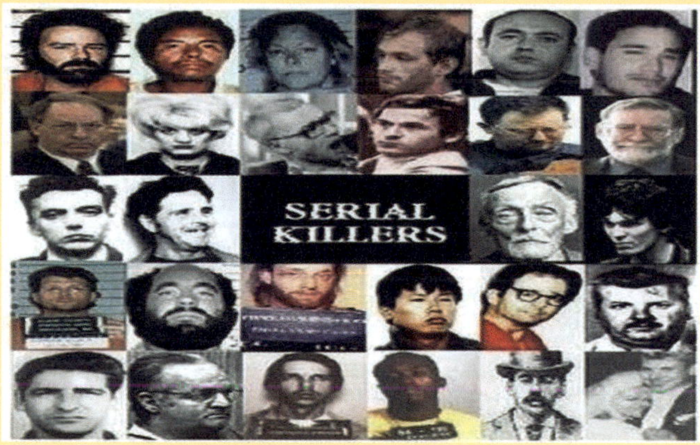

자료: https://www.pinterest.co.kr/13sissy/serial-killers/

이 있다. 따라서 귀납적 프로파일링 자료를 얻기 위해서는 최종재판이 끝나고 난 뒤에 인터뷰를 행하는 것이 효과적이다.

연쇄살인범은 어떠한 논거를 대더라도 남성이 압도적으로 많다.

피해자 선택

전형적인 연쇄살인범은 자신이 선호하는 이상적인 외모를 갖춘 사람을 찾아내어 희생시킨다.[6] 살인범은 오랫동안 심사숙고하여 자신이 좋아하는 스타일의 피해자 모습을 완성하고, 그리고 상대방을 어떻게 살해할 것인가, 즉 방법에 대하여 결정한다. 이러한 사고를 하는 과정에 그의 심리상태는 억압, 학대, 파괴 등의 심리적 기제가 나타나고, 자신의 변화에 관심을 가진다. 그리고는 자신의 이상에 맞는 피해자를 찾아 나서게 된다. 그러나 실제로는 피해자가 그들이 이상적으로 생각했고, 갈구했던 특성을 가진 경우는 드물다. 이는 연쇄살인범은 그의 이상에 맞는 피해자를 신중하게 물색하지만, 경찰체포로부터 자신의 안전을 위해 위험하지 않은 대상을 최종적으로 살인의 대상자로 선택하기 때문이다. 또한 연쇄살인범이 이상적인 상대방을 무한정 찾을 수 없는 이유는 폭력적인 충동을 억제하기 힘들기 때문이기도 하다. 따라서 연쇄살인범의 전형적인 피해자상이라고 프로파일링되지 않은 평범한 사람이라도 누구나 현실적으로 연쇄살인범의 잠재적인 피해대상이 될 수 있다. 그러나 어떠한 논거에 의하여도 연쇄살인범의 피해자는 여성이 압도적으로 많다.

폭력: 쾌락과 스릴

연쇄살인범은 모든 폭력적인 환상들 가운데에서 가장 최고의 만족감을 얻을 수 있는 잔혹한 방법을 선택한다. 선택한 방법은 살인범이 피해자에게 행한 과정 전체에 나타난다.

그런데 연쇄살인범이 조심성 있고, 그가 좋아하는 내적 이미지를 벗어나 조직적으로 행동하는 유형이라면, 그는 피해자의 절망과 인간성을 빼앗기는 과정을 지켜봄으로써 자신이 바라던 쾌락과 스릴을 느낀다. 피해자가 비참함과 절망으로 몸부림칠수록 쾌락은 더욱 절정에 이른다. 결국 피해자에 대한 폭력은 살인 횟수가 늘어갈수록 더 잔인해지며, 가학적이고 공격성을 보이게 된다.

피해자 지배

연쇄살인범은 그 누구에게도 할 수 없었던 지배욕, 자기존재감을 피해자에 대한 폭력을 통하여 지각한다. 이러한 심리구조는 연쇄살인범의 폭력행사의 동기와 인식을 설명케 한다. 자신의 통제 안에서 고통을 호소하며 살아 있는 무기력한 피해자에게 폭력을 가하는 것은 피해자에 대한 잔인한 학대를 통하여 자신의 존재성을 극대화하고,

위대하다고 느끼며, 재확인하는 과정이라고 할 수 있다. 그가 꿈꾸던 폭력을 현실에서 피해자에 대한 권력적 지위로 구체화하고, 그 권력을 유지시키고, 권력이 감소되지 않도록 더욱 잔인한 폭력으로 강화

데이비드 파커 레이, 미국의 연쇄살인마이자 새디스트

데이비드 파커 레이(David Parker Ray, 1939~2002)는 장난감 상자(Toy-box Killer)라고 하는 고문과 살인 전용 트레일러 살인마로 유명하다.

데이비드는 1939년 11월 6일 뉴멕시코주에서 출생하여 불우한 그리고 주목받지 못한 청소년시절을 보내다가 여성들을 납치하고 고문하며 강간 및 연쇄살인을 저질렀지만 시체는 한 구도 찾지 못했다. 피해자는 최대 60명까지 추정된다. 그는 1999년에 체포되어 40명의 여성을 살해한 죄로 2001년에 224년형을 선고받았으나 1년 뒤 교도소에서 62세의 나이로 심장마비로 사망하였다. 이웃은 그를 친절한 사람으로 생각했고, 그의 범행을 도운 부인도 있었다.

경찰이 밝힌 그의 토이 자동차 안에는 다양한 고문도구들이 있었다.

- 못이 박힌 딜도 등 고문기구에 가까운 성인용품
- 수갑, 채찍, 쇠사슬, 죔쇠, 도르래, 다리를 벌리는 막대기 등, 산부인과 수술용 침대
- 소몰이용 전기충격기, 전기고문장치, 수술용 메스
- 주사기, 화학 약품, 톱, 고문기술마다 피해자가 고통스런 정도를 기록한 노트
- 카메라와 TV 모니터 등

자료: Ramsland, Katherine Ramsland. "David Parker Ray: The Toy Box Killer". TruTV.

된다.

따라서 연쇄살인범은 피해자의 발버둥질, 고통 그리고 절규를 불쌍히 여기지 않는다. 피해자를 특별한 가치가 없는 대상으로 객관화시키며, 심지어 완전하게 비인간화한다. 이들의 진정한 만족감은 피해자를 복종(subjugation)시키고, 공포(terrorization)에 떨게 하며, 극도로 잔인(brutalization)하게 하는 것에서 나오는 것이지 단순히 피해자를 살인하는 것만으로는 얻지 못한다. 피해자로부터 이미 만족감을 얻었다면 구태여 더 이상의 위협이나 학대는 불필요해지며, 결국 살해하고 마는 것이다.

연쇄살인범의 분류

FBI 및 이후 지속적인 연구들을 토대로 점차로 연쇄살인범의 특징을 토대로 유형화가 이루어졌다. 이는 대체로 인구사회학적 특징 및 폭력성, 그리고 피해자에 대한 통제 등을 요소로 한 것이다. 사람의 행동은 동기와 성격 등에 따라 일정한 행동양식(Modus Operandi)을 보이므로 연쇄살인범의 경우에도 이를 적용시켜 구분하고 있다.[7]

지리형: 안정형과 이동형

지리형 연쇄살인범(Geographically Serial Killers)은 연쇄살인범을 지리적 이동성을 중심으로 분류한 것이다. 즉, 공간적 이동성(spatial mobility)을 중심으로 안정형과 이동형으로 구분한 것이다.

살인을 자신의 주거지역이나 직장 등 일정한 지역을 중심으로 살인행각을 지속적으로 벌이는 경우를 안정형(geographically stable)이라고 한다. 안정형은 시체를 거주지역이나 범행지역 인근에 시체를 유기한다.

범인이 장소를 여기 저기 이동하면서 살인행각을 벌이는 경우를 이동형(geographically transient)이라고 한다. 이동하는 이유는 단순하게 자신에게 맞는 피해자를 찾기 위해서가 아니라 경찰의 체포를 피하고, 수사에 혼선을 주려는 이유가 더 크다. 이들은 시체를 광범위한 지역에 걸쳐 유기한다.[8]

망상형: 환청과 환각

망상형 연쇄살인범(Visionary Serial Killers)은 정신분열증 등의 정신장애로 망상에 시달리거나 때로는 환청이나 환각 등으로 살인을 반복하는 경우를 말한다. 망상형 연쇄살인범들은 악마나 귀신의 목소리에 의해 사람을 살해하거나 성매매 여성이나 노인을 죽이라는 신의 계시를 들었다고 생각하며, 사람을 살해하는 것은 신의 명령을 이행한 것이라고 확신한다. 망상형 연쇄살인범은 현실과 완전히 유리되어 있다.

그런데 이 망상형 연쇄살인범은 법정에서 정신이상자로 인정을 받을 경우 처벌을 면할 수 있으므로 종종 교묘한 사이코패스 연쇄살인범이 자신을 정신분열증 환자라고 주장하는 계략으로 이용되기도 한다. 이런 유형의 살인자는 법정에서 "정신이상(insane)"이나 "책임능력이 없는 상태(incompetent)"라고 주장하며 자신의 무죄를 호소한다.[9]

사명형: 증오와 제노포비아

사명형 연쇄살인범(Mission Serial Killers)이란 정상적인 인지상태에서 특정한 사람들을 제거해야 한다는 적극적 의지를 가지고 피해자들을 살해하는 경우를 말한다. 이 유형의 범죄자는 정신이상자(psychotic)가 아니며, 환청이나 환각을 경험하지 않는다. 또한 주변인들과 매우 잘 접촉하며, 실제 세상(real world)에서 살고, 매일 세상과 상호작용을 한다. 즉, 이들은 평범한 직장인이거나 학생이거나 다정한 이웃일 수 있다. 그러나 이들은 특정한 계층의 사람을 세계에서 제거하려는 의무를 스스로에게 부여해서 행동한다.

81명 살해 '늑대인간' … 충격에 빠진 러시아

러시아 수사당국은 2017년 1월 11일 연쇄살인 22건의 혐의로 무기징역 판결을 받은 시베리아지방 이르쿠츠크주의 전직 경찰 미하일 포프코프, 일명 '늑대인간'이 추가로 살인 59건을 자백했다고 밝혔다. 러시아 연방수사위원회 이르쿠츠크지부는 이날 포프코프가 자백한 추가 59건 중 47건에 대해 그를 추가 기소했으며, 나머지 자백 건을 포함해 여죄가 있는지 수사 중이다.

… 81건에 이르는 연쇄살인건수는 현재까지 구 소련에서 가장 많은 인명을 살해한 것으로 알려진 '로스토프의 도살자' 안드레이 치카틸로의 53건을 넘어서는 것이다. 러시아 일간지 시베리안타임스는 포프코프가 치카틸로를 자신의 우상으로 삼기도 했다고 전했다. 포프코프의 자백이 사실로 확인될 경우 전세계적으로 포프코프보다 더 많은 피해자를 살해한 것으로 확인된 연쇄살인범은 콜롬비아의 루이스 가라비토(138명)와 페드로 로페스(110명) 뿐이다.

포프코프는 주로 1994년부터 2000년까지 이르쿠츠크주 앙가르스크에서 젊은 여성들을 강간한 후 흉기로 살해했다. 경찰제복을 입은 채 늦게 귀가하는 여성에게 접근해 순찰 중에 그들을 집으로 데려다 주는 것처럼 꾸민 후 인적이 드문 곳에서 범행을 저지르는 수법을 썼다. 그는 2012년 6월 체포된 직후 살인동기로 "나는 거리에서 창녀를 청소하려 했다. 남편이나 남자친구를 두고 홀로 밤거리에 나온 것이 잘못"이라 주장했다.

'Werewolf' is worst-ever serial killer in former USSR as he is charged with killing 47 more women

By The Siberian Times reporter

11 January 2017

New confessions mean his female victims now number 69, with at least a dozen more charges expected soon, taking his macabre toll to 81.

Popkov has confessed to 59 new murders. Picture: Vostochno-Sibirskaya Pravda

자료: 한국일보, 2017년 1월 12일자 보도

주로 성매매 여성, 가톨릭인, 유대인, 어린아이 등 특정 집단이 그 대상이 된다. 사명형 연쇄살인범은 반사회적 성격이 조직화되었거나 또는 몰사회적(asocial) 성격이 형성되지 않았을 수도 있지만 비사회적 성격인 경우가 더 많은 것으로 나타났다. 이 유형의 살인범이 체포되었을 때, 이웃들은 "그가 훌륭한 청년처럼 보였다"거나 "특이한 점이 없는 사람이었다"고 말하며, 그가 행한 행동에 몹시 놀라움을 표시한다.

사명형 연쇄살인범은 동성애, 인종, 종교, 민족, 성별 등에 극단적인 혐오감을 가지며, 증오범, 자살테러범, 제노포비아 등의 모습으로 현실적으로 존재할 수 있다.

쾌락형: 성욕 · 스릴 · 재물

쾌락형 연쇄살인범(hedonistic serial killers)은 쾌락 때문에 살인을 반복하는 유형으로 극단적인 성욕(lust)과 스릴(thill), 재물(money)을 위한 경우로 구분된다.

극단적인 성욕적 쾌락을 위한 연쇄살인범은 성욕을 충족하기 위하여 사람을 살해하는 경우를 말한다. 이들은 사람에 대한 공격 자체에서 성욕이나 쾌감을 느끼므로 살인하는 과정 자체가 중요한 의미를 가지며, 따라서 범죄 시간이 오래 걸리는 특징이 있다. 이는 망상적 연쇄살인범이나 사명형 연쇄살인범이 피해자를 단시간 내에 살해하는 것과는 차이를 보이는 것이다.

성욕형은 성적 흥분을 극대화하기 위하여 피해자에게 다양한 행동을 요구하고 스스로 연출하기도 한다. 이들은 식인, 시체보박, 시간, 고문이나 신체일부의 절단, 감금 등의 행동 등을 통하여 피해자를 모욕하고 학대하며 고통을 주면서 그 자체에서 흥분을 즐기며, 살인 과정 자체를 중요시 여긴다.[10]

인간사냥꾼: 로버트 한센

로버트 한센

로버트 한센(Robert Hansen)은 미디어에서 "Butcher Baker" 라고 불리기도 하는 미국의 연쇄 살인범이었다. 한센은 1971년부터 1983년까지 알래스카 주 앵커리지에서 17명을 살해하고, 적어도 30명 이상을 강간하였다. 그는 피해자 여성을 숲에서 도망치게 하면서 이를 사냥하는 방식으로 살해했다. 그는 1983년에 체포되어 가석방 없이 461년 형을 선고 받았지만, 2014년에 교도소에서 사망했다.[11]

스릴형은 피해자에게 고통과 두려움, 폭력 등을 가하여 자신의 흥분과 쾌감을 강화하는 경우이다. 이들의 살인행위 시간은 길지 않으며, 대체로 성적인 공격은 하지 않는다. 이들과 피해자와는 대부분 낯선 관계이며 오랫동안 피해자의 생활패턴을 감시하여 결정적인 기회를 포착, 단시간에 살해한다. 또는 피해자를 들판이나 산에 풀어놓고 사냥감처럼 사냥(hunt)하는 쾌락을 느끼며 살해하는 경우도 있다.

재물형은 경제적 이익 또는 편안함을 추구하는 유형이다. 이들은 재물이나 기타 편익을 위해 살인 행위를 하며, 주로 자신의 부인이나 약혼자들, 고용인 등 가족이나 주변 인물들을 피해자로 삼는 경향이 높다.

무력통제형: 완전지배

무력통제형 연쇄살인범(power–control serial killers)은 피해자에 대한 완전한 지배에서 만족을 얻는 경우를 말한다. 이 유형의 연쇄살인범은 인터뷰에서 "삶과 죽음을 통제하는 것만큼 더 큰 힘(power)이 무엇이 있는가?"라고 말했다. 무력통제령 살인은 무기력한 피해자를 마음대로 통제하고, 권력을 행사하는 능력의 우월성을 맛보기 위해서 행해진다.[12]

이 유형은 자신이 원하는 조종할 수 있는 권력(힘)을 가졌다는 신념 그 자체에서 만족감을 얻는다. 즉, 피해자를 완전하게 지배하는 것으

"예뻐서 먹었다"…멕시코 연쇄살인범 집 파니 '시신 17구'

지난 5월 멕시코주 검찰이 연쇄살인 용의자의 주거지를 조사하고 있는 모습 (사진= AFPBNews)

멕시코시티와 경계선에 있는 멕시코주 검찰은 멕시코시티 교외의 연쇄살인 용의자의 집 땅 밑에서 3787개의 뼛조각을 발굴했다고 밝혔다…중략…용의자는 법정에서 "(피해자의) 얼굴이 예쁘다고 생각해서 벗겨냈다"고 말했다

멕시코 검찰에 따르면 뼈들은 조각마다 세척해 어느 부위의 것인지 분류돼 있었다. 해부학적 분해 위치에 따라 놓여 희생자 수를 파악할 수 있었다고 외신들은 전했다.

72세의 용의자는 개인정보 보호를 이유로 이름을 공개하지 않는 멕시코 관련 법령에 따라 '앙드레'라는 가명과 과거 도축업을 했다는 점만 알려졌다.

용의자는 지난 5월 14일 마지막 희생자로 알려진 34세의 여성을 살해한 혐의로 재판을 받고 있다. 이 여성은 용의자가 개인적으로 알고 있던 경찰의 부인으로 알려졌다. 그는 실종되던 날 쇼핑을 돕는다며 용의자와 함께 나갔고 경찰인 남편은 아내가 귀가하지 않자 의심해 조사를 시작한 것으로 전해졌다.

남편은 용의자가 사는 거리에 아내가 들어갔지만, 나오지 않는 것을 경찰 감시 카메라를 통해 확인했다. 경찰은 용의자의 집을 압수수색 및 심문한 끝에 훼손한 여성의 시신을 발견했다.

자료: 이데일리, 2021년 6월 15일자 보도

남편 3명 연쇄살인 100억원 챙겨… 日 70대女 결국 사형 확정

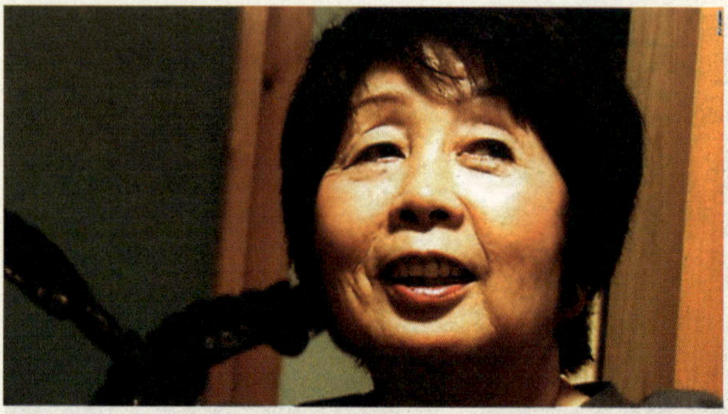

남편을 포함한 3명의 남성을 살해해 거액의 유산을 챙긴 일본 여성 가케히 지사코(74)가 일본 최고재판소에서 2021년 6월 29일 사형 선고를 받았다. … 중략 …

연쇄 살인범 가케히는 2007년부터 2013년 남편인 이사오, 사실혼 관계인 혼다 사노리, 히오키 미노루 등을 살해했다. 또 다른 남성 스에히로 도시아키를 살해하려 했으나 미수에 그쳤다. 이같은 혐의로 가케히는 지난 2017년 이미 사형을 선고받았다.

가케히는 이후 치매로 재판을 받을 수 없다고 상고했지만, 최고재판소는 이를 기각하고 사형을 확정지었다.

가케히에 대한 최고재판소의 사형 선고는 CNN·인디펜던트지 등도 보도할 정도로 국제적 관심을 끌고 있다. … 중략 …

가케히는 남성들의 생명 보험금을 노리고 살해한 것으로 드러났다. 가케히가 가로챈 재산과 보험금은 약 10억엔(약100억원)에 이르는 것으로 조사됐다. 가케히는 이 돈을 주식 투자 등에 썼지만 대부분을 잃었다.

가케히는 24세에 처음 결혼했으나 1994년 남편이 사망하면서 운영하던 사업이 파산했고, 집도 경매에 넘어갔다. 이후 가케히는 결혼정보회사에 가입했다. 그는 첫 남편 사망 이후 10명이 넘는 남성과 결혼 또는 사실혼 관계였으며 대부분 고령이며 지병을 지니고 있던 것으로 알려졌다. … 중략 …

자료: 조선일보, 2021년 7월 2일자 보도

로 강한 욕망이나 스릴을 추구하는 쾌락주의형 연쇄살인범들의 쾌락과 유사한 성적 쾌락을 경험한다.

무력통제형 살인범은 심리적으로 현실에 뿌리를 두고 있다. 또한 쾌락주의형 살인자와 비슷하지만 정신적인 질병을 겪지는 않는다. 그러나 살인이 반사회적 이상성격(sociopathy)이나 성격적 장애의 원인이 될 수 있다. 이 유형의 살인범은 사회적 규칙(rules)과 규범(norms)을 알고 있지만 무시하며, 반사회적 성격장애자와 같이 개인적인 규칙과 규범에 의해 세상을 산다.

무력통제형 살인범들의 살인하는 방법은 과정중심적이다. 이들의 정신적인 만족감은 살인하는 과정으로부터 얻어지기 때문에 살인하는 순간을 길게 가지며, 대부분 흉기를 사용하고, 상당수는 피해자의 목을 졸라 살해하는 특징을 보인다.

연쇄살인범의 심리 및 행동단계

심리학자 조엘 노리스(Joel Norris)는 연쇄살인범의 심리 및 행동단계는 일곱단계를 거친다고 발표하였다. 그의 연구는 조지아주에서 살인사건으로 유죄 확정판결을 받은 500명의 살인범들과의 면담자료를 분석하여 도출한 것이다.[13]

전조단계

전조단계(Aura Phase)는 살인자는 현실로부터 도피하면서 주변 인물과의 사회적 상호작용으로부터 멀어지는 과정이다. 살인자는 반사회적이 되고 인생은 더 이상 의미가 없다고 느낀다.[14] 이 단계는 몇 분에서 몇 달까지 지속될 수 있으며 장기간 또는 수년 동안 그의 머릿속을 지배했던 환상(aura)에서 시작될 수도 있다. 이 환상은 어린 시절의 경험에서 파생되었을 가능성이 있는 가학적인 성적 행위 및 기타 폭력적인 행위도 포함된다. 살인자는 환상을 강화시키기 위하여 술이나 마약에 의지하기도 하지만, 시간이 지난 후에는 살인 충동에 빠지게 된다.

피해자물색단계

피해자물색단계(Trolling Phase)는 범인이 적당한 피해자를 찾는 단계이다. 대부분의 연쇄살인범은 자신이 익숙한 곳이나 편안한 곳에서 피해자를 찾게 된다. 즉, 거주지 주변이나 이웃, 자신에게 익숙한 지역을 선호한다. 또한 그들은 살인을 저지르고 피해자를 버릴 수 있는 완벽한 장소를 매우 신중하게 찾게 된다. 따라서 희생자가 발견될 때까지 며칠 또는 때로는 몇 달이 걸릴 수 있다. 이 단계에서 연쇄살인범은 종종 자신의 피해자를 확인하고 스토킹하는 등의 행동패턴을 보이기도 한다.

구애단계

구애단계(Wooing Phase)는 살인자가 살인을 하기 전에 피해자의 신뢰를 얻으려고 하는 단계를 말한다. 이 단계는 비조직화된 살인범보다는 훨씬 자신감 있고 대담하며 더 나은 사회적응력을 갖춘 조직화된 살인범의 경우에 주로 나타난다.[15]

살인범은 피해자와 우호적인 관계를 맺어 피해자의 신뢰를 얻으려 한다. 이는 연쇄살인사건의 현장에 피해자가 대부분 살인범에게 대항한 흔적이 발견되지 않는 이유이기도 하다. 따라서 살인현장에 피해자가 살인범을 대상으로 투쟁한 흔적이 없다면 프로파일러는 이 사건이 연쇄살인의 패턴일 수 있다는 가능성을 염두에 두어야 한다.

일단 피해자와 신뢰가 형성되면 살인자는 피해자를 조용하고 외딴

지역으로 유인하여 그동안의 가면을 벗고 다음 단계로 넘어간다.

억압단계

억압단계(Capture Phase)는 살인자가 피해자보다 우월한 존재라는 것을 드러내는 단계이다. 살인범은 피해자의 손목에 수갑을 채우거나 테이프를 감거나 또는 마취를 시키는 등의 방법으로 피해자를 무력화시킨다. 살인범은 이 순간을 즐기며, 피해자를 새로운 장소로 옮기기도 한다. 피해자가 탈출할 수 있는 방법이 없다고 확신이 들면 살인단계로 이동하게 된다.

살인단계

살인범이 살인에 착수하는 단계(Murder Phase)이다. 살인범은 즉시 희생자를 죽이기로 결정할 수도 있지만 때로는 희생자를 고문하여 죽음 직전에 살려내고 고문을 계속하기도 한다.

비조직화된 살인은 강력한 공격이나 빠른 교살로 피해자를 즉시 죽일 가능성이 크다. 이 경우 피해자의 얼굴과 몸이 절단되는 등 비인격화될 가능성이 높다. 시간(necrophilia)이 이루어지기도 한다.

이에 비해 조직화된 살인범은 훨씬 더 고통스럽게 살인을 행한다. 피해자는 사망하기 전에 고문당하고 강간당할 확률이 높다. 살인이 지연되는 이유는 살인 자체가 범죄의 동기가 아니기 때문이다. 오히려 살인자가 가장 좋아하는 것은 고문이다. 이들은 가능한 오랫동안 희생자를 살려두고 갖가지 방법으로 피해자를 고문한다. 피해자가 살아있는 동안 온갖 가학적인 성적 폭행을 할 가능성이 높고, 결국, 살인자가 고문을 끝내면, 그는 살인을 행할 가능성이 높다.

토템단계

토템단계(Totem Phase)는 살인이 끝난 후 살인자의 흥분은 갑자기 떨어지고 환상에서 깨어나며, 동시에 그 환상을 잡아두려는 욕망이 교차하는 단계이다. 따라서 그들은 판타지를 보존하기 위하여 각자의 의식을 행하기도 한다. 즉, 자신의 살인과 관련된 뉴스를 수집하거나 피해자의 신체일부나 옷을 가져오거나 살인과정을 녹화하는 등으로 기념품(trophy)을 남기는 것이다.[16]

트로피는 살인자에게 살인자가 피해자를 살해할 때 경험했던 것과 동일한 감정을 주고, 판타지가 진짜임을 상기시키기 위한 것이고, 자신이 그 일을 해냈다고 스스로 증명하는 징표이기도 하다.

우울증단계

우울증단계(Depression Phase)는 자신의 살인으로 느낀 것들에 만족을 느끼지 못하며 자신의 상태를 비관하는 단계를 말한다. 연쇄살인범은 현재 살해한 피해자는 자신이 꿈꾸던 대상이 아니라며, 과거에 고문하고 살해했던 판타지를 그리워한다. 따라서 그는 다시 환상에 빠져들어 살인을 반복하게 되며, 살인은 그가 꿈꾸는 판타지를 충족하는 방식으로 이루어지며, 현장 역시 비슷한 패턴을 보이게 된다.

살인이 끝날 때마다 판타지가 현실화되고 살인은 더욱 잔인해진다. 패턴이 중단될 때까지 주기가 반복된다. 살인의 중단은 살인범이 검거되었거나 스스로 지쳐 자살하였을 가능성이 높은 경우일 것이다. 연쇄살인범의 체포나 중단은 그들이 행한 미해결 연쇄살인 사건이 아직도 존재하는 이유이기도 하다.

연쇄살인범의 행동방식과 서명

FBI는 기본적으로 모든 범죄자는 버릇, 기술, 그리고 특별한 습관 등 MO를 갖는다고 설명하고 있다.[17]

모두스 오퍼렌디(Modus Operandi, Mode of Operation: MO)란 어떤 일을 하는 방식 혹은 즐겨하는 행동방식 또는 행위패턴이라고 할 수 있다. 범죄인 프로파일링에 있어 MO는 범죄자의 감정이나 심리적인 욕구를 충족하는 한 방법으로 이해한다.

MO는 동일할 수 있지만, 범행이 계속되면서 더 세련되고 정교하게 변화해 갈 수 있다. 프로파일러나 수사관이 MO를 파악하려면 범죄현장의 법과학적 분석이 필요하다.

MO를 파악할 수 있는 범죄현장 요소

- 피해자에게 사용된 감금의 유형, 상처 패턴, 감금에 사용된 도구
- 범죄에 사용된 칼, 둔기 물체 또는 총과 같은 무기의 유형
- 피해자의 손을 묶고 입을 가리는 데 사용된 테이프의 종류
- 피해자의 주거 등에 침입한 방법, 도구
- 피해자의 상태: 차량 이동 또는 주차장 이동 등
- 피해자에 대한 공격 시간대: 야간, 새벽 등
- 지문흔적: 범행시 장갑 사용여부

서명(Signature)이란 범죄자의 심리적 그리고 정서적 욕구를 이해하는 데 도움이 되는 뚜렷한 행동을 말한다. 특정한 범죄현장에서 발견되는 물리적 증거는 범죄자의 서명행동을 설명하는데 도움이 된다. 따라서 프로파일러나 수사관이 범죄자의 서명행동을 이해하기 위해서는 증거에 대한 법과학적 분석을 필요로 한다.

FBI는 연쇄살인이나 연쇄강간 등의 서명으로 다음과 같은 것을 예로 든다.

범죄자의 서명(Signature)을 파악할 수 있는 요소

- 피해자에 대한 상해 정도-미미한 수준 혹은 극심한 수준
- 범죄현장의 지리적 위치
- 범죄의 연속성
- 범죄현장의 배설, 사정 또는 훼손
- 사용된 흉기종류
- 피해자에게서 가져간 피해자의 물품
- 피해자의 연령, 인종, 직업, 물리적 증거의 특징
- 범죄현장에 남겨 둔 메모 또는 물건

FBI의 NCAVC는 지속적으로 범죄현장에서 발견되는 범죄행동(MO)과 서명(signature)을 구체적으로 설명하고 있다.[18]

연쇄살인 BTK와 Ripper Jack의 서명

자료: https://www.pinterest.co.kr/pin/518758450820482435/; http://mymultiplesclerosis.co.uk/stf/ripper-jack-notorious/

범죄현장의 행동방식

범죄현장의 일반적인 특징은 비사회적(nonsocial) 범죄자에 의해 조직화(organize)되었거나 몰사회적(asocial) 범죄자에 의해 비조직화(disorganize)된 것으로 구분되어 연쇄살인범의 유형을 추정할 수 있다.[19]

FBI와 홈스와 홈스, 그리고 캔터가 분류한 연쇄살인범의 유형에 따라 범죄현장의 특징을 구분하여 정리한 것인데 이는 프로파일러의 판단에 중요한 지침서로 활용된다.[20] 이를 기초로 범죄현장 특징들과 비교하

데니스 린 레이더

데니스 린 레이더(Dennis Lynn Rader)는 1974년부터 1991년까지 캔자스 주 세지윅 카운티에서 열 명을 살해한 미국의 연쇄살인범이다. 그는 살인을 하면서 현지 언론과 경찰에 자신을 BTK killer 또는 BTK strangler라고 하며 지속적으로 사건에 대한 편지를 보냈다. 그는 BTK를 "Bind, Torture, Kill"이라고 하면서 피해자들을 다양한 모습으로 묶어 현장에 방치하고, 편지나 사건현장에 서명을 남기기도 하였다. 그는 10여 년 이상 냉각기를 가지다가 2005년에 체포되었다.

자료: https://www.pinterest.co.kr/pin/518758450820482435/

여 연쇄살인범의 유형을 추정할 수 있다.

일반적으로 망상형, 사명형 또는 재물형 연쇄살인범은 사람을 죽인 장소에서 시체를 이동시키지 않을 것이다. 프로파일링시 시체의 이동 흔적이 있다면 이는 사전에 계획을 세웠음을 의미한다. 살인이 발생한 장소에서의 물리적 증거는 수사관에 의해 평가될 수 있다. 이것은 버려진 장소에서 발견할 수 있는 증거가 없다는 의미가 아니라 살해 장소에서 시체가 버려진 장소까지 시체를 이동시킨 것이 범죄자 성격에 대한 정보 그 자체라는 것이다.

망상형은 환청 또는 환각 때문에 범죄를 행하므로 구체적 피해자의 유형과는 관계가 없다. 쾌락형, 무력통제형, 사명형 연쇄살인범은 피해자가 자신의 심리적 욕구를 채워줄 수 있는지 여부 또는 피해자들의 죽음이 주는 물질적 이익의 결과 여부에 따라서 신중하게 피해자를 선택한다. 쾌락형의 일부인 영리형 연쇄살인범은 피해자와 일정한 관계가 있지만 나머지 유형의 연쇄살인범들은 흉기를 사용하여 낯선 사람들을 살해할 것이다.

종종 살인현장과 시체처리 장소가 명백하게 차이가 나는 경우가 있다. 망상형, 사명형, 그리고 재물형 살인범들은 통상적으로 살인을 행한 장소에서 시체를 옮기지 않는다. 만약 살인한 장소가 또한 시체를 처리한 장소라면, 범죄자는 아마도 피해자와 가까이 살고 있는 사람이고, 비조직화된 몰사회적 성격 유형의 특성들을 많이 가지고 있을 것으로 추정할 수 있다. 이들은 자신이 소유한 흉기를 선택하고, 시간(necrophilia)의 증거가 있으며, 성교 행위의 흔적이 있고, 증거가 남아 있을 수 있다.

그러나 시체에 시간한 흔적이 없다면 살인의 동기는 내적인 것일 가능성이 높으며, 이는 사명형 연쇄살인범(mission serial murderer)의 전형적인 특징이다.

프로파일러는 범죄현장의 특징 및 발견된 증거를 통하여 범죄유형을 찾아낼 수 있다. 물론 이러한 과정은 컴퓨터 데이터 분석 프로그램을 통하여도 가능하지만, 동시에 프로파일러의 분석 및 추정능력은 중요한 의미가 있다.

안대와 얼굴폭행

살인현장에서 발견되는 안대는 다양하며, 마스크, 헝겊 또는 천조각 등 여러 종류가 사용되고 있다.[21] 안대를 사용하는 가장 큰 이유는 피해자가 살인범을 알 수 없도록 하는 것이지만, 피해자를 두려움에 떨게 하고, 동시에 범인으로 하여금 피해자를 비인간화하며, 사물화시키는 효과가 있다. 즉, 눈을 가림으로써 범죄자의 판타지를 더욱 충족하는 방식으로 범행을 할 수 있고, 공격시에도 더욱 안락감을 느낀다.

따라서 살인이나 강간 현장에서 안대가 발견되었다고 하여 이것을 살인범과 피해자가 이전에 개인적인 관계가 있었기 때문이라고 섣불리 단정해서는 안 된다.

FBI는 살인범이 피해자의 안면, 즉 얼굴을 때리는 공격 그 자체는 피해자에 대한 비인간화(depersonalizes)를 의미한다고 설명한다. 범죄자가 얼마나 무자비한 것과 관계없이 그 역시 부끄러운 정서와 마음을 가진다.[22]

그러나 자신의 목적을 달성하기 위해 부끄러운 감정을 무시해야 하며 이를 위한 방편으로 피해자에게 안대를 씌우거나 또는 사람을 더욱 비인간적으로 다루는 방편으로 얼굴을 공격한다.

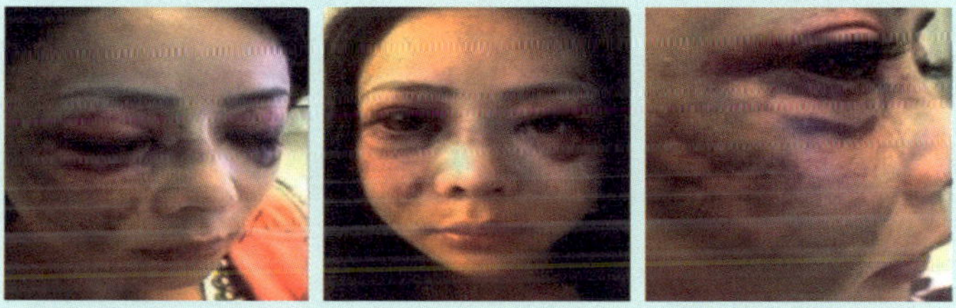

자료: ENS, http://www.vop.co.kr/A00000536080.html

특히 피해자의 얼굴에 대한 폭력은 통제를 좀 더 확실하게 하기 위한 계획적인 의도를 가지고 있다. 눈을 향한 공격은 결정적인 상해(injury)를 가져오고, 당연히 피해자가 범인을 식별하지 못하게 된다.

눈을 가린 상태에서의 얼굴에 대한 폭력은 피해자를 공포로 몰아넣고, 동시에 비인간화하는 행위이며, 현재의 피해자에게서 존재하지 않는 피해자에 대한 환상을 동시에 만족시키는 행위일 수 있다.

시체유기와 훼손

FBI는 성욕형(lust), 스릴형(thill) 및 권력통제형(power-control) 연쇄살인범들은 피해자의 시체를 유기하기 위해 다양한 방법을 동원하는 것으로 설명하고 있다. 이 유형의 살인범들은 공통적으로 조직화된 비사회적 성격(nonsocial personalty)적 특성을 보인다.[23]

시체가 발견되도록 유기하는 것이나 시체를 유기하는 행위 등은 살인행위에 대한 "광고(advertisement)"의 한 형식이다.

연쇄살인범은 살인행위를 단계적으로 실행하며, 살인범은 현재 병적 쾌감(euphoria)의 심리적 단계에 있는 상태이며, 따라서 시체의 처리 자체도 그 병적 쾌감을 유지하는 연장선상에 있다. 다른 사회적 학습과정과 마찬가지로 대부분의 연쇄살인범들 역시 시체들을 처리하는 방법을 학습한다. 즉, 검거되지 않도록 자신의 안전을 도모하면서 가장 효율적인 방법을 스스로 개발하고 배워나간다. 불에 태우거나, 토막을 내어 분산투기하거나, 바다에 투척하거나, 절쇄하거나, 매장하거나, 식품과 같이 냉장고에 보관하는 등의 다양한 방법들을 동원하게 되는 것이다.

살인의 도구

살인범은 피해자를 고문하거나 살해하기 위하여 다양한 도구, 즉 흉기(weapons)를 사용한다. 연쇄쇄살인범은 흉기의 종류를 선택할 때 매우 신중하며, 통상적으로 피해자를 찌르거나 피해자를 공포상태로 몰아넣거나, 피해자보다 우월적 지위를 확보하기 위해 사용한다.

흉기는 가죽끈, 여자용 스타킹, 칼, 해머, 권총, 도끼, 테이프 등 다양한 데 범인이 손으로 통제 가능한 것이 모두 사용된다.

특히 살해 도구로 테이프가 발견된다면 살인범이 교도소 수용경력이 다수 있거나 특수기관의 종사자였다는 것을 추정할 수 있다. 범죄자들은 특히 교도소에서 다양한 테이프의 사용법과 범죄도구로서의 효율성에 대해 배우는 것으로 드러났다.

또한 다른 종류의 테이프나 새끼줄보다 전기 테이프가 사용하기 편리하다는 것을 범죄영화 등을 보고 배워서 살인행위에 활용하고 있다.

살인에 사용되는 다양한 도구

자료: https://pixabay.com/

범죄현장의 조작과 기념품

범죄현장의 조작이란 범죄현장에 경찰이 도착하기 전에 누군가 범죄현장을 의도적으로 변경하는 것을 말한다.[24] 범죄현장에 대한 조작은 경찰의 수사를 다른 방향으로 돌리기 위해 범죄현장을 변화시키는 것이므로 현장을 조작할 만한 지적 능력이 필요하다. 따라서 범죄현장이 조작되어 있다면 범인이 조직화된 살인범이라고 추정할 수 있다.

전리품

FBI는 범죄현장에서부터 살인범이 전리품(trophy)을 가져가는 직접적인 이유는 사건이 일어난 상황을 상기하기 위한 것이라고 설명한다. 범죄자가 전리품을 가져가는 합리적인 결정(rational decision)은 사람들이 휴가 중에 기념품을 수집하는 것과 동일한 정신적인 과정(mental process)과 같은 맥락이다. 이것은 살인범이 살인 그 자체의 행위뿐만 아니라 살인을 행하는 과정에서 자신이 한 행위를 회상케하는 도구인 것이다. 즉, 전리품은 살인범이 살인하는 동안에 실현된 심리적 만족감을 회상하고, 유지하고 싶은 욕구를 충족시켜 주는 물건인 것이다.

모든 연쇄살인범이 전리품들을 가져가는 것은 아니며, 살인범은 피해자의 신분확인을 방해하기 위해 전리품을 수집하고, 피해자가 소유하고 있었던 재산을 가져감으로써 수사를 방해하기도 한다.

연쇄살인범의 전리품: 노끈

자료: Daily Mail, http: //www.dailymail.co.uk/

만약 시체가 훼손되고 태워졌거나 피해자의 소지품도 발견되지 않았다면 매우 치밀하게 현장을 장악한 것으로 연쇄살인범은 이미 그 목적을 달성한 것이다.

연쇄살인범에게 전리품은 살인으로 얻어진 것뿐만 아니라 그 자체로 가치 있는 것이어야 한다. 따라서 전리품은 시체의 일부분(예, 다리, 가슴)과 같이 개인적인 기호와 선택적인 것이다.

연쇄살인범에 대한 프로파일러의 잘못된 통념

홈스와 홈스는 프로파일러가 연쇄살인사건을 프로파일링하면서 경계하여야 할 잘못된 통념을 일곱 가지로 정리하여 제시하였다.[25]

- 연쇄살인범은 모두 제대로 사회생활을 하지 못하는 외톨이일 것이다.
- 연쇄살인범은 모두 백인 남성일 것이다.
- 연쇄살인범은 모두 섹스가 동기일 것이다.
- 연쇄살인범은 생활근거지를 벗어나 먼 곳에서 범행을 할 것이다.
- 연쇄살인범은 살해를 멈출 수 없다.
- 모든 연쇄살인범은 정신장애이거나 사악한 천재들일 것이다.
- 연쇄살인범은 경찰에 체포되기를 원할 것이다.

참고문헌

1_Holmes & Homes. (1998). *Serial murder*. Thousand Oaks, CA: Sage.

2_Petherick, W. (2009). Serial crime: Theoretical and practical issues in behavioral profiling. Academic Press.; iminal profiling methods.

3_Jenkins. (1994). *Using murder: The social construction of serial homicide*. New York: Aldine de Gruyter.

4_Fox & Levin. (2001). *The will to kill: Making sense of senseless murder. Boston: Allyn & Bacon; Godwin. (1999). Hunitng serial predators: A multivariate classification approach to profiling violent behavior*. Boca Raton, FL: CRC Press.

5_Blair. (1993). The science of serial murder. *American Journal of Criminal Law*, 20(2), 1-12; Egger. (1998). *The Killers among Us: An Examination of Serial Murder and Its Investigation. Upper Saddle River*, NJ: Prentice Hall; Hickey. (2001). *Serial murderers and their victims(2nd ed.)*. Pacific Grove, CA: Brooks-Cole.

6_허경미. (2015). 범죄 프로파일링 제도의 쟁점 및 정책적 제언. 경찰학논총, 10(1), 205-234.: 임준태. (2004). 강력범죄에서의 범죄자 유형 분석기법(Criminal Profiling)의 도입에 관한 연구. 한국공안행정학회보, 17, 1-38.; 허경미, 범죄 프로파일링(criminal profiling) 기법의 효과적인 활용방안, 치안정책연구소, 2008.; 허경미, 현대사회와 범죄학, 박영사, 2016.

7_Drukteinis. (1992). Serial murder: The heart of darkness. *Psychiatric Annals*, 22, 532.; Holmes & Homes. (2001). *Sex crimes(2nd ed.)*. Thousand Oaks, CA: Sage; Holmes & Deburger. (1985a). Profiles in terror: The serial murderer. *Federal Probation, 39*, 29-34; Holmes & Deburger. (1985b). *Serial murder*. Beverly Hills, CA: Sage.

8_Gibney. (1990). *The beauty queen killer*. New York: Pinnacle.

9_Douglas, Burgess, Burgess, & Ressler. (1992). *Crime classification manual*. Lexington, MA: Lexington Books.

10_Stack. (1993). *The lust killer*. New York: Signet.

11_Klint, Chris (August 21, 2014). "Serial Killer Robert Hansen Dies in Anchorage". NBC. KTTU News. Retrieved August 21, 2014.

12_Pethrick, et al., 191-192.

13_Norris, Joel. Serial killers: The growing menace. New York:

Doubleday, 1988.

14_Fox, J. A., & Levin, J. (2013). Overkill: Mass murder and serial killing exposed. Springer.

15_Oleson, J. C. (2013). Dissecting the serial killer: Toward a typology of serial homicide. Crime types: A text reader, 57－69.

16_Seltzer, M. (2013). Serial killers: Death and life in America's wound culture. Routledge.

17_Burgess, A., Burgess, A., Douglas, J., & Ressler, R. (2006). Crime classification manual. Library of Congress Cataloging－in－Publication Data, 19－23; Morton, R. J., Tillman, J. M., & Gaines, S. J. (2014). Serial murder: Pathways for investigations. Federal Bureau of Investigation, US Department of Justice.

18_Burgess, A., Burgess, A., Douglas, J., & Ressler, R. (2006). Crime classification manual. Library of Congress Cataloging－in－Publication Data, 23－30; Morton, R. J. (Ed.). (2005). Serial murder: Multi－disciplinary perspectives for investigators. Behavioral Analysis Unit－2, National Center for the Analysis of Violent Crime; Critical Incident Response Group/Federal Bureau of Investigation

19_Douglas, Burgess, Burgess, & Ressler. (1992). *Crime classification manual. Lexington*, MA: Lexington Books. 251.

20_Douglas, J. E., Ressler, R. K., Burgess, A. W., & Hartman, C. R. (1986). Criminal profiling from crime scene analysis. Behavioral Sciences & the Law, 4(4), 401－421.; Canter, D. V., & Wentink, N. (2004). An empirical test of Holmes and Holmes's serial murder typology. Criminal justice and behavior, 31(4), 489－515.

21_Holmes, R. M., & Holmes, S. T. (2008). Profiling violent crimes: An investigative tool. Sage. 114~146.

22_Morton, R. J. (Ed.). (2005). Serial murder: Multi－disciplinary perspectives for investigators. Behavioral Analysis Unit－2, National Center for the Analysis of Violent Crime; Critical Incident Response Group/Federal Bureau of Investigation.

23_Classifying sexual homicide crime scenes, (1985). FBI Law Enforcement Journal, 54, 12－17.

24_Douglas, Burgess, Burgess, & Ressler. (1992). Crime classification manual. Lexington, MA: Lexington Books, 251.

25_FBI, https: //www.fbi.gov/file repository/stats－services－publications－serial－murder－serial－murder－july－2008－pdf/view; Holmes, R. M., & Holmes, S. T. (2009). Serial murder. Sage. 9－13.

제2장

강간범 프로파일링

연쇄강간범 프로파일링을 위한 귀납적 데이터

강간(rape)이란 일반적으로 상대방의 의사에 상관없이 강제적으로 성적 행위를 시도하거나 행하는 범죄라고 정의될 수 있다.[1] 즉, 상대방에게 공포의 상태를 유지시키며, 성적으로 위협하는 의식적인 과정이자 성적인 침해행위(sexual penetration)라고 할 수 있다. 그런데 대부분의 강간은 남성에 의하여 여성에게 가해지므로 강간범 역시 남성이 대부분이다.[2]

"강간과 연쇄강간을 구분하는 기준은 무엇인가?"에 대해서는 살인과 연쇄살인을 구분하는 기준과 크게 다르지 않다. 즉, 희생자의 수, 각 범죄행위 간의 시간적 간격, 범죄지역 간의 차이 등이 그 기준이라고 볼 수 있다.[3]

따라서 범죄의 연쇄성에 대한 위의 요소를 고려할 때 연쇄강간이란 동일한 범죄자가 일정한 기간에 적어도 3명 이상에 대하여 서로 다른

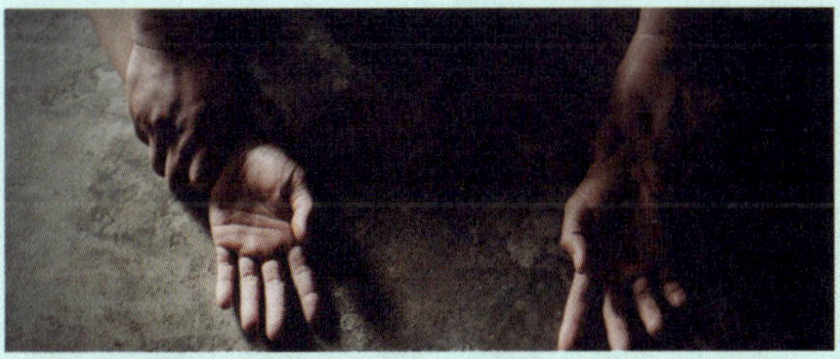

자료: https://www.shutterstock.com/

지역에서 강간을 한 경우라고 할 수 있다.

강간사건의 피해자들은 형사사법시스템에 대한 불신과 보복의 두려움, 수치심 등의 이유로 경찰에 신고되지 않는 암수범죄가 91%에 달하는 것으로 나타났다.[4] 교도소 성범죄자가 출소 후 다른 범죄자보다 성범죄 재범률이 매우 높은 것으로 나타났다.

이는 미 법무부 사법통계국(Bureau of Justice Statistics: BJS)이 출소하는 성폭력 수용자와 다른 석방된 수용자의 재범률 조사에서 확인되었다.[5] 연구대상은 미 30개 주에서 2005년도에 출소하는 20,195명의 성폭력사범으로 이들은 당시 성폭력범 수감자의 77%에 달하였다. 미 사법통계국은 이들이 2005년부터 2014년까지 어떤 범죄를 행하고 교도소에 수감되는지 추적조사를 벌였다. 이 조사는 미 사법통계국이 교도소 성범죄 출소자들을 대상으로 벌인 최초의 재범조사이다.

조사결과 강간 및 성폭력 범죄자들은 다른 출소자들보다 일반범죄로 체포될 가능성이 적었지만, 다른 출소자들보다 강간 또는 성폭행 혐의로 체포될 가능성은 3배 이상 높은 것으로 나타났다(7.7 % 대 2.3 %). 석방된 성범죄자 중 절반이 어떤 범죄로든 체포되어 유죄판결을 받았다. 2005년에 석방된 성범죄자의 5%가 2014년까지 9년의 추적조사 기간 동안 강간 또는 성폭행으로 체포된 사람의 16%를 차지했다.

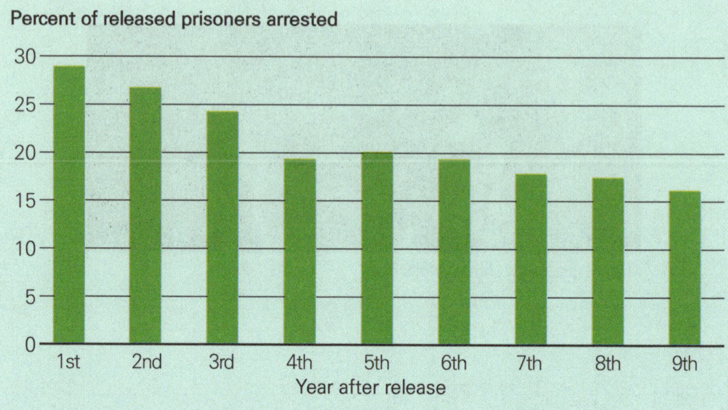

자료: Bureau of Justice Statistics, Recidivism of Sex Offenders Released from State Prison: A 9-Year Follow-Up (2005-14), 2019, 1.

석방된 성범죄자 중 절반 미만이 3년 이내에 범죄를 행하였으며, 2/3 이상은 9년 이내에 체포되었다.

다음은 2005년 출소 성범죄의 2014년까지 매년 검거율을 보여준다.

2005년에 석방된 성범죄자 10명 중 약 3명(29%)이 석방 후 첫해에 체포되었다. 약 5명 중 1명(20%)이 5년 후 석방기간 동안 체포되었고, 6명 중 거의 1명 (16%)이 9년차에 체포되었다.

젊은 성범죄자들은 연로한 성범죄자들보다 석방 후 또 다른 성범죄로 체포될 가능성이 더 높았다. 전반적으로 성범죄자의 4.4%가 석방 후 3년 이내에 또 다른 성범죄로 체포되었다. 석방 후 9년 후에는 젊은 성범죄자(석방 당시 24세 이하)가 중년의 성범죄자(석방 당시 40세 이상)보다 강간 또는 성폭행으로 체포될 가능성이 7.7% 정도 더 높은 것으로 나타났다. 석방 당시 24세 이하의 성범죄자 중 거의 9.4%가 석방 후 3년 이내에 강간 또는 성폭행으로 체포된 반면, 40세 이상은 3.0%에 해당하는 것으로 나타났다. 석방된 지 3년 이내에 체포된 24세 이하의 4.6%가 2년차에 체포됐다. 전반적으로 석방 후 9년 이내에 24세 이하의 성범죄자는 40세 이상의 성범죄자 5.9%에 비해 강간 또는 성폭행으로 체포될 가능성이 2배(11.8%) 가량 높았다.

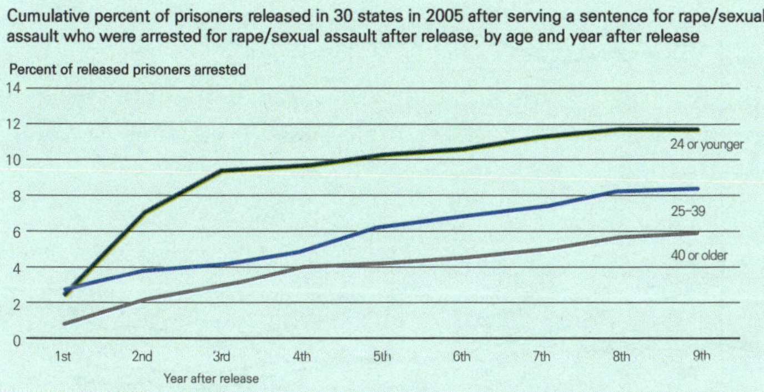

자료: Bureau of Justice Statistics, Recidivism of Sex Offenders Released from State Prison: A 9-Year Follow-Up (2005-14), 2019, 7.

한편 유엔마약범죄국(UNODC)이 회원국을 통해 조사한 범죄발생통계 중 강간피해 사건 통계 역시 발생건수보다 실제 보고율이 낮은 것으로 간주되고 있다.[6]

한국의 경우 성폭력을 포함한 흉악범의 실태는 2023년을 기준으로 다음 그림과 같다. 성폭력은 2014년 29,863건에서 2023년 38,698건에 이르기까지 증가하였다.

성폭력의 발생비율은 대도시가 49.9%로 가장 높은 것으로 나타났다. 성폭력은 21시~24시(15.2%), 18시~21시(11.8%), 3시~6시(10.5%)의 순으로 18시부터 24시 사이에 37.5%가 발생하였다. 성폭력사범의 검거는 피해자 신고에 의한 경우가 39.4%로 가장 높게 나타났다.

성폭력 실태

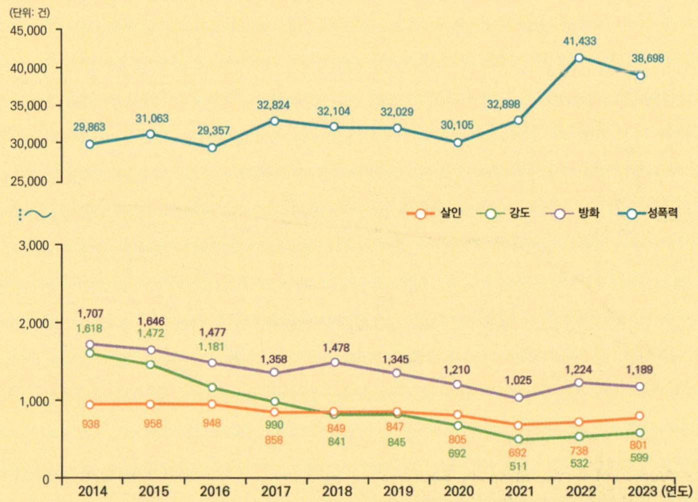

자료: 법무연수원, 범죄백서, 2025, 74.

성폭력범의 연령대

구분	살 인	강 도	방 화	성폭력
	835(100)	958(100)	1,081(100)	37,394(100)
초등학교이하	77(9.2)	41(4.3)	103(9.5)	923(2.5)
중 학 교	89(10.7)	110(11.5)	165(15.3)	2,412(6.5)
고등학교	266(31.9)	417(43.5)	428(39.6)	10,617(28.4)
대학교이상	165(19.8)	116(12.1)	212(19.6)	10,960(29.3)
미 상	238(28.5)	274(28.6)	173(16.0)	12,482(33.4)

자료: 법무연수원, 범죄백서, 2025, 78.

성폭력범의 전과

구분	살 인	강 도	방 화	성폭력
계	835(100)	958(100)	1,081(100)	37,394(100)
전과없음	209(25.0)	262(27.3)	285(26.4)	14,115(37.7)
1 범	57(6.8)	71(7.4)	103(9.5)	3,628(9.7)
2 범	57(6.8)	52(5.4)	86(8.0)	2,087(5.6)
3 범	57(6.8)	47(4.9)	72(6.7)	1,508(4.0)
4범 이상	256(30.7)	323(33.7)	421(38.9)	5,574(14.9)
미 상	199(23.8)	203(21.2)	114(10.5)	10,482(28.0)

자료: 법무연수원, 범죄백서, 2025, 79.

한편 등록대상 성범죄로 유죄판결이 확정되어 신상정보가 당연 등록된 현황은 다음과 같다.

성폭력 죄종별 신상정보 등록

구분 / 연도	계	형법,성폭법,아청법			아동복지법	성폭력처벌법				청소년성보호법			
		강간 간음등	강제 추행등	유사 성행위	아동 복지법 위반	공중 밀집 장소 추행	성적 목적 다중 이용 장소 침입	통신 매체 이용 음란	카메라 등 이용 촬영	성 착취물 제작 배포	성매수	성매매 강요	성매매 알선 영업
2019	82,647	23,598	38,026	521	455	4,131	720	311	11,077	787	1,639	555	827
	(100)	(28.6)	(46.0)	(0.6)	(0.5)	(5.0)	(0.9)	(0.4)	(13.4)	(0.9)	(2.0)	(0.7)	(1.0)
2020	94,160	25,409	44,301	607	609	4,582	850	427	13,122	943	1,810	583	917
	(100)	(27.0)	(47.0)	(0.6)	(0.7)	(4.9)	(0.9)	(0.4)	(14.0)	(1.0)	(1.9)	(0.6)	(1.0)
2021	105,445	26,972	49,966	705	775	4,820	953	549	15,146	1,919	1,977	653	1,010
	(100)	(25.6)	(47.4)	(0.7)	(0.7)	(4.6)	(0.9)	(0.5)	(14.4)	(1.8)	(1.9)	(0.6)	(0.9)
2022	116,434	28,483	55,154	810	949	5,033	1,044	681	17,584	2,715	2,163	708	1,110
	(100)	(24.5)	(47.4)	(0.7)	(0.8)	(4.3)	(0.9)	(0.6)	(15.1)	(2.3)	(1.9)	(0.6)	(0.9)
2023	126,789	30,109	60,118	936	1,124	5,145	1,106	839	19,698	3,436	2,375	745	1,158
	(100)	(23.7)	(47.4)	(0.7)	(0.9)	(4.1)	(0.9)	(0.7)	(15.5)	(2.7)	(1.9)	(0.6)	(0.9)

자료: 법무연수원, 범죄백서, 2025, 452.

한편 2025년 6월을 기준으로 법원으로부터 신상공개 명령을 선고받아 성범죄자의 신상정보가 전용 웹사이트(성범죄자 알림e)에 공개된 실태는 다음과 같다.

특별시 · 광역시/도	성범죄자 수
총계	2,953명
서울특별시	393명
부산광역시	184명
대구광역시	127명
인천광역시	200명
광주광역시	104명
대전광역시	71명
울산광역시	44명
경기도	698명
강원특별자치도	127명
충청북도	119명
충청남도	175명
전북특별자치도	163명
전라남도	113명
경상북도	195명
경상남도	88명
제주특별자치도	45명
세종특별자치시	7명

자료: 성범죄자 알림e, https://sexoffender.go.kr/m2s3_1.nsc/

연쇄강간범의 프로파일

강간범은 폭력을 매개로 성적 욕구를 달성하려고 하는 범죄자라는 점에서 다른 유형의 폭력적 요소가 가미된 범죄자들과 유사한 특징을 보여주지만 그 가운데서도 강간범들은 특히 폭력(power), 분노(anger), 성욕(exuality) 등의 특징을 보인다.[7] 또한 자연스러운 이성과의 관계유지능력이 부족하고, 마약, 술, 폭력적 포르노물에 심취하는 특성을 가진다.

강간범에 대한 프로파일링은 강간범이 가진 긴장(tension)과 충동(compulsion)을 표현하는 수단으로 강간이 왜 선택되는지 추론할 수 있어야 한다.[8]

모든 강간범들이 강간범들의 동기나 범행참여, 기대행동들과 유사한 점을 가진 건 아니다. 상당히 많은 강간범이 아동기에 부모와의 상호작용(interaction)이 부족하며 이것이 정상적인 성격발달에 부정적 영향을 끼쳤다는 연구는 상당히 축적되어 있다.

강간범과 어머니와의 관계는 대부분 아동기에 거부(rejecting), 과도한 통제(excessively controlling), 지배(dominant), 체벌(punitive), 과보호(overprotective)와 유혹(seductive) 등으로 설명된다. 아버지와의 관계는 주로 비관여적(uninvolved), 무관심(aloof), 거리를 둠(distant), 부재(absent)나 수동적(passive)이지만 가끔씩 체벌과 잔인함을 가진 대상으로 설명된다.

특히 강간범이 가지는 성적 좌절감, 범죄행위, 성적 성향(sexual personality)에 영향을 미친 요소들은 어린 시절 냉정한 부모의 모습, 부모의 일관성 없는 제재나 처벌, 성적 질투나 자극이 원인인 것으로 밝혀졌다.

강간범들은 아동기에 부모로부터 지속적으로 성적 유혹을 당한 경우도 발견되며, 형제나 부모와 장기적으로 침실이나 생활공간을 함께 함으로써 어른들의 성생활에 일찍부터 노출되어 성적 자극을 받은 경우도 발견된다. 상당한 사례에서 강간범들은 사춘기까지 어머니와 한 침대를 사용한 경우도 있었고, 지배적이고 폭력적인 어머니에 의해 가혹한 체벌을 받았다.

따라서 강간범이 성인기에 달했을 때 여성들을 향해 드러나는 적대적 행위는 자신이 어린 시절에 가족들로부터 당한 고통에 대한 복수 행위라는 주장도 제기된다. 이외에도 아동기에 이웃이나 낯선 상대로

부터 성폭력 피해 경험이 왜곡된 성정체성이나 복수 동기에 영향을 미친다는 연구결과들이 있다.[9]

연쇄강간범의 분류

많은 범죄학자 및 FBI에서 강간동기 등을 기준으로 강간범 유형을 분류하였다. Groth, Burgess, Holmstrom는 133명의 강간범과 92명의 피해자를 대상으로 한 공동연구를 통하여 강간에 결정적인 영향을 주는 것은 폭력, 분노, 그리고 성욕이라고 결론지었다. 이들은 사실상 강간은 폭력 또는 분노를 표현하기 위해 가장 선호되는 수단이라는 결론을 내리고, 강간범을 폭력지향형, 폭력강화형, 분노보복형, 분노가학형 등의 네 가지 유형으로 구분하고 있다.[10] 이 연쇄강간범의 분류는 이후 많은 학자들에 의하여 후속연구가 이루어졌다.[11]

여기서는 이러한 내용을 정리하여 기술한다.

범죄동기별 강간범 분류

강간범 분류	범죄동기
폭력지향형 (power assertive)	강간을 남성다움, 주인의식, 지배력의 표현이라 인식
폭력강화형 (power reassurance)	강간을 자신의 성적 수단 그리고 남성다움에 대한 의심을 푸는 하나의 수단이라 인식
분노보복형 (anger retaliation)	강간을 여성에 대한 적대감과 분노의 표현수단이라 인식
분노가학형 (anger sadistic)	피해여성의 고통을 보면서 행복, 스릴, 만족감을 느끼는 경우

폭력지향형: 남성성, 지배수단

폭력지향형 연쇄강간범(power assertive serial rapist)은 강간을 남성다움, 주인의식, 지배력의 표현이라 인식하는 강간범으로 이들에게 강간은 단지 성행위가 아니라 일종의 약탈을 위한 폭력적 행위이다. 강간시

폭력지향형 연쇄강간범의 인구사회학적 특성

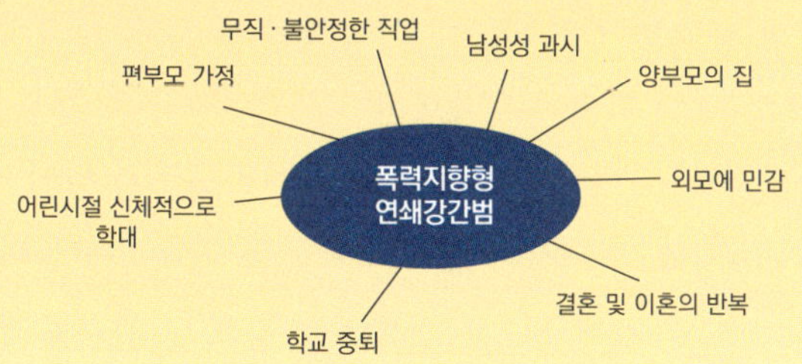

나타나는 공격성은 피해자의 복종을 확보하기 위한 것으로 강간범은 피해자의 안락과 행복에 관심이 없다.

폭력지향형 연쇄강간범은 대부분 편부모 가정에서 자랐으며, 이들 중 일부는 양부모 밑에서 자랐다. 어린 시절 신체적 학대의 피해자인 경험이 많았고, 일반적으로 가정 문제를 많이 갖고 있으며 불행한 결혼생활로 이어진다. 이들은 외모에 매우 신경을 쓰며, 요란한 옷을 입고 다니는 경향이 있다. 술집에 드나들며, 주변 사람들은 이들을 언제나 여자를 유혹하려고 궁리하는 사람으로 기억하는 경우가 많다. 이들은 목소리가 크고 떠들썩하며, 남성적인 이미지를 끊임없이 과시하려 한다. 폭력지향형 연쇄강간범은 건설노무자 혹은 경찰과 같은 전통적으로 남성적인 직업에 종사하고 있을 수 있다. 이들이 직업상 착용하는 유니폼은 남성적 이미지를 과시하는 수단일 수 있다. 이들은 종종 번쩍번쩍 거리는 차를 몰고 다닐 수 있는데, 이들과 비슷한 부류의 사람들이 선호하는 특정 스포츠카 모델일 수 있다.

폭력지향형 연쇄강간범은 독신자들이 자주 가는 술집에서 여성 피해자들을 선택하는 경향이 있다. 이들의 공격은 언어적 폭력과 신체적 폭력 모두의 형태로 나타난다.

이 유형의 강간범은 특정 피해자에게 수차례 폭행을 저지를 수도 있고 피해자들은 강간범과 같은 연령대인 경우가 대부분이다. 이 유형은 피해자에게 갖가지 성적 행위를 요구하는 데 종종 사정 장애를 겪을 수도 있다. 이들은 성적으로 흥분하기 위해 피해자들에게 구강성교를 강요할 수도 있다. 이들에게 성교는 포식자로서의 약탈적 본능을 충족시키는 행위이며, 피해자의 만족이나 고통 등에는 관심이 없다.

FBI는 폭력지향형 연쇄강간범은 20일에서 25일 주기로 범죄를 저지른다고 설명하며, 이는 여성의 월경주기와 유사한 것으로 폭력강화형(power reassurance) 연쇄강간범이 7일에서 15일 주기로 폭행을 저지르거나 분노보복형(anger retaliation) 연쇄강간범이 대략 반년에서 1년 주기로 범행을 행하는 것과 비교된다.

폭력지향형 연쇄강간범은 일반적으로 부인 혹은 연인과 같은 일정한 섹스 파트너를 가지고 있지만 강간의 충동을 느끼며, 강간시 피해자에 대한 폭행은 피해자의 순종을 강요하는 수단으로 행해진다. 이러한 유형의 강간범은 흉기를 소지하기도 한다. 또한 이들은 피해자들에게 자신의 정체를 숨기지 않는 경향이 있다. 따라서 가면이나 눈가리개 등을 별로 사용하지 않는다. 그러나 이들은 피해자들을 앞으로 다시 볼 의도를 가지고 있지는 않다. 이들은 강간 후 사과하지 않으며, 기념품이 될 만한 것을 가져가지도 않으며, 기록도 남기지 않는다.

폭력지향형 연쇄강간범은 그의 충동을 거의 억제하지 못하므로 성격진단시 반사회적 성격장애나 정신병질자로 분류될 수 있다.

폭력강화형: 연인, 보상

폭력강화형 연쇄강간범(power reassurance serial rapist)은 보상형 강간범(compensatory rapist)으로도 불리운다. 이 유형은 다른 강간범보다 공격성이나 폭력성이 제일 낮다. 최소한의 사회적 능력을 갖고 있고, 극단적

폭력강화형 연쇄강간범의 인구사회학적 특성

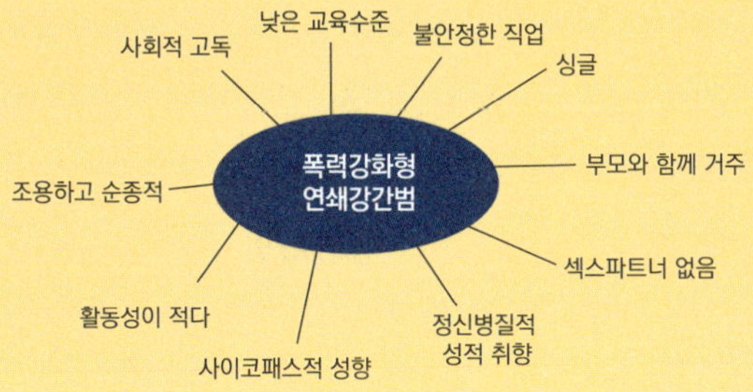

인 패배감과 낮은 자존감으로 고통을 받고 있으며, 자신이 무능력하다고 느끼고 있다.[12]

이러한 유형은 대부분 낮은 수준의 교육경력을 가지고 있고, 대부분 싱글이면서도 부모와 함께 기거한다. 이들은 활동성이 적고, 조용하며 수동적인데 따라서 친구가 거의 없고, 섹스파트너도 없다. 이들 중 일부는 가족으로부터 성적 유혹을 당하거나 폭력적인 대우를 받은 경험이 있다. 이들은 많은 시간을 들여 성인잡지를 보며, 낮은 교육수준 때문에 저임금 직업에 종사하지만 주변사람들에게는 꾸준하고 신뢰성 있는 직원으로 비춰진다.

폭력강화형 연쇄강간범은 정신병질적인 성적 취향을 보이는 데 복장도착, 난교적 성적 행위, 노출증, 관음증, 과도한 자위행위 등의 모습을 보인다. 관음증의 피해자는 주로 이웃이며, 기회를 포착하여 직접 강간을 시도하기도 한다.[13]

폭력강화형 연쇄강간범에 있어서 강간의 기본적 목적은 강간을 통하여 그 자신의 지위를 고양시키는 것이다. 그는 평상시 자신을 사회의 낙오자라고 생각하고 있지만 성행위를 통해 피해자를 자신의 통제

하에 둠으로써 자신이 중요한 사람이라는 것을 스스로 믿고 싶어한다. 따라서 그는 피해자를 통제하는데 필요한 만큼의 폭력만을 사용한다.

이들의 강간은 이들이 평상시 가지는 성적 환상(sexual fantasies)을 표현하는 것이므로 이들은 피해자 역시 성적 만족감을 느낄 것이라고 믿으며, 고의적으로 피해자들을 해치지는 않는다.

이들은 피해자들이 사실은 성적 강간행위를 즐긴다는 가정 하에 범행을 저지르므로 성행위 도중 피해자들에게 음란한 표현을 하도록 하거나 자신이 행하기도 한다. 피해자들에게 옷을 벗어달라고 정중하게 요청하는 경우도 있다.

FBI는 폭력강화형 연쇄강간범은 그와 동일한 연령 집단과 동일한 인종 집단 내에서 피해자를 고르는 경향이 있고, 그가 걸어서 돌아다니기 때문에 종종 주변 이웃 또는 그의 직장 근처에서 피해자를 선택한다고 설명한다. 강간 범죄 행위의 시간적 간격은 7일에서 15일 사이이다. 일반적으로 강간범은 비교적 낮은 단계의 폭력으로 시작하지만, 범죄가 지속되면서 폭력성이 강화될 수 있다. 이들은 필요하다면 피해자의 집에서 흉기가 될 만한 것을 찾고, 피해자의 집에서 기념품이 될 만한 것을 가져 갈 수도 있다.

이들은 네 연쇄강간범의 유형 중 유일하게 범행 후 피해자를 접촉해서 신체 건강에 대해 물어본다. 피해자도 성행위를 즐겼다고 생각하므로 다음에 다시 오겠다는 약속을 하는 경우도 있다. 이들은 발기부전과 같은 성기능 장애를 가지고 있을 수도 있으며, 자신의 행위를 기록하는 습성이 있다. 강간을 통해 이들은 그 자신의 정체성 의문을 해소하려는 경향이 있다.

분노보복형: 분노 · 복수

분노보복형 연쇄강간범(anger retaliation serial rapist)은 분노감, 복수심 등

분노보복형 연쇄강간범의 인구사회학적 특성

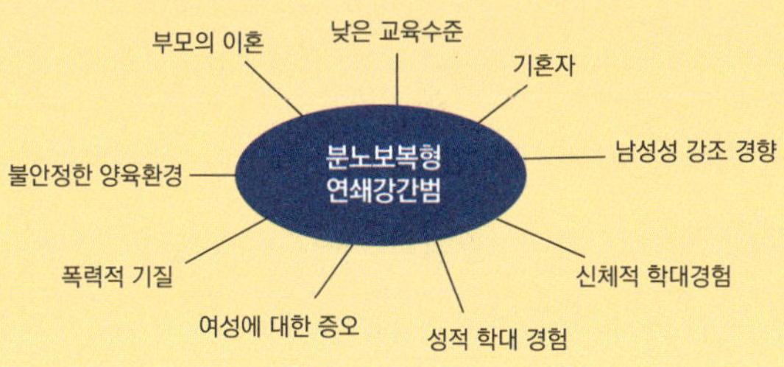

으로 여성을 해치게 되고, 폭행을 통해 실재하든 상상에 의한 것이든 그가 일생 동안 다른 여성에게서 당했던 부당한 행위들에 대해 강간 행위를 통해 보복하려고 한다.[14]

이들은 절반 이상이 부모 한쪽 혹은 양쪽으로부터 성적으로 학대를 받은 경험이 있고, 대부분 부모가 이혼하였다. 이들은 입양, 위탁가정, 한부모 등 불안정한 양육환경에서 성장하였다.

분노보복형 연쇄강간범은 그 자신을 체력적으로 강건하고, 남성적이라고 생각하므로 육체적 활동이 많은 스포츠를 즐기고 경찰이나 운동선수 등의 직업을 가질 수도 있다. 결혼을 하지만 배우자에게는 공격적이지 않을 수 있으며 남성적인 이미지를 강화하기 위하여 다양한 혼외정사를 즐길 수 있다.

주변 사람들은 이들에 대해 성질이 급하고, 폭력적 기질을 가지고 있다고 평가할 수 있다. 이들은 강간에 대한 통제 불가능한 충동을 가지고 있고, 자신의 부인이나 모친 또는 기타 여성들과의 일련의 경험으로 여성에 대한 증오감을 가지며, 이 증오감이 분노감을 촉발시키고, 분노에 대한 보복적 행위가 강간의 형태로 나타나는 것으로 보인다.

FBI는 분노보복형 연쇄강간범은 주로 자신의 집 근처에서 강간을 저지르는 경향을 보여 강간이 우발적, 비계획적인 측면이 있다. 이들에게 강간은 성적 행위가 아니라 주로 분노의 표현이며, 강간시 피해자를 해치려는 의도로 폭력을 행사한다.

강간 과정에서 나타나는 폭력은 언어적 공격부터 신체적 공격에 이르기까지 다양하며, 피해자에게 상당히 음란한 말을 내뱉고 종종 피해자들의 옷을 찢기도 하며, 주먹과 발을 포함해서 닥치는 대로 흉기를 사용하여 피해자를 폭행한다.

이들은 피해자를 폭행하여 저항을 하지 못하게 만들고, 피해자에게 언어적 폭력을 퍼붓는다. 이는 자신의 성적 흥분을 고양시키는 동시에 피해자에게 공포와 두려움을 주기 위한 것이다. 이들은 피해자에게 항문섹스나 오럴섹스를 하거나 얼굴에 사정을 함으로써 더욱 모욕감을 준다. 이들의 피해대상은 자신과 같은 피부색으로 자신 또래의 연령대 혹은 약간 나이 많은 여성을 자신의 주거지 근처에서 주로 차를 타고 이동하면서 찾아다닌다. 이들은 범행 후 더 이상 피해자를 의도적으로 접촉하려는 시도를 하지 않는다.

분노가학형: 폭력적 · 성적 판타지

분노가학형 연쇄강간범(sadistic rapist)은 가장 위험한 강간범으로 이들에게 강간은 공격적인 환상을 성적으로 표현하는 것이라 할 수 있다. 이들은 대부분 반사회적 성격장애를 보이고 있으며, 일상생활에서도 상당히 공격적인 양상을 보인다. 이들은 공격과 폭력을 에로틱한 것으로 인식하고 있다.

대부분의 분노가학형 연쇄강간범은 편부모 가정 하에서 자랐고, 대다수가 아동기에 신체적 학대를 겪었으며, 많은 수가 성적 일탈 현상을 보이는 가정에서 성장한 것으로 나타났다. 이들은 관음증, 난잡한 성교, 과도한 자위행위와 같은 유년기 성적 병리 증세의 이력을 가지

분노가학형 연쇄강간범의 인구사회학적 특성

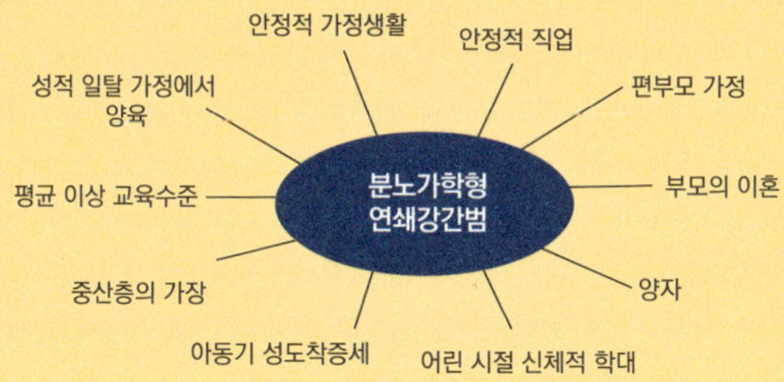

고 있다.[15]

선형적인 분노가학형 연쇄강간범은 결혼을 했고 주변에서는 그를 가정적이고 좋은 남편으로 인정한다. 상당수는 범죄율이 낮은 중산층 거주지역에 살며, 성공한 사람으로 인정을 받으며, 평균 이상의 교육을 받았으며, 전문직에 종사하고 있다.

이러한 유형의 강간범은 강박증을 보이는데, 이 요소는 프로파일링 과정에 있어서 특히 중요하다. 이들의 외모 및 차량은 잘 정리되어 있고 깨끗하며, 항상 최적의 상태를 유지하고 있다.

분노가학형 연쇄강간범은 지적이며, 범죄경력이 거의 없을 것이다. 그는 매우 치밀하게 강간을 준비하며, 일정지역에서 범행을 행하였더라도 그가 가진 지역의 평판 등으로 용의선상에서 배제될 수 있다. 즉 전과가 없고, 학식이 풍부하며, 사회적으로 인정을 받으며, 뚜렷한 증거를 찾기 힘든 점 등이 경찰의 수사망을 벗어나게 한다.

분노가학형 연쇄강간범에게 있어서 강간은 폭력을 표현하는 하나의 수단이다. 따라서 체포되지 않는다면, 이들은 궁극적으로 피해자들을 살해하기 시작한다.[16]

이들은 잘 손질된 차량을 이용해서 피해자를 스토킹한다. 이들은 피해자 선정을 신중하게 하며, 눈에 안 띄는 장소로 이동시킨다.[17] 이들은 집 주변을 벗어나 먼 장소까지 가서 피해자들을 선택하는 데 평균적으로 3마일 정도를 돌아다니는 것으로 나타났다. 그러나 체포 당시에는 이들 중 절반은 자신의 집 주변에서 범행을 하다가 체포되기도 한다.[18]

분노가학형 연쇄강간범은 피해자를 통제하기 보다는 공포심을 불러일으키기 위해 범행 중에 재갈, 테이프, 수갑 또는 기타 자잘한 기구들을 범행 중에 사용하며 피해자의 눈을 가려 공포심을 주기도 한다.

이들은 피해자들에게 극히 거칠고 모욕적인 언어로 그가 앞으로 무엇을 할 것인지를 설명하기도 하고, 피해자들을 폭행하는 동안 그의 부인 또는 어머니 등의 다른 이름으로 부르도록 한다.

또한 분노가학형 연쇄강간범은 의식(ritualistic)을 중요시 여기는 데 강간을 통하여 자신이 경험하고 싶은 욕구를 달성하기 위하여 일정한 계획에 따라 범행을 진행한다. 즉, 이들은 피해자들에게 자신이 성적으로 흥분할 수 있도록 특정한 단어를 말하도록 요구하거나, 성행위의 전희로서 오럴섹스를 강요하기도 한다. 이들은 사정 장애를 겪을 수도 있다.

이들은 치밀하게 강간을 계획하므로 종종 자신의 차량에 "강간 도구함(rape kit)"을 가지고 다니기도 한다.[19] 예를 들어 테드 번디(Ted Bundy)는 수갑, 얼음 송곳, 스키 마스크, 속옷으로 만든 마스크, 밧줄, 검은색 쓰레기 봉투와 타이어 교체 도구를 가지고 다녔다.

분노가학형 연쇄강간범은 범행을 지속하면서 더 피해자들을 효과적으로 스토킹하는 방법과 살해한 시체를 처리하는 보다 좋은 방법을 익힌다. 이들에게 살인은 2차적일 뿐이다. 테드 번디는 "단지 피해자들을 조용하게 하기 위해 살인을 했을 뿐"이라고 진술하였다.

분노가학형 연쇄강간범은 종종 가벼운 알코올 중독자이거나 기분

전환용 약물사용자들일 수 있다. 이들은 자신이 저지른 범죄에 대해 후회가 없고, 잡힐 때까지 범죄를 지속한다. 따라서 분노가학형 연쇄 강간범이 연쇄살인범이 되는 경우는 매우 자연스러운 현상이다.

'20대 여성 10명 성폭행' 박병화, 수원 전입 후 웃지 못할 '월세 지원론'

'수원 발바리' 박병화는 2002~2007년 수원시 권선·영통구 일대 주거지에 침입해 20대 여성 10명을 성폭행한 혐의로 징역 15년형을 선고받고, 2022년 10월 31일 만기 출소하여 화성시 봉담읍 수기리의 한 원룸에 거주해 왔다. 이곳은 수원대 후문과 약 200m, 수기초와 직선거리로 약 400m 떨어져 있는 곳이었다.

그러자 당시 화성 지역사회는 박병화 출소 당일부터 '퇴거 촉구' 기자회견과 집회를 잇따라 개최하는 등 격하게 반발했었다. 원룸 주인 A 씨가 그를 상대로 명도소송(토지 및 건물 인도 청구의 소)까지 제기했으나 끝내 패소했다. 이후 박병화는 2024년 5월 14일 S 타워로 이사했다. 이곳은 20층 규모 주상복합 오피스텔로, 총 251세대가 거주 중이다.

경찰은 박병화 이사 전날인 13일 오후 법무부 산하 수원보호관찰소로부터 '박병화 거주지 이전'을 통보받은 것으로 전해졌다. S 타워 주변은 수원지역 최대 유흥가인 인계동 중심 상업지역(인계박스)과 지하철역, 대형마트 등 유동인구가 많은 시설이 들어서 있다.

이 때문에 수원 지역사회 역시 같은 달 24일부터 '박병화 수원 퇴거 촉구 민관합동 집회'를 개최하는 등 집단 행동을 벌였다…중략…

초소·CCTV 설치… '박병화' 오자 투입된 예산 5억원

…박병화 기습 전입에 따른 시민 불안감이 걷잡을 수 없이 커지자 수원시는 '예비비'를 편성하는 등 즉각 대응에 나섰다. 예비비란 장래를 대비해 비축하는 자금으로, 일종의 비상금 성격이다. 예비비를 편성하기 위해서는 '예측 불가능성' '시급성' '보충성' 등 요건이 충족돼야 한다. 예비비 총 금액은 1억 3020만 원으로, △초소설치비 △초소운영비 △홍보물 △시민 안전 물품 구입 △운영비 △CCTV 및 비상벨 설치비 △인건비 등 7개 항목으로 나뉘어 편성

됐다. 화성시도 박병화가 머문 19개월 남짓 기간 동안 총 3억 4162만 원에 달하는 예산을 집행한 것으로 파악됐다.

수원시와 화성시가 박병화에 대응하기 위해 소요한 예산만 4억 7182만 원, 대략 5억 원에 육박하는 셈이다. 수원시 관계자는 "지자체 입장에선 시민 불안을 해소하기 위해서라도 CCTV 설치 등 예산을 투입할 수밖에 없다"고 말했다…한편 S 타워 관리 주체는 박병화에게 인근 오피스텔로 이사해 4년간 거주할 경우 2년치 월세를 지원하겠다는 제안도 한 것으로 알려졌다…

문제는 고위험 성범죄자는 앞으로도 계속 출소할 예정이라는 점이다. 법무부에 따르면 2022년 말 기준 고위험 성범죄자는 325명이다. 연도별 출소 예정 고위험 성범죄자는 △2023년 69명 △2024~2025년에 각각 59명으로 나타났다…

법무부는 지난해 10월 '한국형 제시카법'으로 불리는 고위험 성폭력범죄자의 거주지 제한 등에 관한 법률을 입법 예고하기도 했으나 21대 국회 임기 만료로 폐기됐다.

미국이 2005년 제정한 '제시카법'은 아동 대상 성범죄자는 출소 후 학교와 공원 등으로부터 약 610m 이내에 거주하지 못하도록 하고 있다…

자료: 뉴스1, 2024년 9월 15일자 보도. 재구성.[20]

참고문헌

1_Morton, R. J. (Ed.). (2005). Serial murder: Multi–disciplinary perspectives for investigators. Behavioral Analysis Unit–2, National Center for the Analysis of Violent Crime; Critical Incident Response Group/Federal Bureau of Investigation.

2_허경미. (2007). 연쇄강간범의 프로파일링 과정에 관한 연구. 교정연구, (34), 85–108.; 김지영, 박지선, & 박현호. (2009). 연쇄성폭력범죄자 프로파일링과 프로파일링 제도 연구. 형사정책연구원 연구총서, 23–333.; 김종오, & 유영현. (2007). 연쇄성범죄자의 심리분석에 관한 연구. 한국범죄심리연구, 3, 29–59.; 허경미, 범죄 프로파일링(criminal profiling) 기법의 효과적인 활용방안, 치안정책연구소, 2008.; 허경미, 현대사회와 범죄학, 박영사, 2016.

3_Blackburn. (1993). *The Psychology of Criminal Conduct*. Chichester: Wiley, p. 214; Helsham. (2001). The profane and the insane: An inquiry into the psychopathology of serial murder. *Alternative Law Journal*, 26(6), pp. 269–273; Petherick. (2006). *Serial crime: Theoretical and practical issues in behavioral profiling*, California: Elsevier, 144.

4_Planty, M., Langton, L., Krebs, C., Berzofsky, M., & Smiley–McDonald, H. (2013). Female victims of sexual violence, 1994–2010. Special Report.(No. NCJ 240655). Washington, DC: Bureau of Justice Statistics. US Department of Justice.

5_Bureau of Justice Statistics, Recidivism of Sex Ofenders Released from State Prison: A 9–Year Follow–Up (2005–14), 2019.

6_UNODC STATISTICS, https://data.unodc.org/

7_Groth, Burgess, & Holmstrom. (1977). Rape: Power, Anger and Sexuality. *American Journal of Psychiatry, 134(11)*, 1239–1243.

8_Holemes & Holmes. (1998). *Serial murder(2nd ed.)*. Thousand Oaks, CA: Sage Publications.

9_DeLisi, M., Caudill, J. W., & Trulson, C. R. (2014). Does childhood sexual abuse victimization translate into juvenile sexual offending? New evidence. Violence and victims, 29(4), 620–635.

10_Groth, Burgess, & Holmstrom. (1977). Rape: Power, Anger and Sexuality. *American Journal of Psychiatry, 134(11)*, 1239–1243.

11_Douglas, J. E., Ressler, R. K., Burgess, A. W., & Hartman, C. R. (1986). Criminal profiling from crime scene analysis. Behavioral Sciences & the Law, 4(4), 401－421.;Canter, D. V., & Wentink, N. (2004). An empirical test of Holmes and Holmes's serial murder typology. Criminal justice and behavior, 31(4), 489－515.; Holmes, R. M., & Holmes, S. T. (Eds.). (1998). Contemporary perspectives on serial murder. Sage.; Drukteinis, A. M. (1992). Serial murder－The heart of darkness. Psychiatric Annals, 22(10), 532－538.; Holmes, S. T., & Holmes, R. M. (2008). Sex crimes: Patterns and behavior. Sage Publications.; Holmes, R. M., & DeBurger, J. E. (1985). Profiles in terror: The serial murderer. Fed. Probation, 49, 29.; Petherick, W. (2009). Serial crime: Theoretical and practical issues in behavioral profiling. Academic Press.; criminal profiling methods.

12_Knight & Prentky. (1987). The developmental antecedents and adult adapatations of rapist subtypes. *Criminal Justice and Behavior, 14*, pp. 403－426; Petherick, W. (2009). Serial crime: Theoretical and practical issues in behavioral profiling. Academic Press.; criminal profiling methods.; Holmes, S. T., & Holmes, R. M. (2008). Sex crimes: Patterns and behavior. Sage Publication.

13_Kenney & More. (1994). *Principles of investigation*. Minneapolis, MN: West; Holmes, S. T., & Holmes, R. M. (2008). Sex crimes: Patterns and behavior. Sage Publication; Morton, R. J., Tillman, J. M., & Gaines, S. J. (2014). Serial murder: Pathways for investigations. Federal Bureau of Investigation, US Department of Justice.

14_Holmes, S. T., & Holmes, R. M. (2008). Sex crimes: Patterns and behavior. Sage Publication.

15_Kenney & More. (1994). *Principles of investigation*. Minneapolis, MN: West, p. 96.

16_Holmes, S. T., & Holmes, R. M. (2008). Sex crimes: Patterns and behavior. Sage Publication.

17_Ressler & Shachtman. (1992). *Whoever fights monsters*. New york: St. Martin's.

18_Warren, Reboussin, & Hazelwood. (1998). *Report to the nation on crime and justice*. Washington, DC: Government Printing Office.

19_Ressler, R. K., & Shachtman, T. (1993). Whoever fights monsters: My twenty years tracking serial killers for the FBI. Macmillan.

20_뉴스1, '20대 여성 10명 성폭행' 박병화, 수원 전입 후 웃지 못할 '월세 지원론', https://www.news1.kr/local/gyeonggi/5542321/

제3장

방화범 프로파일링

방화범 프로파일링을 위한 귀납적 데이터

방화(arson, incendiarism, malicious ignition)의 개념에 대해서는 매우 다양한 의견이 제기되고 있다. 베르네[1]와 메저슈밋[2](Beirne & Messerschmidt)은

서울 지하철 5호선 내부 방화 사건 진압까지

❶ **5월 31일 오전 8시 43분께**
서울 지하철 5호선 여의나루역~마포역 사이 터널 구간을 달리던 열차의 네 번째 칸에서 피의자 A씨 방화
(A씨, 약 2L 들이의 통에 인화성 물질 추정 액체 뿌리고 옷가지를 이용해 불을 붙임)

❷ 네 번째 칸 승객들, 열차 내부 흰연기 피해, 다른 칸으로 달려 이동하는 한편 비상통화 장치로 기관사에게 상황 전달, 객실 의자 하단에 있는 비상개폐 장치 이용해 열차 문 강세 개방

서울교통공사, 5호선 마포역·여의나루역 무정차 통과 및 여의도역~애오개역 간 열차 운행 중단

❸ 승객 400여 명 터널 통해 마포역 대합실 등으로 대피, 승객 21명 연기흡입·발목 골절 등 병원 이송

자료: 중앙일보, 2025년 6월 1일자 보도.

고의적으로 악의적인 감정을 가지고 사람 또는 재물에 불을 놓는 행위라고 정의하였다. FBI는 방화란 주택, 상가, 공공건물, 자동차, 항공기 등에 고의 또는 악의로 불을 내거나 불을 내려는 행위로 정의하고 통계를 제시하고 있다.[3] 현행 형법 제164조에서는 불을 놓아 사람이 주거로 사용하거나 사람이 현존하는 건조물, 기차, 전차, 자동차, 선박, 항공기 또는 지하채굴시설을 불태우는 것이라고 정의하고 있다. 그런데 방화는 자연 발화, 사고로 인한 화재 및 자연 산불과 같이 인위적이지 않은 원인에 의한 화재와는 구별되어야 한다.[4]

이와 같이 방화에 대한 정의는 그 차이가 있지만 대체로 주거나 건물 등에 고의로 불을 지르는 행위를 공통적 요소로 하고 있다. 따라서 "방화(arson, incendiarism, malicious ignition)란 고의 또는 악의로 화재를 일으켜 사람의 생명 및 재산에 위험을 가하는 범죄행위"라고 할 수 있으며, 이와 같은 방화를 행하는 범인을 방화범(arsonist, fire setter, fire offender)이라고 한다.[5]

방화에 관한 선행연구를 검토해보면 방화는 고의로 불을 질러 사람의 생명이나 재산을 훼손하는 이외에도 일정한 특징이 있다.[6] 첫째, 방화는 화재로 인해 모든 증거가 파괴되기 때문에 범인체포가 어려울 뿐만 아니라 범인에게 유죄판결을 내리기까지 많은 어려움이 있다.

둘째, 방화범의 범죄동기가 원한이나 보복 등 정신적 요인에 기인하는 경우에는 방화의 대상은 재산보다 사람을 대상으로 하는 경우가 많다.

셋째, 방화는 일반적으로 주택 내에서와 같이 은폐된 공간에서 주로 행해지기 때문에 발견이 늦다. 그리고 휘발유나 시너와 같은 인화성 물질을 촉매제로 사용하는 경우가 많아 그 피해범위가 크다.

넷째, 방화범의 연령대는 일반범죄와 마찬가지로 청년기와 젊은 장년기에 집중되어 있으나 아동기나 노년기에도 확산되는 추세를 보인다.

다섯째, 방화는 단독범행이 많고 공범에 의한 경우는 많지 않으나, 보험사기방화는 공범에 의한 경우가 많다.

2024년 범죄백서에 의하면 2023년을 기준으로 한국의 방화범 연령대는 50대 29.4%, 60대 이상 18.9%, 40대 18.0%, 30대 12.7%, 10~25세 5.8%, 26~30세 5.6%, 18세 이하 9.5% 등으로 나타나 50대 이상이 차지하는 방화사건이 48.3%로 압도적으로 높다.[7]

또한 방화범의 교육수준은 고등학교 정도가 39.6%로 가장 높았다.

미국의 경우 방화범 프로파일링을 위한 자료는 국립방화예방협회(National Fire Protection Association: NFPA)와 FBI에 의해 전국적으로 수집되는데 방화범의 체포율은 다른 경우보다 낮은 수준이다. 방화는 주로 남성에 의해 행해진다.

방화범의 프로파일

FBI는 연쇄방화범이란 3번 이상의 별도의 화재를 일으키고, 각 화재간에는 일정한 정서적 냉각기간(수 주 혹은 일 년 등)을 가지고 있는 것이라고 정의한다.[8]

FBI는 방화현장을 토대로 조직화된 방화범과 비조직화된 방화범을 구분하였다. 조직화된 방화범들은 정교하게 만들어진 발화장치(전자 시간조절 기계장치, 전자 시간조절 기폭제 등)를 사용하고 지문이나 족적 등 물리적 증거를 거의 남기지 않으며, 다양한 도구를 사용한다.

비조직화된 방화범들은 수중에 보유하고 있는 재료들을 사용하며, 성냥, 담배, 라이터 기름, 가솔린 등의 구하기 쉬운 촉매제를 사용하며, 필적, 족적, 지문 등의 물리적 증거를 많이 남긴다.

비조직화된 연쇄방화범의 방화현장은 보통 비조직적 범죄현장과 관련된 물리적 증거가 남겨지며, 범인은 가능한 범행현장에서 확보할 수 있는 것을 사용하여 불을 붙이지만, 발화원은 범인 자신이 직접 갖고 이동한다.

연쇄방화범은 대부분 남성이며, 일회성 방화범보다는 연소한 경우가 대부분이다. 주로 외톨이로 살지만, 그의 활동을 위한 지식 정도는 갖고 있다. 그는 낮은 교육수준을 가졌고, 성취욕 및 성취수준이 낮다. 대체로 가난하며, 인간관계가 서툴고, 사회적으로 부적응자라고 인식되어진다. 또한 대부분 해고경력이 있으며, 특별한 숙련된 전문성이나 기술능력을 갖고 있지 못하다. 약물이나 알코올 문제로 체포된 경력이 있고, 경범죄로 체포된 경력도 있는 경우가 대부분이다. 연쇄방화범은 현장지리에 익숙하며, 범행현장으로부터 반경 1마일 이내에 살고 있는 경우가 많다.

FBI는 방화의 동기를 기준으로 방화범을 구분하고 그 사회적 특징 및 행동적 특징을 제시하였다. 이러한 특징을 보고 방화현장의 물리적 자료 및 피해자 등의 진술 등을 확보하여 프로파일링 작업에 활용할 수 있다.[9]

방화범의 분류

FBI의 국립강력범죄분석센터(NCAVC는 「범죄분류편람(Crime Classification Manual)」)[10]에서 제시한 방화범의 범죄동기에 따른 방화범의 유형과 바톨(Curt R. Bartol)의 「범죄적 행태(criminal Behavior)」[11]에 제시된 내용을 중심으로 그 유형을 구분하기로 한다.[12] 이에 의하면 방화범의 범죄동기는 반달리즘, 흥분, 보복, 범죄은닉, 이익 등으로 분류할 수 있다.

반달리즘형: 무규범과 반항

반달리즘형 방화(vandalism motivated arson)란 기성사회나 기존의 질서에 대한 반발로 고의적 또는 악의적으로 재산의 파괴 또는 손상을 입히

FBI가 분류한 방화범의 유형별 특징과 차이

구분	반달리즘	흥분형	보복형	범죄 은폐형	영리형
연령	청소년	청소년	성인	성인	성인
사회적 계급	중하위계급	중류계급	하층계급	하층계급	노동자계급
범죄 시간대	오후	오후, 저녁	오후, 저녁	저녁	저녁, 아침
범죄 요일	주말	다양함	주말	이른아침 다양함	주말
동거 여부	부모	단독	단독	단독	단독
알코올 및 마약사용	없음	없음	있음	있음	있음
범죄의 근접성	1마일	1마일	1마일	1마일	1마일
단독 범행 여부	없음	있음	있음	없음	없음
범죄현장에 머무르는가?	도망	머무름	머무르지 않음	머무르지 않음	머무르지 않음
성적 동기	없음	없음	없음	없음	없음
교육수준	중학교	중학교	고등학교	고등학교	고등학교
직 업	없음	없음	있음	있음	없음
체포기록	청소년	있음	있음	있음	있음
결혼상황	싱글	싱글	싱글	싱글	싱글

고자 하는 동기에서 기인한다. 이 유형의 방화는 청소년이 많지만 성인의 경우에도 종종 발견된다.[13]

반달리즘으로 인한 청소년의 방화는 방화를 통하여 개인적인 만족감에 도취되기 위하여 행하는 경우가 있다. 그리고 집단화된 불량청소년이 소속집단에 대한 충성심을 표현하거나 다른 그룹 구성원들에게 자신들의 세력을 과시할 목적으로 떼를 지어 거리 등을 배회하면서 방화하는 유형 등으로 나누어 볼 수 있다.[14]

이들의 전형적인 방화대상은 교육시설이지만 때로는 주택이나 특정 건물, 물건 등도 목표가 될 수 있다. 이들은 저소득층 자녀일 가능성이 높고, 범죄 발생지역과 가까운 곳에서 살며(통상적으로 1마일 이내), 부모와 함께 살고 있는 어린 연령대일 가능성이 높다. 이들은 마약과 알코올을 남용하지 않는다. 성적 만족은 그의 범죄나 목표선택에서 유발요인이 되지 않는다. 대체로 오후와 주말 동안에는 평범하게 행동할 것이다. 주로 낮에는 학교에 있으므로 화재는 방과 후에 발생한다.

선거 관련 시설 방화 시도 (2024년)

개표함 방화 사건: 2024년 10월, 미국 대선을 앞두고 워싱턴, 오리건, 애리조나주에서 투표함(ballot drop boxes)에 대한 방화 사건이 연쇄적으로 발생했다. 이 사건들은 수백 장의 투표 용지를 훼손했으며, 민주주의 과정에 대한 직접적인 위협으로 간주되었다.

숭례문 방화사건(2008)

2008년 2월10일. 대한민국 국보 1호 숭례문에서 연기가 피어올랐다. 소방차 32대와 소방관 128명이 동원됐지만, 숭례문은 화재 5시간 만에 허무하게 무너졌다… 숭례문은 사고 후 5년 3개월의 복원 작업 끝에 2013년 5월 다시 개방됐다. 국민 혈세 225억원이 투입됐다. 토지 보상 금액이 적다는 이유로 홧김에 숭례문에 방화를 저질렀던 70세 채모 씨는 징역 10년을 선고받은 후 2018년 만기 출소했다.

자료: https://en.wikipedia.org/wiki/Political_violence_in_the_2024_United_States_presidential_election; 머니투데이, 화풀이로 '숭례문' 잿더미 만든 노인 "복원하면 되지"…혈세 225억 활활, 2024년 2월 10일자 보도.

이 유형은 불을 낸 후 화재 현장에서 도망치거나 현장으로 되돌아가지 않는 경향이 있다.

반달리즘형은 또한 문화재가 기념비적인 건물, 시설 등에 대해 "불"을 수단으로 공격하는 경우도 있으며, 종교적 신념, 정치적 이념 등이 촉진제 역할을 하기도 한다.

흥분형: 존재감과 쾌감

흥분형 방화(excitement motivated arson)란 스릴과 자기존재감 부각, 성적 흥분 등을 목적으로 방화를 하는 경우이다. 이 유형은 사람을 해치기 위해서 불을 지르는 경우는 드물고, 불타는 모습을 안전하게 관찰할

박정희 생가 방화 40대 항소심 징역 3년으로 감형 …

박정희 전 대통령 생가에 불을 지른 40대 백모씨에게 법원이 항소심에서 징역 4년 6개월을 선고한 원심을 파기하고 징역 3년을 판결했다. … 중략 …
그는 당시 범행동기를 두고 "박근혜가 하야 또는 자결을 선택해야 하는데 아무것도 하지 않아 방화했다"고 진술했다. … 백씨는 지난해 11월 30일 오후 1시 17분께 방화를 목적으로 경남 합천군 율곡면 전두환 전 대통령 생가에 침입한 혐의도 받고 있다. 실제 불을 지르지는 않았다. … 중략 …
그는 1, 2심에서 "최순실 사태로 인한 박근혜 전 대통령의 하야를 촉구하기 위한 국민적 의무를 이행한 정당행위에 해당한다"고 주장했지만, 재판부는 이를 받아들이지 않았다. … 중략 …

자료: 연합뉴스, 2017년 8월 29일자 보도

수 있는 장소를 선택하여 불을 구경하거나, 불을 구경하는 사람들 속에서 주변 사람들의 당황하는 모습을 보고 즐기기도 한다.

이 유형은 대부분 청소년 또는 젊은 성인 연령대에 집중되어 있고, 중산층의 부모와 함께 살고 직업이 없는 경우가 많다. 또한 대인관계가 활발치 못한 소극적인 성격인 경우가 많다.

이들은 관심과 존재감을 갈망하고, 필요로 하는 관심을 획득하는 수단으로 불을 낼 곳을 찾는다. 그는 불을 내고 인진한 거리에서 화

치악산 인근 5차례 '연쇄 방화' 30대 구속

원주경찰서는 A(30대)씨를 산림보호법 위반 등의 혐의로 검거해 구속했다고 10일 밝혔다. 법원은 증거인멸과 도주 우려가 있다고 판단해 영장 발부를 결정했다. A씨는 지난달 26일부터 지난 6일까지 강원도 원주시 소초면 치악산 인근에서 5차례에 걸쳐 산과 밭 등에 자신의 라이터로 불을 내 약 198㎡ 면적의 나무와 잡풀 등을 태운 혐의를 받고 있다… 경찰은 화재 발생 장소가 모두 치악산 일대의 인적이 드문 장소인 점, 화재가 발생할 만한 특별한 요인이 없었던 점 등을 근거로 방화 가능성을 염두에 두고 수사를 벌였다.

이후 주변 탐문수사와 인근 폐회로텔레비전(CCTV) 영상 분석 등으로 유력 용의자를 특정해 지난 6일 치악산 인근에 잠복해 있던 중 오후 3시께 나뭇가지에 불을 붙여 밭둑에 던지는 A씨 모습을 발견하고 현장에서 체포하고 불도 진화했다.

자료: 한겨레신문, 2025년 4월 10일 자 보도. 재구성.[15]

재 현장을 지켜본다. 불을 내는 대상은 야산, 자동차, 건축현장의 건축기자재, 주거지 등이다. 나이에 따라 발화장치가 다른데 젊은 경우는 간단한 것을 사용하나 나이가 들면 복잡한 것을 즐겨 이용한다.

이 유형의 젊은 방화범은 종종 범죄경력이 있으며, 나이가 많은 범죄자들은 장기간의 수감경력이 있다. 이들은 주로 단독으로 저지르지만 특별한 경우에는 다른 동료들과 함께 방화를 한다.

그러나 성적 흥분을 위해서 방화를 하는 경우에는 단독범이 대부분이고, 화재현장이나 진압장면 등을 즐겨 관찰하며, 성적 쾌감을 즐기는 경향이 있다. 종종 사정을 하며, 심지어 화재진압이 끝난 후에도 현장을 찾아 성적 쾌감을 갈구하는 경우도 발견된다.

보복형: 복수와 원한

보복형 방화(revenge motivated arson)란 대인관계에서 원한을 가져 이를 보복하는 수단으로 방화를 하는 경우이다. 이 유형은 다른 동기에 의한 방화의 경우보다 매우 계획적이며, 일회적으로 방화를 행하는 경우가 많다. 보복을 위하여 방화를 선택한 것이므로 몸과 마음이 심하게 흥분되어 있고, 용기를 얻기 위하여 술이나 약물을 복용한 상태에서 행동하는 경우가 대부분이다. 이들은 매우 치밀한 계획을 세워 방화를 하고, 방화의 결과가 참혹하며, 방화범 스스로 자신도 방화로 인해 파멸할 각오를 한다.[16]

보복의 내용에 따라 개인적인 원한관계, 사회활동의 문제, 법이나 제도에 대한 불만으로 인한 보복 등 매우 다양하므로 방화범의 범죄 동기 중 가장 많이 나타난다.

복수로 불을 내는 자는 상대방(사회나 국가일 수도 있다)에게서 손해를 당했다고 생각하면서 방화를 통하여 복수한다는 뚜렷한 동기가 있다. 이들의 방화는 주로 일회적으로 발생하며 복수 대상은 특정한 거주지, 회사, 시설, 정부기관 등 다양하다.

…2019년 7월 18일 오전 10시경 일본 교토부 후시미구의 교토 애니메이션 제1스튜디오 방화 사건으로 36명이 사망하고 33명이 부상했다. 범인인 아오바 신지(45세)는 교토 애니메이션 측이 공모를 통해 접수한 자신의 소설을 도용한 것을 복수하기 위해 방화를 했다고 수사기관에 진술한 것으로 알려졌다. 그러나 교토 애니메이션 측은 소설 공모 당시 아오바가 두 점을 응모한 사실은 있지만, 형식이 제대로 갖춰지지 않아 1차 심사를 통과하지 못했으며 회사 작품과의 유사성도 없다고 밝혔다…

살인과 방화 혐의 등으로 기소된 아오바 신지는 2025년 1월 27일 오사카 고등재판소(고등법원)에 항소 취하서를 제출했다. 이로써 그는 사형이 확정됐다.

자료: 연합뉴스, 36명 사망' 日교토방화범, 항소 취하로 사형 확정, 2025년 1월 29일자 보도. 재구성.; https://www.youtube.com/watch?v=AIJSyu1rmME.

이 방화범은 통상적으로 저소득층이 많지만 반달리즘형 방화범이나 흥분형 방화범보다는 더 높은 교육수준을 가진 경우가 많다. 여성이 방화범일 경우 이 유형이 절대적으로 많다. 그녀는 옛 애인이나 남편의 의류나 침구류 등 남성에게 소중한 것에 불을 지름으로써 복수를 꾀한다. 복수형 방화범은 종종 주말 오후, 저녁 또는 이른 아침 시간에 범죄를 저지른다. 이들은 화재현장에서 멀리 도망쳐 현장에 나타나지 않는다. 이 유형의 방화범은 자기통제력이 낮아 자주 술을 마시는 상태에 있다.

복수형에게 있어 성(sex)은 방화의 직접적인 동기유발요인이 아니며, 대부분 자신에 대한 모욕, 불이익이 보다 직접적인 원인이며, 모욕이나 불이익은 실제 발생한 것일 수도 있고, 또는 정신장애적 피해의식에서 비롯된 것일 수도 있다.

범죄은폐형: 이차적 범행

범죄은폐형 방화(crime concealment motivated arson)란 일차적으로 행한 다른 범죄를 숨기려는 목적으로 불을 지르는 경우로, 방화는 이차적인 범죄행위가 된다.[17] 즉 살인·강도·절도 등의 범죄증거를 없애기 위해 고의적으로 불을 지르거나 자신에 대한 불리한 기록을 없애기 위한 목적으로 공공기관이나 사무실 등에 불을 지르기도 한다. 또는 건물이나 주택 등에 침입하여 강도를 할 동안 관심을 돌

살인 숨기려 방화까지… 무기징역 선고

부산고법 울산제1형사부는 강도살인과 현존건조물방화, 사체손괴 등의 혐의로 기소된 A씨의 항소를 기각했다고 25일 밝혔다. A씨는 1심에서 무기징역을 선고받았다…

A씨는 2021년 11월 울산 남구의 B씨 집에서 향정신성의약품 성분이 든 양주를 먹인 뒤 B씨가 잠들자 이불을 이용해 숨을 쉬지 못하게 하는 방법으로 살해한 혐의로 기소됐다.

범행 후 A씨는 B씨가 화재로 숨진 것처럼 꾸미기 위해 방안에 불을 질러 시신까지 훼손했다… A씨는 B씨와 2020년 7월부터 친한 관계를 이어왔다. 그러다 B씨의 계좌에 193만원 정도의 돈이 있다는 것을 알고, 휴대전화 요금 납부와 모자란 생활비 등에 사용하기 위해 몰래 여자친구 계좌로 빼돌렸다. 이를 알게 된 B씨가 경찰에 신고했다고 하자 돈을 되돌려 줄 것처럼 해 범행을 저질렀다… A씨는 B씨 살해 후 피해자의 휴대전화로 16차례에 걸쳐 115만원 상당의 게임 아이템을 구입하고, 피해자 명의로 154만원의 난기대출을 받기도 했다…

자료: 머니투데이, '200만원 때문에'… 호의 베푼 지인 살해하고 불까지 지른 30대, 2023년 4월 23일자 보도.

리기 위한 수단으로 방화를 하는 경우도 있다. 보험금을 타내기 위한 위장자살을 은폐하는 수단으로 방화를 하는 경우도 있다. 이 유형의 방화범들은 자신의 범죄은닉 이외에는 타인의 안전이나 재산상의 손실 등에 대해서는 무관심하고 냉혹하고 잔인한 면을 보인다.

이 유형의 범죄는 대부분 석유류를 이용한다. 범죄자는 지능이나 학식이 높지 않으므로 본래의 1차 범죄증거를 완전히 없애지는 못하며, 범행현장은 비구조적인 경향을 보인다. 따라서 방화현장에서 많은 물리적 증거를 찾을 수 있다.

범죄은폐형 방화범은 대체로 빈곤층에서 성장한 성인 남성이고, 저녁이나 이른 아침 시간에 범죄를 행하며, 혼자 살며, 범죄현장에서 약간 더 떨어진 곳에서 산다. 이들은 전과경력이 있을 수 있으며, 대부분 불을 낸 즉시 범죄현장에서 도망친다.

이들에게 있어 성(sex)은 일차적인 동기유발 요인(motivating factor)이 아니며, 살인, 주거침입, 자동차 절도 등의 다른 범죄의 증거를 없애는 것이 방화원인이다. 단독으로 범행을 하며, 방화가 살인을 감추기 위한 것이라면 방화는 일회성으로 끝나지만, 다른 범죄를 감추기 위한 것이라면 연쇄방화범이 될 수 있다. 이들은 범죄시 알코올이나 약물을 사용함으로써 의식적으로 통제력을 상실시키려 한다.

영리형: 냉혹한 에고이스트

영리형 방화(profit motivated arson)란 직접적이든 간접적이든 물질적인 이득을 얻기 위해 방화를 저지르는 경우이다. 이 유형의 방화범들은 모든 유형의 방화범 중에서 정서적 또는 심리적 요인이 가장 적게 작용한다. 방화는 매우 조직적이고 치밀한 생각의 결과에서 발생한다. 이 유형의 범죄자는 대부분이 25~40세의 남자이고 무직자이면서 혼자 살며, 강도·폭행 등의 범죄경력이 다양하고, 다른 범죄와 연루되

수억대 화재보험 노린 고의 방화범 …

논산경찰은 수억원대의 화재보험에 가입한 후 자신의 카센터에 두 차례에 걸쳐 고의로 불을 내는 등 모두 8회에 걸쳐 총 3억 7,000만원의 보험금을 타낸 피의자 A씨(43) 등 8명을 입건했다. … 중략 …
경찰에 따르면 피의자 A씨 등 2명은 지난해 3월 15일 운영하고 있던 카센터에 방화 후 보험사로부터 2억 2,000만원의 보상금을 받아냈으며 지난 4월 10일 카센터에 신나를 뿌리고 '타이머'를 설치해 고의로 화재를 일으킨 후 보험사에 보상금을 신청했다 경찰에 덜미가 잡혔다.
경찰은 화재가 발생했던 카센터에서 원인미상의 화재가 연속해 발생하고 신나 성분이 검출되는 등 고의적인 방화 의심 정황이 들어나 수사를 진행한 끝에 보험금 편취 목적의 방화임을 밝혀냈고, 추가로 6회에 걸쳐 자동차사고로 위장해 모두 1억 500만원을 보험사로부터 받아낸 것으로 밝혀졌다. … 중략 …

자료: 아시아뉴스통신, 논산경찰, 수억대 화재보험 노린 고의 방화범 검거, 2017년 2월 10일자 보도

어 체포되는 경우가 많은 것으로 나타났다.

그런데 보험금을 타내기 위해 방화하는 사람들은 자신이 아주 조직적이라고 생각하나 실제로는 조직적이지 못하고, 지능이 평균정도이며, 사회적으로 혹은 직업적으로 뒤처져 있는 상태가 대부분이다. 이 유형의 방화는 치밀한 사전계획에 의해 행해지며, 어떤 재산이나 물건을 완전히 소각하는 것이 목표이므로 재산피해는 크지만 사람을 대상으로 방화를 행하는 경우는 상대적으로 적다.[18]

화재 시간대는 대체로 근무시간 이후, 저녁 또는 이른 아침 시간이다. 그들은 범죄의 은폐 및 성적 이유에 동기부여되지 않고, 또한 복수도 포함되지 않는다. 이들의 동기는 이익(돈)이다. 주로 범죄현장 인근에 거주하며, 자동차를 이용하여 움직이는 경향을 보인다.

한국의 연쇄방화범 프로파일

한국형사·법무정책연구원이 2001년부터 2011년까지 10년 동안 한국의 연쇄방화사건에 대한 분석 및 방화범 면담을 통하여 연쇄방화사건에 대한 프로파일링 보고서를 제시하였다.[19]

이 보고서는 방화범 410명의 방화사건 기록 978건을 조사하고, 이 가운데 교도소에 수감중인 41명의 연쇄방화범과 면담을 실시하여 정리한 것이다. 이 연구는 방화사건의 기록분석 및 연쇄방화범과의 직접적인 면담을 통하여 일정한 특징을 도출해 냈다는 점에서 그 의미가 크다. 이 연구는 방화범을 연쇄형과 비연쇄형으로 구분하여 그 특징을 다음과 같이 제시하였다.

인구사회학적 배경

연쇄방화범은 대부분 남성이고 30대 이하의 비율이 약 60% 이상이며 중졸 이하의 비율이 40% 이상으로 교육수준이 낮은 편으로 나타났다. 범행 당시 신체장애와 정신 질환 및 정신장애가 없는 정상인, 미혼, 일정한 주거지에서 부모와 함께 살며 단순노무직에 종사하고 있는 경우가 많았다.

연쇄방화범의 성장은 친부모에 의해 양육된 비율이 50% 이상이었으며, 가족 간 관계는 원만하지 않은 경우가 절반 이상이었으며, 아동기 학대 경험과 가출 경험이 10% 정도로 나타났다.

연쇄방화범은 다른 범죄경력을 가진 경우가 전체의 약 60% 이상을 차지하였고, 4범 이상의 비율이 높았고, 방화와 같은 동종 전과를 가진 비율은 약 13%로 나타났다.

한편, 연쇄방화범과 비연쇄방화범과의 뚜렷한 차이를 보이는 배경은 연령과 혼인상태 그리고 어릴적 학대 경험이었다. 즉, 연쇄방화범

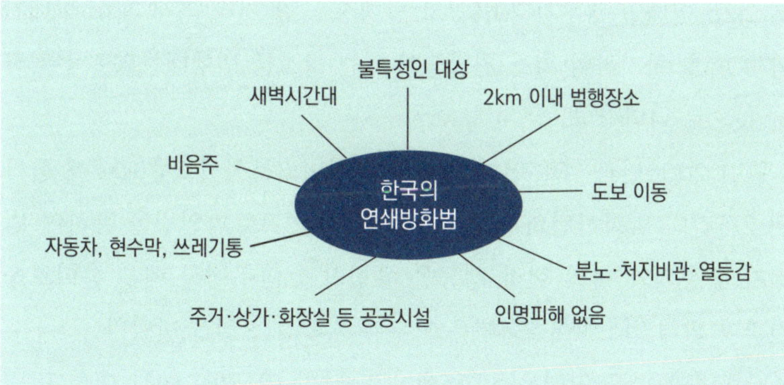

은 비연쇄방화범에 비해 연령이 낮았고 미혼 상태와 어릴 적 학대경험이 있는 경우가 많았다.

사건의 특징

연쇄방화사건의 특징은 크게 범죄처리의 과정과 결과, 범행동기 그리고 피해자와의 관계 등으로 구분할 수 있다.

먼저, 연쇄방화사건에 대한 처리과정과 결과에서 나타난 특징이다. 연쇄방화사건은 경찰이 인지하거나 탐문수사를 통해 3일 이내 범인이 검거되는 경우가 많았고 수사과정에서 피의자가 구속되는 경우가 대부분이며 정식재판을 거치는 경우가 90% 정도로 나타났다. 유기징역이 90% 이상이었고 징역 3년 정도가 가장 많았다.

또한 연쇄방화사건은 사전에 범행에 대한 계획없이 음주 후 단독으로 새벽에 소지하고 있던 라이터를 이용해서 불을 지르는 경우가 많았다. 범행대상은 실내인 경우(50.6%)가 실외인 경우(49.4%)보다 약간 많았다. 실외에서는 주로 쓰레기통, 버려진 물건, 자동차, 현수막 등에 불을 지른 것으로 나타났다. 실내에서는 주거지와 상가 및 가게, 화장실과 같은 공공시설 등이었다. 사건 발생장소는 피의자의 주거지로부터 2km 이내인 경우가 70%였고 범행장소 간 거리 역시 2km 이내가 약 90%를 차지하여 평소 친밀성이 있는 장소를 범행대상으로 선정하는 것으로 나타났다.

한편 2006년과 2015년 사이에 과학적범죄분석시스템(SCAS)에 등록된 275건의 방화사건의 범인 134명에 대한 프로파일링을 통하여 범죄자의 동기와 범죄 현장 행동을 유형화한 연구에서 매우 흥미로운 결과가 밝혀졌다.[20] 이 134명은 모두 유죄확정 판결을 받았다.

방화범의 평균 연령은 37.65세이고, 남성 124명(91.2%)과 여성 10명(7.4%)이며, 미혼 68.4%, 기혼 19.1%, 이혼 8.1%로 나타났다. 40%는 무직이고, 20.5%는 블루칼라 노동자, 16.2%는 서비스업, 6.6%는 학생, 2.9%는 금융 또는 화이트칼라 직종에 종사했다. 피해자와의 관계에 있어서 55%는 낯선 사람이었고, 거의 40%는 아는 사람이었다.

재산 범죄 39%, 폭행 29.4%, 방화 14.7% 및 성폭행 6.6% 등의 범죄경력을 가지고 있었다.

방화 사건은 세 가지 범주로 그룹화되었다. 66.9%(91명)는 초범이었고, 23.5%(32명)는 연쇄방화범이었으며(동일한 범죄자가 냉각 기간으로 구분된 다른 시간/장소에서 최소 3건의 사건을 저지른 것)이었고, 9.6%(13명)는 연쇄 사건(동일한 범죄자가 냉각 기간 없이 두 건 이상의 방화를 저지른 것)으로 분류되었다.

참고문헌

1_Dehaan. (1991). *KIRK'S Fire Investigation*. Englewood Cliffs, New Jersey: Prentice-Hall, Inc., 323; Douglas, J., Burgess, A. W., Burgess, A. G., & Ressler, R. K. (2013). Crime classification manual: A standard system for investigating and classifying violent crime. John Wiley & Sons.

2_Beirne & Messerschmidt. (1995). *Criminology*. NY: Harcourt Brace. 163.

3_http: //www.fbi.gov/ucr/cius_02/html/web/offreported/02-narson11.html

4_Mike Groen, W. J., & Berger, C. E. (2017). Crime scene investigation, archaeology and taphonomy: reconstructing activities at crime scenes. Taphonomy of Human Remains: Forensic Analysis of the Dead and the Depositional Environment: Forensic Analysis of the Dead and the Depositional Environment, 476-494.

5_허경미, 범죄 프로파일링(criminal profiling) 기법의 효과적인 활용방안, 치안정책연구소, 2008.; 허경미, 현대사회와 범죄학, 박영사, 2016.; 허경미, & 박소은. (2006). 방화범의 범죄동기에 관한 연구. 한국범죄심리연구, 2, 53-74.

6_U.S. Fire Administration. (2011). Working Together to Extinguish Serial Arson. U.S. Fire Administration.

7_법무연수원, 범죄백서, 2025, 78.

8_Douglas, Burgess, Burgess, & Ressler. (1992). Crime Classification Manual, Lexington, MA: Lexington; Douglas, J., Burgess, A. W., Burgess, A. G., & Ressler, R. K. (2013). Crime classification manual: A standard system for investigating and classifying violent crime. John Wiley & Sons.; https://ucr.fbi.gov/crime-in-the-u.s/2015/crime-in-the-u.s.-2015/offenses-known-to-law-enforcement/arson

9_Douglas, Burgess, Burgess & Ressler. (1992). Crime Classification Manual, Lexington, MA: Lexington; Sapp, Huff, Gary Lcove & Horbert(1992), A Report of Essential Findings From a Study of Serial Arsonists, Unpublished manuscript 재구성.

10_Douglas. (1997). *Crime classification manual*. San Francisco, CA: Jossey-Bass, 167-189; Douglas, J., Burgess, A. W., Burgess, A. G., & Ressler, R. K. (2013). Crime classification manual: A standard system for investigating and classifying violent crime. John Wiley & Sons.

11_Bartol, A. M., & Bartol, C. R. (2014). Criminal behavior: A psychological approach. Boston: Pearson.

12_국립강력범죄분석센터(NCAVC)는 방화에 대한 선행연구 및 실제방화사건, 수감된 방화범들에 대한 인터뷰 자료 등을 근거로 방화범의 동기를 일곱 가지로 분류하였다. 이 센터는 범죄인의 동기에 대한 분석은 범죄를 이해하는 가장 기본적인 요소로 보며, 특히 범죄동기를 통하여 범인의 인성과 특성을 파악할 수 있다고 본다. 이때 동기란 특정한 행동을 유발하는 데 영향을 주거나 이를 촉진하는 내적인 요소 또는 충동이라고 정의한다(Douglas, et al., 165).

13_Federal Emergency Management Agency. (2002). *Incendiary Fire Analysis and Investigation*. New York: Federal Emergency Management Agency. 2-6.

14_U.S. Fire Administration. (2011). Working Together to Extinguish Serial Arson. U.S. Fire Administration.

15_한겨레신문, 치악산 인근 5차례 '연쇄 방화' 30대 구속, https://www.hani.co.kr/arti/area/gangown/1191719.html/

16_Sapp AD et al. n.d. A motive-based offender analysis of serial arsonists.http://www.interfire.org/features/serialarsonists/Motive_based/cover.asp/

17_Ressler, Burgess, & Douglas. (1988). Sexual homicide: Patterns and motives. Lexington, MA: Lexington Books;

18_Kuhn. (2004). Arson Prevention: Motives and Mitigation Programs. Fire Engineering, 114.

19_박형민 외. (2012). 방화범죄 실태에 관한 연구. 형사정책연구원 연구총서 2012-10, 55-61.

20_Hewitt, A. N., Beauregard, E., & Sea, J. (2021). Motivation and crime scene behavior in Korean fire setting: a new typology.Policing: *An International Journal*, 44(5), 756-771.

제4장

지구촌의 증오, 제노포비아 프로파일링

제노포비아(Xenophobia)는 그리스어인 Xenos(strange, foreigner)와 Phobos(fear)의 합성어로서 이방인에 대한 두려움(Fear of the stranger)으로 해석할 수 있지만, 실제로는 이방인에 대한 혐오감(Hatred of strangers)으로 쓰인다. 즉, 제노포비아란 특정한 사회의 주민들이 외국인 또는 타 지역출신자에 대하여 행하는 적대적인 태도라고 정의할 수 있다.[1]

자료. The Crown Prosecution Service, https://www.cps.gov.uk/crime-info/hate-crime/

Huge numbers march against racism and fascism in France

The turnout marks a breakthrough for the anti-racist movement in the battle against racism and fascism

자료: socialistworker, https://socialistworker.co.uk/anti-racism/hundreds-of-thousands-join-anti-racism-protests-in-france/

제노포비아는 종종 인종차별, 성소수자(LGBT) 혐오, 장애인 혐오 등의 모습으로 나타나지만, 특히 인종, 정치적 이념, 종교 등의 차이에 따른 편견, 선입감이 매우 뚜렷하게 외부에 표출되며 공격적 양상을 띠게 된다.[2]

나치즘(Nazism)과 파시즘(Fascism) 역시 인종과 종교, 정치적 차이에서 오는 반감을 바탕으로 차별(Discrimination)과 증오, 편견(prejudice)을 가지고, 상대방에 대해 적대적인 태도를 보이는 제노포비아의 한 형태라고 할 수 있다.[3]

이와 같이 제노포비아는 때로는 일탈된 행동으로 때로는 범죄자의 양태로 나타나며, 범인은 평범한 시민에서부터 특정한 신념과 종교, 정치적 이념 등을 추구하는 강박증적인 사고를 가진 폭력사범 등 매우 다양한 모습으로 존재할 수 있다. 현실적으로는 증오범(hate criminal)의 모습으로 분류될 수도 있다.

성소수자에 대한 혐오범죄의 지속적인 증가,[4] 일본 극우주의자들의 지속적인 반한시위,[5] 중국의 반일시위,[6] 독일 네오나치주의자들의 시위,[7] 코로나 바이러스로 인한 아시아인 혐오[8] 등에서 나타나는 것처럼 제노포비아 현상은 지구촌시대를 살아가는 인류에게 던져진 해결과제라 할 수 있다.

제노포비아는 식민지시대 이후 지배자와 피지배자 관계의 형성 및 이로 인한 사회경제적 지위의 차별 등에서 오는 증오와 지구촌시대에 새로운 일자리를 찾아 이동하는 이주노동자들과 기존 사회구성원 간의 경쟁이 낳은 갈등 등이 주요 동기라는 것에는 대체로 인식을 같이한다. 따라서 제노포비아적(Xenophobic)인 또는 차별적인 행위는 사회 구성원 모두에게 동시에 나타나는 것은 아니며, 구성원 중 일부라도 다른 인종, 민족, 지위, 문화, 종교 또는 성적 태도에 대해 차별적인 또는 적대적인 태도로 나타나는 특징이 있다.

증오범 프로파일링을 위한 귀납적 데이터

제노포비아, 즉 증오범의 이유에 대한 설명은 두려움이론(Fear Theory) 및 접촉이론(Contact Theory)으로 크게 나눌 수 있다.[9]

두려움이론은 제노포비아의 원인이 두려움이라는 것으로, 즉 이질적인 종교와 문화, 인종, 경제력 등이 다른 사람들이 자신들의 국가, 사회, 종교, 경제, 안전 등을 위협할 것이라는 두려움에서 상대방에게 적대감을 갖는다는 것이다. 접촉이론은 종교와 문화, 인종, 경제력 등이 차이가 있는 사람 간 접촉할 기회부족으로 서로를 잘 이해하지 못함으로써 상호 적대감이 형성되어 결국 상대방을 거부하고 혐오한다는 것이다.

따라서 두려움이론과 접촉이론을 검증하는 많은 연구들이 이루어졌다.

특히 독일과 미국 등 다문화가 이미 형성된 서구사회에서 많은 연구가 진행되었으며 이를 증오범 사건의 프로파일링시 활용할 수 있다.

폴락(Detlef Pollack)은 독일의 제노포비아의 원인에 관한 연구에서 구동독인들의 이슬람에 대한 적대적 감정이 구서독인들보다 상대적으로 높은 것은 구동독인들의 이슬람과의 일상적인 접촉기회가 부족했던 것이 그 원인이라고 지적했다. 특히 그는 구동독인들이 지역사회 공동체에서 이슬람을 자주 접하지 못하면서도 미디어를 통하여 부정적인 뉴스 및 묘사, 드라마나 영화 속 악당 캐릭터 등에 노출됨으로써 이슬람을 기독교 사회를 위협하는 존재로 인식하게 되었다는 것이다.[10]

리지렌(Jens Rydgren)은 프랑스와 스웨덴의 제노포비아의 원인에 관한 연구에서 제노포비아를 지향하는 극우정당의 출현 및 이들의 활동에 의하여 영향을 받는 시민의식의 변화를 제노포비아의 원인이라고 주장하였다. 즉, 시민들은 정교하게 계획된 극우주의적인 정책 및 입법을 추구하는 정당 등을 접하면서 종교 및 문화 등이 다른 집단에 대하여 차별적인 사고와 행동을 구축해나간다는 것이다.[11]

크라우스(Nicole Butkovich Kraus)와 히레라(Yoshiko M. Herrera)는 러시아인들의 국수주의 및 정교도적인 문화가 제노포비아에 영향을 미치는지를 연구하였지만 직접적인 상관성은 나타나지 않았다.[12]

한편 오므젠(Reidar Ommundsen) 등은 노르웨이 학생들을 대상으로 이민자들에 대한 제노포비아 영향요인에 관하여 연구하였다. 이들의 연구에서 이방인과의 공동체의식은 제노포비아에 별 영향을 주지 않고, 오히려 최근에 만났던 이방인과의 부정적 경험이 제노포비아와 상관성이 있는 것으로 나타났다. 또한 이방인과의 비공식적인 만남이 적은 경우에 이방인과의 공동체의식이 낮았고, 이방인과의 좋은 만남은 공동체의식을 더 강화하는 것으로 증명되었다.[13]

페레라 등(Cícero Pereira et al.)은 유럽의 21개국에서 시민들의 편견과 차별에 영향을 주는 것이 무엇인가를 조사한 결과 두려움보다 외국인에 대한 거부감이 더 영향을 준다고 주장하였다.[14] 또한 같은 연구에서 이민정책에 대하여 다른 정책을 취하고 있는 스위스와 포르투갈 시민들을 대상으로 한 비교연구에서는 두려움이 편견과 이민자에 대한 적대감에 영향을 주는 것으로 나타났다. 따라서 이 연구는 시민들의 외국인에 대한 두려움은 외국인 차별 및 적대적인 이민정책 등을 합리화는 요소로도 작용할 수 있음을 보여주었다.

한국에서는 제노포비아의 원인을 외국인혐오 및 경제적 불안에서 찾은 장명학의 연구(2006)[15] 및 이방인에 대한 배타성으로 설명한 김용신의 연구(2012),[16] 한정된 노동시장 및 배타적인 이민정책 등에서 찾은 송태수의 연구(2006)[17] 등이 있다. 또한 제노포비아의 한 현상으로 증오범죄의 가해자 및 피해자의 심리를 분석한 허경미의 연구(2012)[18] 등이 있다.

이와 같이 제노포비아의 원인에 관한 연구들을 종합해볼 때 제노포비아는 이방인에 대한 두려움보다는 접촉의 부족에서 오는 편견이 낳은 태도라는 공통된 결과를 확인할 수 있다. 또한 대중매체 등을 통하여 얻은 부정적인 묘사에서 자연스럽게 학습된 왜곡된 정보로 인하여 이방인 등에 대한 두려움이나 적대감이 더욱 강화되고, 이것이 현실에서 반이민정책 및 귀화자에 대한 차별 등의 행태로 나타날 수 있다는 것도 입증된다. 나아가 한정된 노동시장에의 외국인 및 이민자들의 고용비중이 늘어나 실직이나 저임금 등을 야기할 수 있다는 두려움 등도 중요한 제노포비아의 요인이라고 할 수 있다.

이는 결국 시민 또는 국민의 정체성(identity)의 형성에도 영향을 서로 주고받는다. 즉, 시민들은 다른 구성원이 자신과 동일한 시민으로서의 정체성을 가진 경우 동질감을 느끼며 포용하지만, 동일한 정체성을 갖지 않았다고 생각될 경우 배타적으로 인식한다. 상대방이 정체성을 가졌는지의 여부는 외국인 및 이민자 등의 긍정적인 직간접적인 접촉을 통하여 인지하게 되며, 접촉할 기회가 적거나 부정적인 인지를 할 경우 제노포비아적인 인식과 태도를 형성하게 되는 것이라 할 수 있다.[19]

한편 증오범죄는 다른 일반범죄보다 발생건수는 적지만 지역사회에 미치는 영향은 더 부정적이며, 그 피해자의 충격도 더 심각하다. 즉, 증오범죄가 가지는 사회구조적인 문제의 폐해를 다음과 같이 두 가지 관점에서 명확하게 지적할 수 있다.

첫째, 상당한 증오범죄 사건에서 피해자들의 내부전환성(interchangeability)이 이루어진다는 점이다. 내부전환성이란 한 개인이 자신의 정체성에 대한 지각과 사회구조적으로 타인에게 인식되어지는 모습에서의 갈등을 경험할 때, 증오범죄의 피해자적인 입장에서 가해자적인 입장으로 전환하는 것을 말한다.

즉, 증오범죄의 피해자들이 증오범죄의 가해자로 지위가 변화되는 것이다. 이는 증오범죄의 가해자가 증오범죄의 대상으로 오랫동안 소외당하면서 느꼈던 고통과 분노가 쌓인 결과이며, 폭행, 방화, 테러 등 다양한 모습으로 나타난다.

둘째, 증오범죄는 공격 대상자에게 피해를 주는 것에 그치지 않고 평범한 일반시민에게도 피해를 주게 된다. 즉, 증오범죄 가해자들은 본래의 증오 대상자를 넘어서 일반시민들에게도 피해를 끼친다는 특징이 있다.

예를 들어 백인우월주의(White supremacy) 그룹인 KKK(Ku Klux Klan)의 폭력행위는 그 가입원이나 지지자들뿐만 아니라 다른 보통 흑인 미국인에게도 그 사건에 대해 두려움을 느끼게 한다. 여성혐오와 남성혐오의 경우에도 특정 상대뿐만 아니라 사회구성원 전체로 그 공격대상이 확대되기도 한다.

결국 증오범죄는 그 피해자의 내부전환성과 2차 피해자화의 가능성으로 지역사회를 붕괴시키고, 구성원간 유대감이나 동질감을 와해시켜 결국 사회의 해체를 가져온다.

트럼프 대통령, 캠퍼스 반유대주의 규제

2025년 1월 20일 취임 첫 날 트럼프의 행정명령은 대학 캠퍼스의 비판적 인종 이론과 반유대주의를 표적으로 삼았다. 도널드 트럼프 대통령은 미국 학교에서 자신이 "비판적 인종 이론(critical race theory)"이라고 생각하는 것과 인종 및 성적 지향을 다루는 다른 내용을 가르치는 것을 중단하라고 명령했으며, 그렇지 않으면 연방 자금을 잃을 위험이 있다.

수요일에 발표된 별도의 계획에서는 대학 캠퍼스 내 반유대주의(antisemitism)에 맞서 적극적인 조치를 취할 것을 촉구하며, 위반자를 기소하고 "하마스 동조자"로 밝혀진 유학생의 비자를 취소하겠다고 약속했다…

두 계획 모두 트럼프 대통령이 수요일에 서명한 행정명령에 명시되어 있다. 이 조치들은 공화당 대통령의 교육 관련 핵심 공약 중 일부를 이행하기 위한 것이지만, 그가 이 제안을 실행할 권한이 얼마나 되는지 불분명하다…

K-12 학교에 대한 그의 명령은 연방 예산이 "급진적인 젠더 이념과 비판적 인종 이론"을 포함한 아동의 "세뇌"에 사용될 수 없다고 선언한다. 또한 성별과 인종에 따른 차별을 금지하는 시민권법이 이 명령을 시행하는 데 사용될 것이라고 밝히며, 비판적 인종 이론을 "본질적으로 인종차별적인 정책"이라고 규정했다…

자료: voanews, https://www.voanews.com/a/trump-s-orders-take-aim-at-critical-race-theory-antisemitism-on-college-campuses/7957336.html/

독일의 제노포비아

1999년 말에 독일은 국적법(Foreigner Law)[20]을 개정하였다. 이 개정법은 외국인의 경우 독일 지역에 일정기간을 거주한 경우 기존의 국적을 포기하는 조건으로 범죄자가 아닌 한 독일시민권을 부여하는 것을 골자로 하며, 기본적으로 혈통주의(German Bloodlines)를 근간으로 하고 있다.

그런데 많은 외국인들이 자신의 국적을 포기하는 조건 때문에 독일 시민권을 취득하는 것을 망설이게 되었고, 독일인들은 독일 시민권을 취득하지 않는 외국인들에 대해 제노포비아적인 반응을 보이기 시작했다. 특히 외국인의 자녀는 성인이 되기 전에 모국적을 포기하여야만 독일 국적을 취득할 수 있어 독일 국적을 포기하고 원래 국적을 유지할 경우 사회적인 권리를 제대로 누리지 못하는 차별을 겪어야 했다. 시민권을 취득한 외국인들 역시 이중국적을 인정하지 않는 독일 사회의 문화적 배타성 및 우익(Right Wing) 시민들의 적대적인 반응으로 여전히 독일 사회에 동화되지 못하였다. 따라서 독일은 서독 출신인과 동독출신인, 독일 시민권을 취득한 외국인, 그리고 모국적을 포기하지 않은 이민2세대 등의 이질적인 사회로 분열되어 상호간 제노포비아 양상을 드러내는 갈등적인 사회구조를 띄게 되었다.[21]

따라서 독일의 국적 취득정책은 게르만 혈통주의를 내세워 인종 및 민족, 종교적인 배타성을 공공연하게 드러내는 신나치즘 및 우익주의 등을 촉발한다는 비난을 받아왔다.[22]

한편 메르켈 총리는 2013년 8월에 제2차 세계대전 당시 최초의 나치 강제수용소였던 바이에른주의 다하우 수용소를 방문해 희생자들을 추모해 독일을 비롯한 유럽사회에서 고개를 들고 있는 극우주의에 대하여 경종을 울렸다.[23] 또한 메르켈 총리는 독일에서 태어난 이민자 자녀에게 이중국적을 허용하겠다는 방침을 발표했다. 이 조치로 현재 독일에 거주하는 300만 명의 터키계 이민자들이 가장 혜택을 받을 수 있게 되었다. 그동안 이들은 독일 사회에서 종교 및 피부색, 그리고 국적 등으로 상당한 차별을 받아 독일 사회의 갈등요인이었다.[24]

독일 통계청이 2024년 말에 발표한 자료에 따르면 독일인구는 약 8,470만 명이다.[25] 이 가운데 이민배경을 가진 사람은 약 2,120만 명으로 전체 인구의 25.6%를 차지한다. 이민 배경을 가진 사람이란 본인이 외국에서 태어났거나, 또는 부모 중 적어도 한 명이 외국에서 태어났거나 외국 국적을 가진 경우를 포함하는 넓은 개념이다. 이 중 1세대 이민자(본인이 외국에서 태어나 이주한 경우)는 약 1,610만 명으로 전체 인구의 19.4%를 차지한다. 2세대 이민자(독일에서 태어났지만 부모가 이민 배경을 가진 경우)는 약 520만 명으로 6.3%를 차지한다.

그런데 독일 라이프치히 대학교의 연구진이 수행한 조사에 따르면, 독일 사회 내에서 외국인 제노포비아와 반무슬림 정서가 크게 증가한 것으로 나타났다.[26] 2024년에 발표된 이 자료에 따르면 "많은 무슬림 때문에 자신의 나라에서 이방인처럼 느껴진다"는 질문에 동의한다는 비중이 2022년 36.6%에서 2024년에는 48%로 크게 증가했다. 이는 독일 내 무슬림 인구 증가에 대한 불안감이 높아지고 있음을 시사한다.

무슬림 이민 금지 지지율은 특히 문화적 개방성이 구 동독지역보다 높은 구서독 지역에서 2022년 23.6%에서 2024년 32.8%로 급증했다. 이는 이민 정책에 대한 독일인들의 우려와 함께 반이민 정서가 확산되고 있음을 보여준다.

전반적인 세노포비아적 시각에 대한 지지율은 2022년 17%, 2024년 21.8%로 증가했다. 특히 서독 지역에서는 19.3%, 동독지역 31.5%를 기록하며, 과거 동독 지역에 비해 상대적으로 낮았던 서독 지역에서도 외국인 혐오 정서가 확산되고 있음을 드러냈다.

특히 EU가 회원국에서 회원국간 인구의 자유로운 이민 및 국적취

독일인의 극우주의에 동의하는 정도

Grafik 1: Manifeste und latente Zustimmung zu den Aussagen der Dimension »Befürwortung einer rechtsautoritären Diktatur« (Neo-NS-Ideologie; in %)

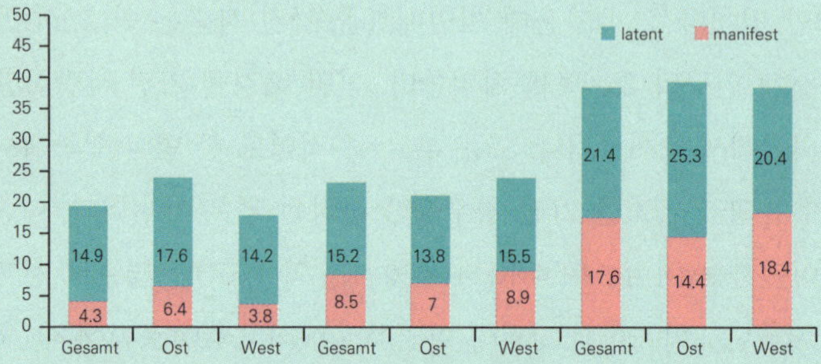

독일인의 반유대주의에 동의하는 정도

Grafik 2: Manifeste und latente Zustimmung zu den Aussagen der Dimension »Antisemitismus« (Neo-NS-Ideologie; in %)

자료: Decker, O., Kiess, J., Heller, A., & Brähler, E. (Eds.). (2024). op.cit., 38-39.

등 기회를 부여할 것을 요구하자 독일에서는 EU 회원국 내에서도 비교적 경제가 안정적인 독일로 이민자들이 매년 10만여 명이 입국하여 노동시장을 위협할 것으로 전망하고 이에 반발하는 집회 등도 늘어났다.

신극우주의자(Neo-nazist)들의 난민수용시설에 대한 공격도 꾸준히 증가하고 있다. 이는 독일인들의 출산율 저하 및 인구의 고령화, 내수 시장의 침체, 노동력의 감소 및 세수의 감소 등으로 결국 독일 사회가 침체될 것이라는 다양한 지표 및 진단들이 제시되고, 이민자들이 노동인구를 대체하고, 사회를 이끄는 동력이 될 것이라는 두려움이 원인이다.

미국의 제노포비아

미국의 경우 1868년 수정헌법 제14조부터 2021년 코로나19증오범죄법에 이르기까지 헌법 및 다양한 특별법을 제정하여 증오범죄를 예방하고 처벌하려는 노력을 지속해왔다.[27]

미국 수정헌법 제14조(14th Amendment - Equal Protection Clause)는 주정부 차원의 차별을 금지하고 있다. 제14조의 전문은 다음과 같다.[28]

> 미국에서 태어나거나, 귀화한 자 및 그 사법권에 속하게 된 사람 모두가 미국 시민이며 살고 있는 주의 시민이다. 어떤 주도 미국 시민의 특권 또는 면책 권한을 제한하는 법을 만들거나 강제해서는 안 된다. 또한 어떤 주에서도 적절한 법적 절차 없이 개인의 생명, 자유 또는 재산을 빼앗아서는 안 되며, 그 사법권 범위에서 개인에 대한 법의 동등한 보호를 거부하지 못한다.

1968년 시민권법(18 USC § 245, Civil Rights Act of 1968)은 인종, 피부색, 종교 또는 국적을 근거로 연방에서 보호하는 활동에 대한 간섭을 금지한다. 연방에서 보호하는 활동은 다음을 말한다.

- 누군가의 투표권, 공직 출마권, 배심원 자격에 대한 위협이나 방해
- 공공 시설이나 서비스를 이용할 수 있는 누군가의 권리를 위협하거나 방해하는 행위
- 연방 정부에 지원하거나 연방 정부에서 일할 수 있는 누군가의 권리를 위협하거나 방해하는 행위
- 누군가의 공립학교 등록 또는 출석 권리를 위협하거나 방해하는 행위

2009년에 제정된 증오범죄예방법(Matthew Shepard and James Byrd Jr. Hate Crimes Prevention Act)은 1968년 미국 연방 증오범죄법을 보완하고, 증오의 동기를 더욱 확대하여 제정되었다. 이 법은 증오범죄를 피해자의 실제 또는 인식된 성별, 성적 지향, 성 정체성 또는 장애로 인해 동기가 부여된 범죄라고 정의하였다. 주요 내용은 다음과 같다.

- 피해자의 인종, 피부색, 종교 또는 국적과 관련된 증오 범죄의 경우, 피해자가 투표나 학교에 다니는 등 연방에서 보호하는 활동에 참여해야 한다는 전제 조건 삭제
- 지방 당국이 기소하지 않기로 결정한 증오범죄에 대한 수사를 FBI가 수행할 수 있음
- 주와 지방 기관이 증오범죄를 조사하고 기소하는 데 드는 비용을 연방정부가 지원
- FBI가 성별 및 성 정체성에 따른 증오 범죄에 대한 통계 관리

종교시설방화 방지법(The Church Arson Prevention Act OF 1996, 18 USC § 247)은 종교적 편견으로 종교적 재산, 상징물, 시설 등을 훼손, 손상 또는 파괴하는 행위를 범죄로 처벌한다. 1996년에 제정되었다.

증오범죄통계법(The Hate Crime Statistics Act OF 1990, 28 USC § 534)은 전국의 법집행기관에서 보고한 증오범죄에 대한 데이터를 FBI가 수집하도록 규정하였다. 이에는 인종, 종교, 성적 지향, 민족, 장애, 성별 및 성 정체성에 따른 편견에 의한 범죄가 포함된다.

FBI가 2024년도에 발표한 증오범죄통계(Hate Crime Statistics, 2021)는 증오범죄 프로파일링의 기초 자료로 활용할 수 있다.

FBI는 증오범죄를 인종, 민족, 출신, 종교, 성적 지향, 장애, 성별 및 성 정체성에 대한 편견에 의해 분류하였다. 2024년 9월 23일, FBI는 전국 법집행기관들이 보고한 통일범죄보고(UCR) 프로그램의 증오범죄 데이터를 공개했다.

2023년에는 16,009개 기관이 증오범죄 수사에 참여했고, 11,862건의 증오범죄 사건과 13,829건의 관련 범죄에 대한 사건 보고서를 제

증오범죄의 동기별 분류

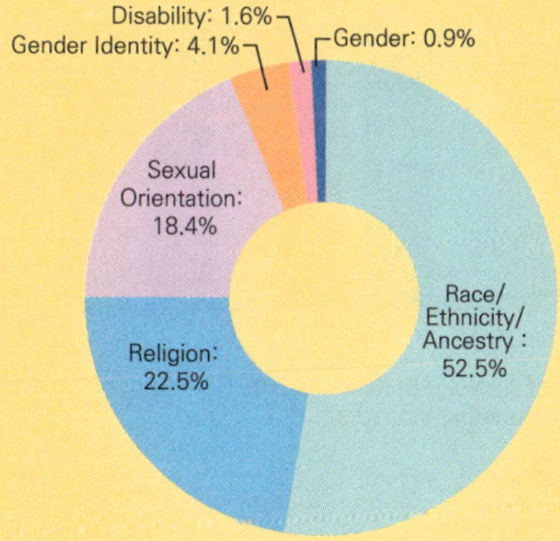

자료: FBI, https://www.justice.gov/hatecrimes/hate-crime-statistics/

출했다. 이를 동기별로 분류하면 인종이나 민족적 편견에 따른 증오범죄가 52.5%, 종교 22.5%, 성적 지향 18.4%, 성 정체성 4.1%, 장애 1.6%, 성별 0.9%로 나타났다.

2022년도와 비교하면 2023년도의 증오범죄건수는 0.02% 정도 증가하였고, 피해자는 0.05% 정도 증가하였다.

1991년 증오범죄통계법으로 증오범죄를 집계분석한 시점인 증오범죄 추세는 다음과 같다.

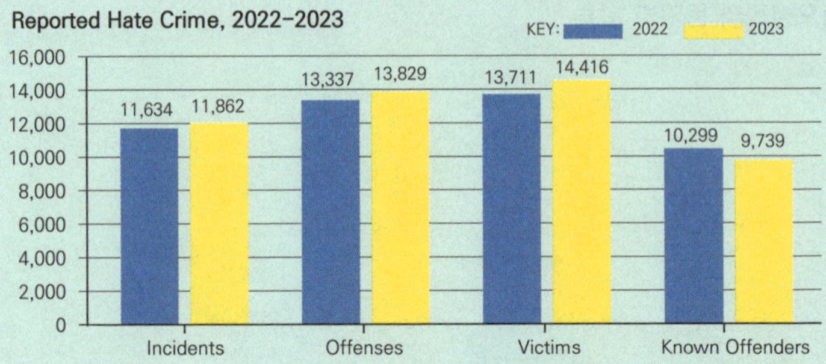

자료: U.S. Department of Justice, FBI Releases 2019 Hate Crime Statistics, https://www.justice.gov/hatecrimes/hate-crime-statistics/

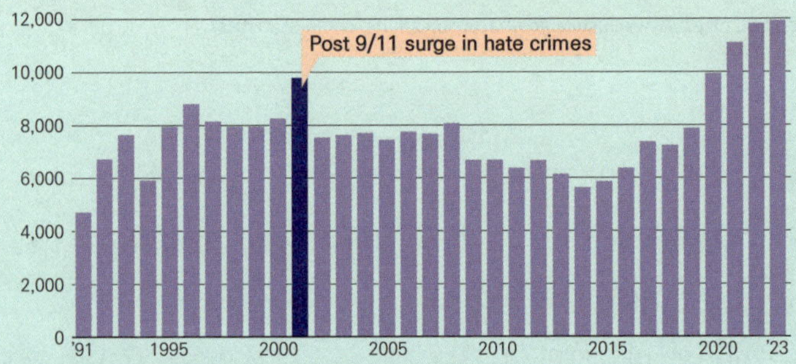

자료: statista, https://www.statista.com/chart/33302/timeline-of-hate-crime-incidents-reported-to-the-fbi/

한국의 제노포비아

제노포비아의 원인에 대한 선행연구 및 독일 등에서 증명된 것처럼 제노포비아의 원인을 외국인 또는 이방인과의 접촉 부족, 그리고 대중매체 등에서의 왜곡된 이미지, 노동시장 및 복지정책 등에서 기득권을 침해당할 수 있다는 두려움 등이라고 할 때 한국의 경우에도 제노포비아적인 양상이 발현될 대상으로 외국인 및 결혼이주여성, 그리고 북한이탈주민 등의 증가와 이들의 부적응문제 등의 요인들이 산재해 있다.

프로파일러는 살인·폭행, 상해, 방화 등의 사건 프로파일링시 제노포비아적 요소의 개입여부를 파악해야 한다.

외국인 증가와 범죄, 그리고 일자리 나누기의 갈등

외국인 입국자가 증가하면서 국내 체류외국인 수도 지속적으로 증가하여, 한국 사회도 다문화 사회로 변화되고 있다.[29]

이러한 외국인 유입의 증가는 부족한 노동력 문제를 해소하고, 또 다양한 외국 문화를 경험하게 하는 등의 순기능적인 측면이 있지만, 다른 한편 외국인 관련 범죄가 증가하고, 정주 외국인들의 사회 부적응 사례가 나타나는 등 사회의 불안요인도 함께 증가하고 있다.

또한 국내 체류외국인들이 일부 지역을 중심으로 집단거주하면서 슬럼화 현상을 보이고 있으며, 범죄의 온상이 될 소지도 충분하다는 우려도 있다. 특히 이들 지역에 거주하는 대다수의 외국인들은 경제적으로 저소득층에 속하여 불안정한 환경에 처해 있다.

지난 10년간 체류 외국인 추이

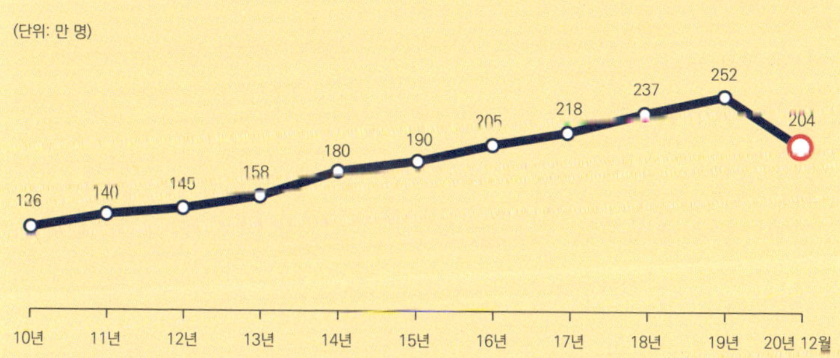

자료: 법무부 출입국관리본부, 출입국·외국인정책 통계월보 2025년 1월호, 18.

외국인 중 불법체류자의 비중도 증가하고 있는데 비자면제 관광객이나 비자만기자들이 돌아가지 않고 체류하는 등이 가장 큰 요인으로 나타났다.

체류외국인 및 불법체류자

연 도	총 체류 외국인	불법체류외국인				불 법 체류율
		소 계	등 록	거 소	단 기	
2021	1,956,781	388,700	125,022	1,427	262,251	19.9%
2022	2,245,912	411,270	138,013	3,725	269,532	18.3%
2023	2,507,584	423,675	137,954	2,034	283,687	16.9%
2024	2,650,783	397,522	134,580	2,124	260,818	15.0%
2025	2,620,853	394,281	133,820	2,167	258,294	15.0%

자료: 법무부 출입국관리본부, 출입국·외국인정책 통계월보 2025년 1월호, 31.

결혼 이민자 체류

<table>
<tr><th>국적
구분</th><th>총계</th><th>중국</th><th>(한국계)</th><th>베트남</th><th>일본</th><th>필리핀</th><th>태국</th><th>미국</th><th>캄보
디아</th><th>기타</th></tr>
<tr><td rowspan="2">전체</td><td>182,072</td><td>60,740</td><td>(20,845)</td><td>41,908</td><td>16,272</td><td>12,831</td><td>9,863</td><td>5,349</td><td>4,905</td><td>30,204</td></tr>
<tr><td>100%</td><td colspan="2">33.4%</td><td>23.0%</td><td>8.9%</td><td>7.0%</td><td>5.4%</td><td>2.9%</td><td>2.7%</td><td>16.6%</td></tr>
<tr><td rowspan="2">남자</td><td>35,828</td><td rowspan="2">14,115</td><td rowspan="2">(8,156)</td><td rowspan="2">5,060</td><td rowspan="2">1,330</td><td rowspan="2">647</td><td rowspan="2">146</td><td rowspan="2">3,584</td><td rowspan="2">934</td><td rowspan="2">10,012</td></tr>
<tr><td>19.7%</td></tr>
<tr><td rowspan="2">여자</td><td>146,244</td><td rowspan="2">46,625</td><td rowspan="2">(12,689)</td><td rowspan="2">36,848</td><td rowspan="2">14,942</td><td rowspan="2">12,184</td><td rowspan="2">9,717</td><td rowspan="2">1,765</td><td rowspan="2">3,971</td><td rowspan="2">20,192</td></tr>
<tr><td>80.3%</td></tr>
</table>

자료: 법무부 출입국관리본부, 출입국·외국인정책 통계월보 2025년 1월호, 37.

최근 국내의 외국인 범죄는 제3국과 연계되어 발생하는 등 그 수법도 날로 다양해지고 지능화되어 가고 있다. 코로나로 인하여 외국인 출입이 줄어든 2020-2021년에는 외국인 범죄가 감소추세를 보였으나 이후 다시 증가하는 추세를 보인다. 2021년도에 비해 2022년도에는 강도, 성폭력, 횡령 등의 형법범과 특별법인 외국환거래법이 급증하였다.

외국인 범죄

구분	2019		2020		2021		2022		2023		2022년 대비 증감률
	인 원	구성비	인 원	구성비	인 원	구성비	인 원	구성비	인 원	구성비	
계	39,369	100	38,155	100	31,736	100	33,367	100	34,714	100	4.0
형법범죄	20,218	51.4	19,380	50.8	15,264	48.1	16,394	49.1	17,420	50.2	6.3
절 도	3,172	8.1	2,762	7.2	2,349	7.4	2,358	7.1	2,781	8.0	17.9
사 기	3,264	8.3	3,983	10.4	3,207	10.1	3,313	9.9	3,306	9.5	-0.2
횡 령	770	2.0	729	1.9	515	1.6	643	1.9	751	2.2	16.8
강 도	71	0.2	67	0.2	51	0.2	82	0.2	77	0.2	-6.1
성폭력	979	2.5	765	2.0	702	2.2	919	2.8	881	2.5	-4.1
폭 행	5,472	13.9	4,625	12.1	3,774	11.9	3,969	11.9	4,244	12.2	6.9
상 해	1,680	4.3	1,755	4.6	1,122	3.5	1,215	3.6	1,084	3.1	-10.8
도박·복표	435	1.1	500	1.3	310	1.0	344	1.0	338	1.0	-1.7
기 타	4,375	11.1	4,194	11.0	3,225	10.2	3,551	10.6	3,958	11.4	11.5
특별법범죄	19,151	48.6	18,775	49.2	16,472	51.9	10,973	50.9	17,294	49.8	1.9

자료: 법무연수원, 범죄백서, 2025, 158.

다문화가정의 증가와 사회해체

한국 사회 제노포비아의 요인 중 하나는 결혼이주여성, 즉 다문화가정여성의 증가 및 이들의 범죄행위에의 노출 등 부적응 문제를 들 수 있다.

2023년 통계청 인구총조사에 따르면 2023년 말을 기준으로 다문화가구 수는 415,584 가구이다. 다문화 인구는 1,191,768명이며, 다문화인구는 다문화 가구에 속한 구성원을 의미하며, 귀화 등으로 한국 국적을 취득한 자 또는 외국인이 한국인(귀화자 포함) 배우자와 결혼한 결혼이민자 가구를 말한다. 다문화 자녀 수는 305,246명으로 나타났다.

그런데 다문화 가구 중 결혼이주여성들이 결혼 후 가출[30]하거나 또는 국적 취득 후 이혼을 요구하는 등 가정해체 등으로 결혼이주여성

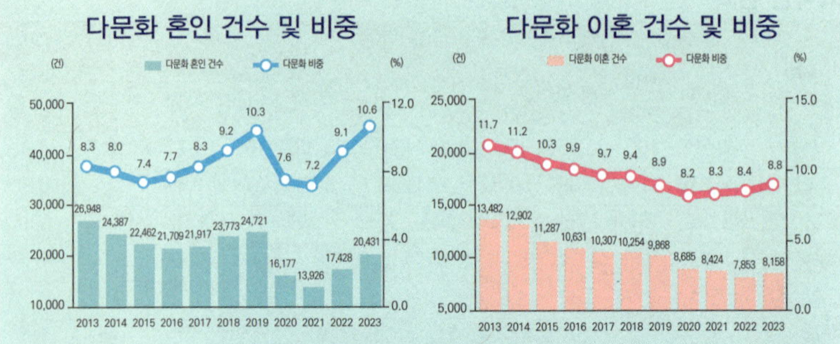

자료: 통계청, 2023년 다문화 인구통계자료집, 2024. 4. 13.

에 대한 시민들의 인식이 매우 부정적으로 나타나고 있다. 특히 결혼이주여성이 국적을 취득하기 전까지는 원만하게 가정생활을 유지하다가 국적을 취득한 이후 가출하는 사례가 늘어나 계획된 도주, 위장결혼 등의 의구심을 주변 가족들은 갖는 것으로 나타났다. 심지어 아이를 데려가 베트남이나 캄보디아 등 자신들의 고국 집에 데려다 놓고 한국에 입국하여 취업활동을 하는 경우도 상당한 것으로 나타나고 있다.[31] 결혼이주여성의 가출은 단순히 아내의 부재로 끝나는 것이 아니라 남편의 정상적인 생활 곤란, 자녀양육의 문제로 이어져 시민들에게 결국 결혼이주여성들에 대하여 부정적인 인식을 형성케 하는 요인이 되고 제노포비아적인 양상으로 발전할 수 있다.[32]

북한이탈주민과 정체성

제노포비아의 요인적 배경으로 북한이탈주민의 증가 및 이들의 범죄행위에의 노출 등 부적응 문제도 있다.

북한이탈주민은 증감추세를 반복하다가 2020년에는 코로나로 유입이 크게 감소했고 이후 증가추세를 보인다.

성별 입국비율을 살펴보면 여성의 입국비율이 월등하게 높다.

북한이탈주민 입국

구분	2015	2016	2017	2018	2019	2020	2021	2022	2023	2024
총원	1,275	1,418	1,127	1,137	1,047	229	63	67	196	236
남	251	302	188	168	202	72	40	35	32	26
여	1,024	1,116	939	969	845	157	23	32	164	210

자료: e-나라지표현황, https://www.index.go.kr/

2024년 말 현재 북한이탈주민 총수는 3만 4천명 정도이다. 북한이탈주민에 대한 일반 국민의 인식은 매우 부정적이고 냉소적인 성향을 띤다. 2023년에 국민들은 친근감이 든다 19%, 친근하지 않다 31.8%, 반반/보통이다 49.2%로 나타났다. 한국에 거주하는 다른 이주민과 비교할 때에는 미국인 39.6%, 동남아시아인 및 남아시아인 31.4%, 일본 22.3%, 조선족 21.1%, 북한이탈주민 19%, 고려인 14.7%, 중국인 11.4%, 중동인 6.8% 순으로 나타났다.[33]

2018년부터 2022년까지 최근 5년간 교도소에 수감된 북한이탈주민은 812명으로 2018년 145명, 2019년 152명, 2020년 169명, 2021년 180명, 2022년 166명으로 나타났다. 이 중 마약류 사범이 32.5%인 264명으로 가장 많았다.[34] 마약사범이 많은 이유는 북한에서의 생활양식으로 마약을 사용하거나 거래하는 것에 대한 거부감이나 범죄인식이 낮기 때문으로 보인다.

이방인에 대한 시민태도: 편견 또는 통합

한국은 외국인 및 결혼이주여성, 그리고 북한이탈주민 등 한국사회에서 이방인이라고 지칭될 수 있는 그룹에 대해 국적법 및 재외동포법, 결혼중개업의 관리에 관한 법률, 다문화가족지원법, 북한이탈주민의 보호 및 정착지원에 관한 법률 등 다양한 관련법의 제개정을 통해 외국인 및 이수민 등을 포용하는 태도를 취하는 정책을 펼치는 것으로 평가할 수 있다. 그러나 결혼이주여성이나 북한이탈주민 등의 부적응 및 일탈 등의 사회문제로 사회적 여론이 심각해진 뒤에 문제해결을 위한 처방 위주의 관련법 제정 등으로 결혼이주여성이나 북한이탈주민에 대해 형성된 부정적인 시민의식을 완화시키기에는 그 효과가 제한적인 것으로 보인다.

따라서 프로파일러는 이방인에 대한 제노포비아적인 태도형성에 영향을 끼치는 정체성에 대한 국가간 비교자료를 근거로 한 연구에서 한국인은 이른바 종족지향형(Ethnic Community)에 속하는 것으로 나타났다. 이는 한국인들이 동일 조상의 후손이고, 전통과 문화적 유산을 공유하며, 공동의 정치운명에 대한 집단적 경험을 공유한 경험 등이 있을 때에 상대방에 대하여 같은 정체성을 가졌다고 느끼고, 상대방을 포용한다는 의미이다.[35]

결혼이주여성을 포함한 외국인 그룹 및 북한이탈주민에 대하여 한국인들이 갖는 태도가 특정 범죄에 영향적 요인으로 작용했는지 여부에도 관심을 가져야 한다.

첫째, 프로파일링을 할 때 외국인 및 결혼이주여성 관련 태도의 변화를 파악해야 한다.

결혼이주여성을 포함한 외국인을 이방인이라고 간주할 때 이들에 대한 한국인의 인식 변화이다. 먼저 한국의 대학생을 대상으로 한 이주민에 대한 인식조사에서 이주민을 동반자(Partnership)로 인식하는 경우는 25.1%, 비동반자로 인식하는 경우는 24.3%, 양가적 감정을 갖는 경우는 50.6%로 나타났다. 또한 정부의 다문화지원정책이나 외국인에 대한 정부정책을 지지하는 정도가 이주민 등을 동반자로 인식하는 경우가 가장 높았고, 양가적 태도 및 비동반자로 인식하는 순으로 나타났다.[36]

외국인이 증가함에 따라 외국인에 의한 범죄피해 두려움을 느끼는지에 대한 연구에서는 한국인들은 범죄피해 가능성이 높아졌다고 인식하는 것으로 나타났다. 이와 같은 인식은 매스미디어나 드라마 등에서의 범죄뉴스나 범죄적 이미지를 통하여 형성한 것으로 드러났다.[37]

그런데 외국인 등에 대한 제노포비아적인 태도는 2012년 4월의 오원춘 살인사건이 상당한 기폭제로 작용한 것으로 보인다. 이 사건 이후 결혼이주여성에 대한 지원정책 및 한국 최초의 귀화 외국인 출신인 이자스민 국회의원의 의원직을 박탈하라는 등의 격렬한 시위가 발생했다.[38] 특히 대표적인 안티다문화 카페인 다음(Daum)포털 다문화정책반대는 1만 명이 넘는 회원이 '갈등과 분열을 초래하고 망국으로 가는 정부의 다문화 정책에 반대한다는 것'을 카페 설립목적으로 내걸고, '외국인 노동자들 때문에 서민경제가 파탄나고, 인신매매적 성격이 짙은 국제결혼의 이혼율이 한국인 부부의 이혼율보다 훨씬 높다'고 주장하면서 외국인 노동자들이 각종 사건, 사고를 일으킨다며 그들을 '잠재적 범죄자'로 간주하였다.[39]

둘째, 프로파일링을 할 때 북한이탈주민 관련 태도의 변화를 파악해야 한다.

북한이탈주민에 대한 선행연구를 분석한 결과 북한이탈주민과 직접 접촉하지 않은 경우 연민과 부정적 정서를 동시에 갖고 있었고, 직접 접촉한 경우에도 차이를 보여 북한이탈주민의 신변보호담당경찰은 부정적이었고, 대안학교 교사는 호의적인 것으로 나타났다.[40] 같은 연구에서 북한이탈주민에 대한 감정에 영향을 주는 요인은 북한사람에 대한 이질감의 정도, 북한에 대한 감정이입정도, 연령이 많을수록, 개방적일수록, 여자보다 남자가 더 우호적인 것으로 나타났다.

한국인들의 이와 같은 태도는 북한이탈주민의 정착에 대하여 어느 정도 국가 및 사회가 지원할 책임이 있다고 생각하지만, 북한이탈주민의 일탈이나 범죄행위 등 사회부적응적인 양상에 대해는 관대하지 않다는 의미이기도 하다. 실제로 북한이탈주민들의 한국 사회에의 정

구성요소별 다문화수용성

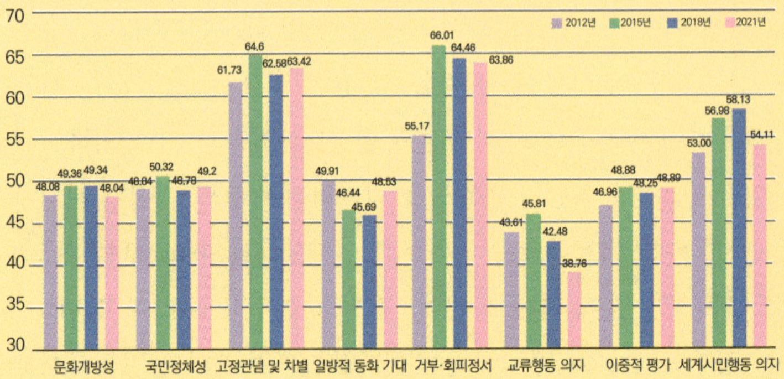

자료: 여성가족부, 2021년 다문화수용성조사, 2022, 90.

착과정에서 북한이탈주민의 자녀나 청소년들이 학교에서 친구들로부터 놀림이나 따돌림 등을 당하면서 학교를 이탈하거나 가출하여 이들이 다시 용돈을 벌기 위한 수단으로 범죄행위에 가담하는 등의 악순환이 이어지고 있다.[41] 한편으로 북한이탈주민이 취업시에도 임금을 차별적으로 받거나 무시를 당하면서 취업에 어려움을 겪고 결과적으로 실업상태에 빠지는 등 한국 사회에 애착을 느끼지 못하고 북한으로 재입북을 시도하는 사례도 늘어가고 있다.[42]

또한 북한이탈주민들이 3D업종에의 취업을 꺼리고, 취업을 하더라도 적용하지 못하자 중소기업체 및 소상공인들 사이에서는 이들을 채용하지 않으려는 분위기도 있다. 나아가 북한이탈주민의 높은 범죄율 역시 한국인들이 이들에 대해 적대감을 갖게 하는 요인이라 할 수 있다.[43]

외국인 및 북한이탈주민 등 한국 사회의 이방인이라고 간주할 수 있는 사람들에 대하여 한국인들은 어느 정도 수용적인 태도를 지니고 있지만, 동시에 우월감 및 차별적 즉 제노포비아적인 태도를 함께 가진 것으로 나타나고 있다. 외국인에 대한 친밀도에 있어서도 출신국가

연령대별 다문화수용성

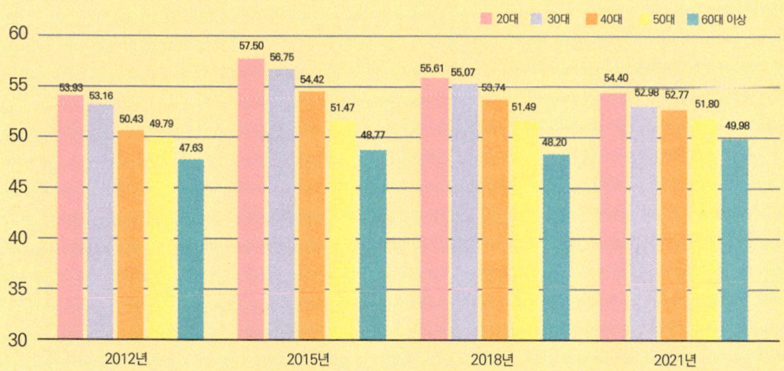

자료: 여성가족부, 2021년 다문화수용성조사, 2022, 90.

에 따라 차이를 보이는 것으로 나타났고, 주변 사람들이 외국인 등에 대해 어떤 태도를 갖는가에 따라 영향을 받는다고 정리할 수 있다.

한편 한국인들의 북한이탈주민, 조선족, 외국인 노동자에 대한 혐오감 및 관용에 대한 경험적 연구결과도 발표되었다.[44] 조사 대상자들이 가장 혐오감을 느끼는 집단은 조선족, 외국인 노동자, 북한이탈주민 순이었다. 그리고 혐오감에 영향을 미치는 요인들을 분석한 결과 사회적으로 불안하다고 느낄수록 북한이탈주민에 대한 혐오감이 높았고, 연령이 낮을수록 조선족에 대한 혐오감이 높았으며, 소득이 낮을수록 외국인 노동자에 대한 혐오감이 높은 것으로 나타났다.

혐오집단에 대한 관용수준을 분석한 결과 북한이탈주민에 대한 관용 수준이 가장 낮았고, 다음이 조선족, 그리고 외국인 노동자였다. 즉 혐오집단 중에는 외국인 노동자에 대한 관용수준이 가장 높은 것으로 나타났다.

조사결과 연령이 낮을수록 다문화수용성이 높은 것으로 나타났다. 한편 난민에 대하여 태도도 인구사회학적 특성에 따라 차이를 보인다.

참고문헌

1_Boehnke, Klaude, *International Migration, Racism, Discrimination and Xenophobia*, ILO, IOM, OHCHR, in consultation with UNHCR, 2001, 2.

2_Wimmera, Andreas, Explaining xenophobia and racism: A critical review of current research approaches, *Ethnic and Racial Studies Vol.20 Iss.1*, 1997, 17－41.

3_이와 같은 제노포비아에 대한 개념정의를 바탕으로 이 연구에서는 외국인을 포함한 북한이탈주민, 결혼이주여성 등을 모두 지칭할 경우 이방인이라고 표현하거나, 외국인 등이라고 지칭하기로 한다.

4_abc news, Hate crimes, particularly against LGBTQ community, on the rise: FBI data, https://abcnews.go.com/US/hate－crimes－lgbtq－community－rise－fbi－data/story?id＝113962673/

5_YTN, "한국과 단교하라면서 … 도쿄서 대규모 반한 시위", 2014－01－18, http: //www.ytn.co.kr/_ln/0104_201401182142431368; 동아일보, "극우 득세하는 일본", 2012－09－19, http: //news.donga.com/3/all/20120919/49512228/1

6_헤럴드경제, "中 분노와 규탄, 비난 쇄도.. 반일시위, 불매운동 촉발될 듯 … 중·일 관계는 최악으로 … ", 2013－12－27, http: //news.heraldcorp。com/view.php?ud＝20131227000239&md＝20131230003628_AT

7_Deutsche Welle, "Is Germany's far－right NPD set to self－destruct?", 2013－12－30, http: //www.dw.de/is－germanys－far－right－npd－set－to－self－destruct/a－17329887

8_NEWYORK TIMES, 'No Vaccine for Racism': Asian New Yorkers Still Live in Fear of Attacks https://www.nytimes.com/2021/07/14/nyregion/asian－hate－attacks－police.html/

9_허경미. (2014). 한국의 제노포비아 발현 및 대책에 관한 연구. 경찰학논총, 9(1), 233－259.

10_Deutsche Welle, "Study, Germans see Islam as a threat", 2013－04－29, http: //www.dw.de/study－germans－see－islam－as－a－threat/a－16780089

11_Rydgren, J. (2008). Immigration sceptics, xenophobes or racists? Radical right－wing voting in six West European countries. European Journal of Political Research, 47(6), 737－765.

12_Kraus, N., Herrera, Y., Xenophobia and Nationalism in Russia: A Multilevel Analysis of Xenophobia and its Relationship to Nationalism, APSA 2010 Annual Meeting Paper, 1−42.

13_Ommundsen, R., Yakushko, O., Veer, Kees VD., and Ulleberg, Pål, Exploring the relationships between fear−related xenophobia, perceptions of out−group entitativity, and social contact in norway, *Psychological Reports Vol.112 Iss.1*, 2013, 109−124.

14_Pereira, C., Vala, J., and Costa-Lopes, R., From prejudice to discrimination: The legitimizing role of perceived threat in discrimination against immigrants, *European Journal of Social Psychology Vol.40 No.7, 2010*, 1231−1250.

15_장명학, 독일의 제노포비아 현상에 대한 연구: 통일 이후의 사회, 경제적 불안과정 제노포비아의 확산, 사회과학연구, 제14권 제2호, 사회과학연구소, 2006, 324−359.

16_김용신, 제노포비아에서 포용으로: 다수로부터의 하나, 비교민주주의연구, 제8권 제2호, 비교민주주의학회, 2012, 163−182.

17_송태수, 현대 유럽의 제노포비아(Xenophobia) 현상 비교연구: 영국, 프랑스, 독일의 사례 비교, 유럽연구, 제23권, 유럽연구학회, 2006, 253−282.

18_허경미 외 미국 증오범죄 피해자 특징에 관한 연구, 경찰학논총, 제2권 제1호, 경찰학연구소, 2007, 75−104.

19_정기선, 이선미, 한국인의 국민정체성 국제비교연구. 자격요건 평가를 중심으로, Comparative Korean Studies 제19권 제1호, 국제비교한국학회, 2011, 45−72.

20_Dennis, M., "Perceptions of GDR Society and its Transformation: East German Identity Ten Years After Unity," in The New Germany in the East: Policy Agendas and Social Developments since Unification, ed. Chris Flockton, Eva Konlinsky and Rosalind Pritchard, Portland, OR: Frank Cass, 2000, 92.

21_Open Democracy, Covert and hidden populism in unified Germany," 2012−11−28, http: //www.opendemocracy.net/herfried−m%C3%BCnkler/covert−and−hidden−populism−in−unified−germany

22_시민법(Citizenship Law)이라고도 하는 이 법은 프러시아제국시대인 1913년 3월에 Nationality Law of the German Empire and States으로 제정되어 1934, 1935, 1938년, 1945년 등 4회에 걸쳐 개정되어 시행되다가 1999년 말에 전면적으로 개정되어 2000년 1월부터 시행되었다. Wikipedia, German nationality law, http. //en.wikipedia.org/wiki/German_nationality law

23_https://www.destatis.de/EN/Themes/Society-Environment/Population/Current-Population/_node.html

24_Decker, O., Kiess, J., Heller, A., Brähler, E. (eds.). (2024). Vereint im Ressentiment: autoritäre Dynamiken und rechtsextreme Einsteelungen: Leipziger Autoritarismus Studie 2024. Psychosozial-Verlag.

25_Diehl, C., Tucci, I., Who can become German? Xenophobia and attitudes towards naturalization," *DIW Economic Bulletin, Vol.1 No.3*, 2010, 3-8.

26_그의 연설문의 일부, 즉 "Christianity doubtless belongs in Germany. Judaism belongs doubtless in Germany. That is our Judeo-Christian history. But by now, Islam also belongs in Germany"는 독일인들에게 사회적 개방성 및 관대성 등을 강하게 요구했다는 역사적 평가를 받고 있다. REUTERS, German president welcomes Islam during unity speech," 2010-10-03, http: //www.reuters.com/article/2010/10/03/us-germany-unity-islam-idUSTRE69218Z20101003

27_세계일보, 메르켈 '잘못된 과거 깊은 슬픔과 부끄러움' 獨 현직 총리로 최초 나치 수용소 '다하우' 찾아 사죄," 2013-08-21 http: //www.segye.com/content/html/2013/08/21/20130821004259.html?OutUrl=naver

28_Zinn, S., Germany is Finally Beginning to Open Its Arms to Immigrants," the culture-ist , http: //www.thecultureist.com/2014/01/06/germany-finally-beginning-open-arms-immigrants/

29_News Digm, 독일 인구, 5명 중 1명은 외국인, http://www.newsdigm.com/sub_read.html?uid=11037&section=sc18&section2=%C0%AF%B7%B4/

30_통일부, 독일 통일 이후 동서독 주민의식변화 분석, 1990-2010, 2013, 77-79.

31_한편 Religion Monitor의 조사대상 13개국의 기독교인 88%, 이슬람교 81%, 유대인의 84%, 그리고 무종교인의 84%가 정부의 가장 좋은 형태가 무엇인가?라는 질문에 민주주의라고 답한 것으로 나타났다. 또한 모든 국가에서 젊은 세대일수록 종교적 성향이 낮아지는 추세를 보였다. Bertelsmann Stiftung, The Religion Monitor of the Bertelsmann Stiftung reveals, 2013-06-25, http: //www.bertelsmann-stiftung.de/cps/rde/xchg/bst_engl/hs.xsl/nachrichten_116944.htm

32_굿뉴스, 탈북민 수감자 33% 마약사범… 실효성 있는 대책 시급, 2024년 2월 20일자 보도, https://www.goodnews1.com/news/articleView.html?idxno=431897/

33_NPR, https://www.npr.org/2021/05/20/998599775/biden-to-signthe－covid－19－hate－crimes－bill－as－anti－asian－american－attacks－rise/

34_FBI, https://www.justice.gov/hatecrimes/laws－and－policies/

35_법무부 출입국관리본부, 출입국외국인정책 통계월보, 2020년 12월호, 15－30.

36_춘천지법은 2013년 6월 가출한 결혼이주여성 남편들이 가출한 결혼이주여성을 상대로 제기한 나홀로 이혼소송 4건에 대하여 피고인인 결혼이주여성들이 모두 불참했음에도 불구하고 모두 이혼을 인정했다. 이는 민법 840조 2호의 '배우자가 악의로 다른 일방을 유기할 때 이혼을 청구할 수 있다'는 내용에 근거한 것이다. 강원일보, 결혼 후 사라지는 외국인 아내들 나홀로 이혼訴 신청하는 남편들, 2013－06－06, http: //www.kwnews.co.kr/nview.asp?s＝501&aid＝213060600146

37_심지어 이들은 아이를 보고 싶으면 돈을 내놓으라고 하면서 아이를 감추거나, 다른 남성과 동거하는 등도 발견되고 있다. 베트남에서는 이런 아이들을 라이뻬엣남(가짜베트남인)이라고 하는 별칭까지 생겨났다고 한다. JTBC 뉴스, 가출한 외국인 아내 "아이 보고 싶으면 돈 줘", 2013－12－08, http: //news.jtbc.joins.com/article/article.aspx?news_id－NB10391296

38_제주일보, 사라지는 이주여성, 다문화가정 붕괴 우려, 2013년 12월 12일자 보도.

39_김영수, 북한이탈주민 지원 정책: 현안 진단과 개선 방향, KDI, 북한경제리뷰, 2024년 8월호, 3－18.

40_중앙일보, 2016년 9월 21일자 보도.

41_정체성은 크게 종족지향형(Ethnic Community) 및 시민지향형(Citizenship Community) 등으로 구분하며, 시민형은 국가를 법적 제도적 공동체로 이해하며, 공동의 법적 제도적 인식을 가질 경우 정체성을 가졌다고 하는 것으로 시민사회 지향적 특징을 지닌다. 정기선, 이선미, 한국인의 국민정체성 국제비교연구. 자격요건 평가를 중심으로, Comparative Korean Studies 제19권 제1호, 국제비교한국학회, 2011, 45－72.

42_안득기, 한국사회의 다문화인식과 신념에 대한 연구, 동북아연구 제26권 제2호, 동북아연구소, 2011, 203－219.

43_노성훈, 2013, 외국인의 증가와 범죄에 대한 두려움: 집단위협이론을 중심으로, 형사정책연구 제95호. 한국형사정책연구원, 2013, 151－181.

44_헤럴드경제, 외국인 혐오증? 외국인도 외국인 나름 '백인우호' Vs '아시아인 혐오' 이중성, 2012－04－23. http: //news.heraldcorp.com/view.php?ud＝20120423000156&md＝20120617123452_AT

45_헤럴드경제, 무서운 안티다문화 카페…극으로 치닫는 외국인 혐오증, 2013－08－08, http: //news.heraldcorp.com/view.php?ud＝20130808000077&md－20130811004015_AT

46_양계민 외, 북한이탈주민과의 접촉이 남한 사람들의 신뢰와 수용에 미치는 영향, 한국심리학회지 사회문제, 제11권, 한국심리학회, 2005, 97－115.

47_권수현, 북한이탈주민에 대한 남한국민의 태도, 한국정치연구 제20집 제2호, 한국정치연구소, 2011, 129－150.

48_내일신문, 마음 꽉 닫고 선생님까지 의심, 2013－10－22, http: //news.naver.com/main/read.nhn?mode＝LSD&mid＝sec&sid1＝100&oid＝086&aid＝0002172784.

49_주간동아, "씻기 힘든 '2등 국민' 낙인 … 죽더라도 가고 싶다", 2013－07－29, http: //news.naver.com/main/read.nhn?mode＝LSD&mid＝sec&sid1＝102&oid＝037&aid＝0000016325

50_장준오, 고성호, 북한이탈주민 범죄실태 및 대책, 한국형사정책연구원, 2010.

51_임재형, & 김재신. (2014). 한국사회의 혐오집단과 관용에 관한 경험적 분석. OUGHTOPIA, 29(1), 149－174.

제5장

외로운 늑대, 자생(국내)테러범 프로파일링

테러: 외생테러와 자생테러

테러의 원인은 크게 외생적 원인론과 자생적 원인론으로 대별된다.[1]

외생테러이론(exogenous terror theory)은 급진적 세력 및 조직 등과 연계하여 특정국가의 공공기관 및 교통수단, 종교시설 등을 공격한다는 것이다.[2] 즉, 외생테러이론의 핵심은 IS와 알카에다와 같은 급진적 이슬람조직의 지원과 연계 등이 테러의 동력이라는 주장이다.[3]

자생테러이론(homegrown terror theory)은 테러는 특정인의 생태적 요인, 경제적 요인, 정치적·종교적 요인 및 정신적 요인이 복합적으로 작용한 산물로 테러 원인을 외부가 아니라 테러범을 둘러싼 요소에서 찾는다.[4]

2022년 5월 14일, 미국 뉴욕주 버팔로의 이스트 사이드 지역에 있는 한 슈퍼마켓에 18세의 테러범 Payton S. Gendron이 총기를 난사해 아프리카계 미국인 10명을 살해하고 3명을 부상시켰다. 젠드론은 범행 장면을 Twitch를 통해 2분동안 라이브 스트리밍하였다. 그는 자신을 자신을 민족주의자이자 백인 우월주의 지지자라며, 무죄를 주장하였다.[5]

18세의 그는 1급 살인 혐의로 기소되었다. 그는 2022년 5월 19일에 열린 제1심 법원에서 “무죄”를 주장했다. 2022년 11월 28일, 젠드론은 살인, 국내 테러, 증오 범죄를 포함한 총격 사건과 관련된 모든 주범죄 혐의에 대해 유죄를 인정했다. 뉴욕주 대법원은 2023년 2월 15일, 젠드론에게 가석방 가능성 없이 11건의 동시 종신형을 선고했다. 연방대법원의 최종 판결은 나지 않았다.

한편 젠드론은 재판과정에서 자신을 민족주의자이자 백인 우월주의 지지자로 묘사하는 선언문을 썼으며, 정치적 폭력 행위에 대한 동기가 있었던 것으로 드러냈다. 이 테러 후 뉴욕주는 21세 미만의 사람에게 반자동 무기와 방탄복 판매를 금지했다. 한편 2024년 3월 19일경 뉴욕주 판사는 Reddit과 YouTube가 젠드론에게 영향을 주었다며 소송을 당해야 한다고 판결했다.

젠드론과 같이 특정국가 내에서 성장하고, 생활기반을 가지고 있으며, 자신의 국가 및 사회를 공격하는 폭력적 행위를 자생테러(homegrown terror), 또는 국내테러(domestic terror)라고 한다.[6]

2011년 노르웨이 테러, 2013년 보스턴 마라톤 테러 및 2015년 프랑스 파리 테러,[7] 2017년 라스베가스 테러, 2022년 버팔로 테러 등을 비롯한 일련의 테러는 자생적 양상을 보이고 있다. 특히 최근의 테러는 외부와 연계되지 않은 외로운 늑대(lonely wolf), 즉 자생테러범에 의한 경우가 대부분이고, 테러단체 역시 자생테러범을 양성하기 위하여 다양한 채널로 테러범으로서의 환경 및 동기를 갖춘 사람들을 유인하거나 결속력을 강화하는 등의 방향으로 나아가고 있다.

자생테러이론을 바탕으로 노르웨이의 오슬로 테러범 브레이빅

(Anders Behring Breivik), 미국의 보스턴 마라톤 테러범 타메를란(Tamerlan Tsarnaev)과 조하르(Dzhokhar Tsarnaev)에 대한 프로파일링을 통하여 이들에게 미친 영향요인이 무엇인지 확인해 볼 수 있다.

자생테러범 프로파일링을 위한 귀납적 데이터

자생테러이론을 바탕으로 테러범의 특징을 생태적, 경제적, 정치적·종교적 및 정신적 측면 등으로 구분할 수 있다.[8]

생태적 특징

테러범의 생태적 배경은 테러의 중요한 영향요인으로 나타났다.[9] 자생적 테러범의 사회적 성향 또는 환경 역시 테러의 동기를 유발하고 촉진시킬 수도 있다. 대부분의 테러범은 평범한 성장환경과 가정환경이 아니라 지나치게 엄격한 부모나 종교적인 통제 하에서 성장했거나, 반대로 가족과 이웃 등의 관심과 통제를 받지 못하는 경우가 많다.

특히 이민자가 왜 자신이 성장한 사회를 공격하는 자생테러범이 되는 지에 대한 연구들은 이민정책이 동화주의(assimilation) 모델인지 아니면 분리주의 모델(exceptionalism)인지와 상관없이 이민자가 가지고 있는 고유의 성향이 더욱 큰 영향을 미친다고 주장한다.[10] 대부분의 사회에서 이슬람권에서 서구세계로 온 이민자들은 자신들이 기존의 서구세계와 다른 종교와 문화, 전통을 가진 사람들이라는 신념이 강하고, 그들 자신이 속한 지역과 문화, 공동체에서 이슬람전통을 지키는 것이 무슬림으로서의 숙명이라고 인식한다는 것이다.

따라서 이들은 이민사회에 적응하기 보다는 공동체를 통해 이민사회와 분리되려는 경향이 강하고, 이민자 자신이나 자녀들 역시 이민사회에 정착하지 못하면서 문화적 갈등과 정체성의 혼란을 일으키게 된다. 이는 기존 문화와 정치, 그리고 종교와 충돌하는 양상을 보이며, 결국 자생적 테러의 영향요인으로 작용한다는 것이다.[11]

경제적 배경

자본주의 사회에서는 불가피하게 결국 부의 편중과 불평등이 있을 수밖에 없고, 이러한 것들에 대한 갈등과 사회경제적인 모순에 반발하는 문화와 세력들이 당연히 존재할 수밖에 없게 된다. 또한 이들은 다양한 방법으로 연대하는 특징을 보인다. 빈곤과 실업, 분노감 등으로 성장한 자생적 테러범은 이러한 환경에서 필요한 정보와 자원, 그리고 자기 합리화 등 발판을 마련하게 된다.[12]

신자본주의화 및 글로벌화에 기반한 각종 정책들은 기존의 경제 환경 및 자본주의적 사회구조에서 비교적 안정된 지위를 누리던 평범한 시민들의 일자리를 불안하게 만들고 특히 저소득층, 이민자 그룹 등에게는 더욱 경제적 어려움이 가중되었다. 이는 기존 주민과 이주민 모두에게 불안과 불만을 안겨주고, 그 치환적 작용으로 테러에 눈을 돌리게 된다는 것이다. 즉, 현실적으로는 자생테러의 요인을 극우주의나 극단적 이슬람주의 또는 극단적 기독교주의를 표방하더라도 실제로 그 근원은 경제적인 불만이 더 커다란 내재된 요인이라는 것이다.[13]

일찍이 아리스토텔레스는 빈곤은 혁명과 범죄의 부모라고 하였다. 또한 심리학자 존 달라드(John Dollard)는 성취욕이 차단될 때 욕구불만과 분노가 쌓이게 되고, 이것은 사회적 긴장을 해소하기 위한 공격적인 행위로 이어진다고 주장하였다.[14] 한편 굽타(Dipak K. Gupta)는 빈곤으로 인한 분노감과 욕구불만은 가장 보편적으로 테러를 설명하는 영향요인으로 내재화된 분노와 욕구불만, 상실감 등의 극단적인 표현방식이 테러라고 주장한다. 자생테러범들은 분노감을 준 대상에게 복수하는 수단으로 테러를 행한다는 것이다.[15]

이념적 배경: 정치적 · 종교적 극단주의

자생테러범의 가장 커다란 특징은 정치적 또는 종교적인 극단주의(extremism)이다. 테러는 정치적인 동기를 갖지만, 이는 대부분 종교적 신념이라는 명분으로 이루어진다. 즉, 정치적 극단주의는 종교적 극단주의와 맥락을 같이 하며 어떤 종교이든 마찬가지이다.[16] 특히 사회적 불공정, 문화적 편견, 그리고 전통적인 가족체제의 붕괴 등에 직면한 젊은이들은 극단적 종교주의의 메시지에 더욱 매료될 수 있다.

많은 선행연구들은 특히 전통적인 종교적 가치관 및 사회제도를 추구하는 이슬람권은 기존세대와 청년세대의 갈등, 그리고 빈부격차 등으로 인한 불만과 갈등이 내재화되어 있고, 상대적으로 서구사회보다 많은 청년인구 비중으로 인해 그만큼 더 교육 및 구직 등에 어려움을 겪고 있다. 이러한 것들이 자생테러의 촉발요인으로 작용한다고 분석한다. 알카에다나 IS는 이슬람청년세대의 취약성을 교묘히 낚아채고 이들의 현실적인 어려움이 기독교를 대변하는 서구사회의 이슬람에 대한 탄압 때문에 발생한다는 다양한 홍보영상을 유튜브나 SNS를 활용하여 무차별적으로 제공함으로써 테러를 더욱 부추긴다. 즉, 현실사회에서 직접 대면하지 않고도 인터넷 매체를 통해 이슬람 극단주의를 부추기고 공격심을 조장하며, 폭발물 제조기술을 전수하면서 지하드를 양성하는 것이다.[17]

반사회적 성격장애적 경향

자생테러범은 대부분 반사회적 성격장애 및 자기도취, 과대망상증 같은 정신장애 양상을 보이며 특히 심리적으로 타인에게 매우 의존적이며, 복종적인 성향을 보이는 경향이 있다고 지적하였다.[18] 특히 자생테러범은 특정한 조직이나 집단, 가족, 종교 등과 유대 혹은 결속되고 싶은 성향이 강하지만, 현실에서 이러한 것들이 충족되지 못하고 있을 때 스스로 이를 극복해가는 과정 혹은 결과물이 테러라는 폭력적 행위일 수 있다.[19]

또 하나의 세상: 왕성한 사이버 활동

자생테러범에게 인터넷은 급진주의의 과정에 대한 원동력이자 가이드라고 할 수 있다. 인터넷은 가상의 관계를 형성하고 급진적이고 극단주의적 종교와 이데올로기에 대해 토론하고 정보를 나눌 수 있는 다양한 방법을 제공하며, 또 오프라인상의 관계를 맺을 수 있는 통로가 된다.

테러범들은 인터넷을 통해 무기를 구하고, 심지어 무기를 만드는 방법을 공유하며, 테러동기를 부추기는 등 커뮤니티를 구축한다. 또한 유튜브나 블로그, 페이스북, 트위터 등 사이버 상의 교류매개체를 통해 테러단체의 가입을 유도하고, 필요한 자금을 모금하며, 선동주의적인 영상을 제작하여 이념화를 촉구한다.[20]

특히 테러단체들은 인터넷을 통하여 지지자들에게 그들이 속한 어떤 장소에서도 이슬람주의나 극우주의를 실행할 수 있다며 자생테러를 부추긴다. 노르웨이 테러범이나 보스턴 테러범 역시 인터넷 사이트나 유튜브 등을 통하여 극우주의적 성향을 신념화시키거나 표현하였다.

터키 실종 김 군, 트위터에 IS 가입 방법 문의 …

김 군의 트위터 게시글

터키의 시리아 접경에서 2015년 1월 10일 행방불명된 김모 군(18)이 자발적으로 이슬람국가(IS)에 가담한 정황이 드러나고 있다.

경찰은 김 군의 트위터 계정 'glot****'에서 김 군이 직접 "IS에 가입하고 싶다"는 글을 올려 IS와 접촉한 정황을 확인했다. 김 군은 또 한 트위터 사용자가 IS를 비판하지 "지금은 남성이 역차별당하는 시대다. 나는 페미니스트가 싫어 'ISIS(이라크 시리아 이슬람국가)'를 좋아한다"라고 말하기도 했다. … 중략 …

정보당국 관계자는 "김 군이 속아서 (터키에) 갔을 가능성은 희박하다"며 "본인이 가고자 하는 의지가 있어 IS를 찾아간 것으로 본다"고 말했다. 김 군은 지난해 10월 초 10만 명이 넘는 트위터 팔로어를 가진 IS의 공식 트위터 계정을 시작으로, 수십 개의 IS 관련자 트위터를 팔로했다. 관계 당국은 김 군이 스스로 IS 가입 방법을 물어본 만큼 IS 가담 의지가 충분했다고 판단하고 있다. … 중략 … 경찰은 김 군이 수니파 원리주의 무장단체인 '이슬람 국가(IS)'에 가입하려고 시리아 밀입국을 시도했을 가능성이 큰 것으로 보고 있다.

한편 2015년 9월 23일 미국과 요르단이 연합군이 IS의 주요기지를 공격하면서 김모 군도 사망한 것으로 추정되고 있다.

자료: 동아일보, '터키 실종' 10대 김 군 "페미니스트 증오, 남성 차별 받는 시대" … IS 가담했나, 2015년 1월 20일자 보도

자생테러의 실태

최근의 자생테러범은 대부분 극단적 이슬람주의에 심취하거나 극

우주의이며, 직업은 학생, 군인, 교사, 무직 등 다양하였으며, 이민 1.5세대 및 2세대의 영주권자 또는 시민권자인 것으로 파악되었다.[21]

대표적 자생테러

국가	내용
호주	Operation Pendennis: Melbourne & Sydney 2005 Sydney hostage crisis 2014
캐나다	Misbahuddin Ahmed of Ottawa 2010 Chiheb Esseghaier and Raed Jaser of Montreal and Toronto 2013 National War Memorial 2014 Quebec City mosque shooting 2017
노르웨이	Norway attacks 2011
네덜란드	Theo van Gogh murder 2004
프랑스	Jîle-de-France attacks 2015 r 2015 Paris attacks 2015
스페인	Madrid Train Bombings 2004
영국	London Underground bombing 2005
일본	Assassination of Shinzo Abe 2022
미국	Buffalo Six Lackawanna 2002 José Padilla 2002 Portland Seven 2002 Virginia Jihad Network 2003 Herald Square, New York City 2004 Colleen LaRose 2009 Little Rock recruiting office shooting 2009 Fort Hood Shooting 2009 Portland car bomb plot November 2010 Christopher Dorner shootings and manhunt 2013 Boston Marathon bombing 2013 Charleston church shooting 2015 San Bernardino attack 2015 Chattanooga shootings 2015 Orlando nightclub shooting 2016 Congressional baseball shooting 2017 Charlottesville car attack 2017 Pittsburgh synagogue shooting 2018 Escondido mosque fire and Poway synagogue shooting 2019 El Paso Walmart shooting 2019 United States Capitol attack 2021 Buffalo shooting in New York 2022 Jacksonville shooting in Florida 2023

자료: Wikipedia, Domestic terrorism, https: //en.wikipedia.org/

미국의 테러사범 수사와 대테러전략을 개발하고 대처하는 주무 정부부처인 미국 연방수사국(FBI)과 국토안보부는 2023년 대테러전략보고서를 통하여 자생테러 또는 국내테러는 반정부적 폭력주의, 반권위적 폭력주의, 무정부주의적 폭력적 극단주의, 민병대 폭력적 극단주의, 주권 시민 폭력적 극단주의, 낙태 관련 폭력적 극단주의, 동물 권리 또는 환경 폭력적 극단주의 등 다양한 양상으로 분류한다.[22]

예를 들어 인종적 또는 민족적 동기에 따른 폭력적 극단주의(Racially or Ethnically Motivated Violent Extremism)를 뜻하는 RMVE는 종교, 문화, 정부 기관을 대상으로 치명적 및 비치명적 폭력을 가하며 지속적으로 위협을 가하고 있다. RMVE 운동은 조직적인 집단과 개인으로 구성된 유동적이고 분산된 형태를 유지하며, 이들은 다양한 플랫폼을 통해 온라인에서 활발하게 활동하며 서로에게 영향을 미친다. 2022년 5월, RMVE는 뉴욕 버펄로의 한 식료품점을 공격하여 10명이 사망했으며, 사망자 중 대부분은 흑인이었다. 공격 전, RMVE는 2019년 뉴질랜드에서 두 개의 모스크를 공격한 호주 RMVE 공격자 브렌튼 태런트의 선언문과 일치하는 선언문을 온라인에 게시했다. 2022년 11월 RMVE는 슬로바키아에서 LGBTQ+ 바 밖에서 공격을 감행하여 2명이 사망했다. 이들은 선언문을 작성하고, 최근 뉴욕 버펄로에서 발생한 RMVE 공격자를 포함한 과거 공격자들을 언급하며, 다른 RMVE들의 폭력적 활동을 극찬하였다. 이러한 양상은 이들이 상호 연대감을 가지고 있고, 공생적 관계망을 형성하였거나 시노한다고 볼 수 있다.

또한 동물권을 강조하는 폭력적 극단주의자들은 기물 파손, 무단 침입, 폭력 위협 등의 범죄를 통해 동물을 해치거나 착취하는 것으로 인식되는 단체들을 지속적으로 표적으로 삼아 공격적 행동을 하는 것으로 나타났다. 이들의 대표적인 표적에는 동물 연구, 모피 산업, 동물성 제품을 판매하거나 동물 사육 사업과 관계된 개인 및 단체들이다. 이들은 폭력적 행위를 행할때 개인 또는 소규모 집단을 구성하여 활동하며, 이후 더 조직적으로 폭력적 양상을 보일 것으로 예측하고 있다.

FBI는 2001년 9월 11일 테러 공격 이후 미국에 대한 테러 위협이 계속되고 있다고 평가하고 있다. 즉, 국제 테러리즘은 여전히 심각하고, 국내 테러리즘의 위협도 전반적으로 지속되고 있으며, 행위자들은 수정헌법 제1조로 보호되는 권리를 행사하는 것에서부터 폭력적인 이슈를 조장하기 위한 범죄를 행하는 등 다양한 유형을 보이는 것으로 진단하였다. FBI는 미국을 대상으로 한 국제 및 국내 테러 위협의 진화 양상으로 특히 다음을 주목하였다.

첫째는 고독한 공격자들(Lone offenders)이 증가하고 있다. 테러리스트의 위협은 대규모 집단의 음모에서 단일 공격자 공격으로 진화했다. 이들은 종종 온라인에서 급진화하고 신속하게 폭력에 동원된다. 명확한 그룹 소속이나 지침이 없으면 고독한 공격자들을 식별하여 수사하고 이들의 행동을 저지하기 어려워 테러를 당하기 쉽다.

둘째는 인터넷 및 소셜 미디어 사용 공격자들(Internet and social media use offenders)이 늘어나고 있다.

국제 및 국내 폭력 극단주의자들은 메시징 플랫폼과 온라인 이미지, 비디오 및 출판물을 통해 인터넷에서 광범위한 입지를 구축했다. 이는 극단주의 메시지를 수용하는 개인을 급진화하고 이들을 모집하는 그룹의 능력을 활성화시킨다. 또한 소셜 미디어는 국제 및 국내 테러리스트에게 미국을 공격할 수 있는 가상 액세스 권한을 부여하며, 세계 어디에 있든 미국을 공격하도록 메시지를 전달하는 통로가 되고 있다고 진단하였다.

미국은 2021년 1월 6일 극단주의자들에 의해 국회의사당 공격으로 자극을 받고, 2021년 6월 15일 국내 극단주의에 대응하기 위한 국가

미국 국회의사당 점령 당하다.

2021년 1월 6일 수요일, 워싱턴 D.C.의 미 국회 의사당이 폭도들에 의해 습격 당했다. 트럼프 대통령 지지자들은 바이든 대통령 당선자의 승리를 공식화하기 위한 의회 합동 회의를 방해함으로써 2020년 대선에서 트럼프 대통령의 패배를 뒤집으려 했다. 의사당은 폐쇄되었고 의원과 직원들은 대피했고, 폭도들이 몇 시간 동안 건물을 점거하고 파괴했다. 이 사건으로 5명이 사망했고, 140명 이상의 부상자가 발생했다.

자료: npr, 3 People From Extremist 'Oath Keepers' Indicted On Capitol Riot Conspiracy Charges, 2021. 1. 27. https://www.npr.org/sections/insurrection-at-the-capitol/

전략을 발표했다. 이 전략의 핵심은 폭력 극단주의자, 특히 백인 우월주의와 반정부 민병대 이념을 동일시하는 사람들이 미국에 "가장 지속적이고 치명적인 위협"을 제기한다는 인식 하에 이들에 대한 대테러정책을 강화한다는 것이다.

이러한 전략의 변화는 2020년 테러 공격 및 음모의 66%가 국내 극우주의 이데올로기에 동조한 극단주의자들이 자행했다는 전략및정보연구센터(Center for Strategic and International Studies: CSIS) 분석과 일치한다.[23]

자생테러범 브레이비크과 차르나에프 형제의 프로파일링

노르웨이의 브레이빅(Anders Behring Breivik) 및 미국의 타메를란(Tamerlan Tsarnaev) 조하르(Dzhokhar Tsarnaev)는 자생테러범 프로파일링을 위한 매우 적절한 사례들이다. 왜냐하면 이들에 의해 행해진 자생테러가 서구사회에서도 가장 발달하고 안전한 사회라는 인식을 받고 있는 노르웨이나 미국에서 발생한 점, 그리고 이미 테러범에 대한 유죄확정판결이 이루어졌다는 점, 이들 테러가 전형적인 내국인 및 이민자인 점 등 자생테러의 요건을 대부분 갖췄기 때문이다.[24]

브레이빅의 프로파일링

노르웨이 오슬로 테러란

브레이빅은 2011년 7월 22일 15시 22분 경 오슬로의 행정부 건물과 총리 집무실 외곽, 기타 정부 건물을 향하여 폭탄이 장착된 차량을 돌진시켜 다수의 부상자와 8명을 사망케했다. 브레이빅은 2시간여 후 우퇴위아 섬의 노동당 청소년캠프 행사장에 진입하여 폭발물 수사를 한다며 참가자들을 나란히 줄 세우고, 총을 쏘았다. 그는 죽은 척하는 사람들을 확인사살하거나, 물에 뛰어든 사람들을 추적하며 총을 쏘아 모두 69명을 사살하였다. 브레이빅은 무장경찰이 우퇴위아 섬에 상륙한 지 2분만에 손을 들고 항복했다.[25]

그는 2012년 7월 24일 판사의 연장이 허용되는 21년 징역형을 선고받아 사실상 무기징역형이 확정되었다.

생태적 배경

브레이빅(Anders Behring Breivik)은 1979년에 태어났다. 모친 Wenche Behring는 간호사였고, 부친 Jens David Breivik은 시민경제학자이

자료: http://gawker.com/tag/anders-behring-breivik

자 런던 및 파리의 노르웨이 대사관에서 근무하는 외교관이었다.

그는 출생 후 런던에서 살다가 부모가 이혼하면서 2살 때부터 모친과 함께 오슬로에서 의붓 여동생과 살았다. 그는 4세 때 어머니로터 성적 학대를 당한 것으로 나타났다.[26] 그는 아버지를 만나러 프랑스를 15세 때까지 오갔다. 10대 초기에 브레이빅은 힙합커뮤니티에 가입했고, 여기저기 낙서를 그리다가 경찰에 체포되는 일이 잦았다. 결국 1995년 그가 16세에 낙서혐의로 벌금형을 받자 아버지는 그에게 절교를 통보했다.[27]

브레이빅은 청소년기에 단백질 스테로이드를 주사하며 웨이트 트레이닝에 심취하는 등 자신의 외모가 크고 강하게 보여지길 바랐다. 그가 19세가 되던 해, 노르웨이 국방부 보안부서는 부적합한 인물이라며 그의 군징집을 면제했다. 브레이빅은 21세에 백화점 고객부서에서 근무하는 평범한 청년이었지만, 중동이나 남아시안 출신지역 사람들에게는 쉽게 성질을 냈다는 평을 받았다. 이 시기에 브레이빅은 전직 KGB대령 출신으로부터 군사훈련을 받았으며, 턱과 코, 이마 등을 성형수술했다.

경제적 환경

브레이빅은 23세가 되던 2002년부터 9년 뒤인 2011년의 테러를 위해 9개년 계획을 세웠고, 이를 위해 백화점 고객서비스센터에 근무하면서 컴퓨터 프로그래밍 사업체를 설립한 것으로 나타났다.[28]

그는 24세가 되던 해에 1억 3천 만원 정도의 수익금을 남겼지만, 회사는 곧 파산했고, 돈을 절약하기 위하여 어머니 집으로 복귀했다. 노르웨이 세무당국은 2007년에 그의 은행계좌는 8천 3백 만원 정도이며, 거의 소득이 없었으며, 이 돈이 테러자금으로 사용되었다고 밝혔다. 브레이빅은 2009년 5월에 채소, 멜론, 그리고 뿌리 식물들을 재배한다며 브레이빅 지오팜(Breivik Geofarm)이라는 농업회사를 설립하고, 2011년 6월 말에 오슬로에서 거의 140km나 떨어진 농촌지역으로 이사했다. 그는 진술서에서 농업회사는 합법적으로 폭발물 제조에 필요한 비료 등을 사기 위한 위장회사였다고 인정했다. 또한 브레이빅은 인터넷으로 폴란드로부터 폭발물 뇌관을 사들였다. 노르웨이 세관은 그의 이름으로 60여 차례나 물건이 거래된 것으로 파악하였다. 이를 위해 4억원 정도의 비용을 지출했고, 무기도 구매했다.

정치적·종교적 성향

브레이빅은 15세에 루터교 신도가 되었다. 브레이빅은 테러를 자행하기 90분 전에 앤드류 브레이빅(Andrew Berwick)이라는 이름으로 2083이라는 제목을 붙여 1,518페이지에 달하는 이른바 유럽독립선언문(A European Declaration of Independence)이라는 성명서(manifesto)를 1,003명에게 이메일로 발송했다.[29]

그는 선언문에서 이슬람공포증과 증오심을 보였고, 자신은 유럽으로 오는 무슬림 이민자들을 저지하는 기사이며, 유럽문화를 회복시키기 위해 가부장제(patriarchy)가 필요하다고 주장했다. 또한 그는 제2차 세계대전 후 체코슬로바키아에서 독일인의 추방을 합법화한 베네선언(Beneš Decrees)과 같이 유럽에서 무슬림을 추방하는 법을 만들 것을 촉구했다. 또한 유럽사회의 페미니즘을 비난했다. 브레이빅은 극우보수주의 단체인 English Defence League(EDL)가 유럽에서 무슬림을 추방하는 수단으로 테러를 이용해야 한다는 자신의 제안을 무시했다면서 EDL을 순진한 바보라고 맹비난하였다. 이에 대해 EDL은 브레이빅의 테러와 자신들은 아무런 관련이 없다고 선을 그었다.

수사결과 브레이빅은 자신의 홈페이지(document.no.)를 운영하면서 반이슬람적이고 친이스라엘적인 글들을 지속적으로 게재했고, 자신의 웹사이트의 방문객들과 "Documents venner"(Friends of Document) 미팅에도 참여했던 것으로 나타났다.

또한 노르웨이의 주요 우익 정당인 진보당과 그 청년단체의 당원이었으며, 그 리더는 브레이빅이 2000년대 초반에 당에서 매우 왕성한 활동을 했으나, 그의 성향이 점점 극단주의화되면서 스스로 당을 떠났다고 주장했다.

브레이빅은 자신의 유튜브 계정에 업로드한 12분짜리 동영상에서 윈스턴 처칠과 막스 마누스, 네덜란드의 극우 정치인 헤이르트 빌더르스의 열렬한 찬양자라고 밝히면서 네덜란드 자유당이야말로 유일하게 진실된 극우정당이라고 주장했다.

노르웨이 경찰은 브레이빅을 극우주의자(right-wing extremist)라고 단정지었지만, 브레이빅은 언론이 자신을 보수적 민족주의자(conservative nationalist)라고 불러주기를 요구했다. 그러나 브레이빅은 교노소 수감 중에는 자신은 스스로를 기독교도라고 생각한 적이 없으며, 오히려 자신의 종교가 스칸디나비아의 샤머니즘인 오딘교(Odinism)이며, 자신은 파시스트이자 민족사회주의자(national socialist)라고 주장했다.

정신적 특징

브레이빅은 제1심 법원이 자신에 대해 정신분열증이라고 통보하자 모욕적이라며 반박했다. 결국 법원은 재감정 결과 그가 정신분열증이 아니라 반사회적 성격장애 및 폭력적인 성향 및 자아도취 성향을 가진 정도라고 진단하였다.[30]

이러한 진단결과는 경찰수사 과정 등에서도 나타났다. 즉, 그는 테러 당일 경찰복 차림이었고, 그의 웹사이트에 게시된 사진은 대부분 경찰복이나 장교복 또는 중세시대의 귀족차림이었다. 또한 자신이 테러 전에 상당히 규모가 큰 조직의 리더인 것처럼 설명하고 있으나 사실확인 결과 모두 존재하지 않는 것으로 나타났다. 한편 경찰이 그를 체포한 직후 경찰유니폼을 벗기고 사진촬영을 하자 그는 보디빌딩 선수처럼 가슴을 힘껏 내밀고, 허리를 꼿꼿이 세우며, 손을 엉덩이에 걸치는 등 포즈를 연출하였다.[31]

브레이빅은 체포 당시 경찰에게 손가락을 다쳐 피를 1리터 이상 흘렸다며, 빨리 치료해주지 않으면 고소하겠다면서 욕설을 퍼부었다. 의사에게는 자신의 상처가 피해자의 얼굴 가까이서 총을 쏘면서 총구가 반동하여 생긴 것 같다며 상황을 설명하기까지 했다. 그런데 상처의 길이는 겨우 5mm에 지나지 않았다.[32]

한편 그는 성명서에서 아버지가 자신을 버린 무책임한 사람이라며 비난했고,[33] 어머니는 페미니스트라고 주장하며, 그녀의 양육방식으로 인해 자신이 여성주의화 되었다며 비난했다.

차르나에프 형제의 프로파일링

보스톤 마라톤 테러란

차르나에프 형제는 2013년 4월 13일 오후 2시 50분 경 보스톤 마라톤의 결승지점의 혼잡한 관람객들 틈과 결승선 지점의 관람객들 사이에 압력밥솥 폭탄이 든 백팩을 내려놓고 원격으로 조종하여 폭발시켰다. 이 테러로 현장에서 3명이 즉사하고 시민 264명과 경찰관 18명이 부상당했다. 이들을 검거하는 과정에서 경찰관 2명과 형인 타메를란이 사망했다.[34]

동생 조하르는 차량을 버리고 한 주택 정원의 보트에 은신해 있다가 검거되었다. 조하르는 변호사를 원하는가에 대한 경찰의 질문에 이를 거절했다. 그는 2015년 4월 8일 살인, 중화기 사용 등 30개 혐의에 대해 모두 유죄 평결을 받았다. 이 중 17개가 사형을 선고 받을 수 있는 혐의였다. 당시 배심원난은 만장일치로 조하르가 진심으로 사과하지 않고, 반성하는 기미도 없다며 사형을 결정했다. 이어 메사추세츠주 연방법원은 2015년 6월 24일 조하르에게 독극물 투입을 통한 집

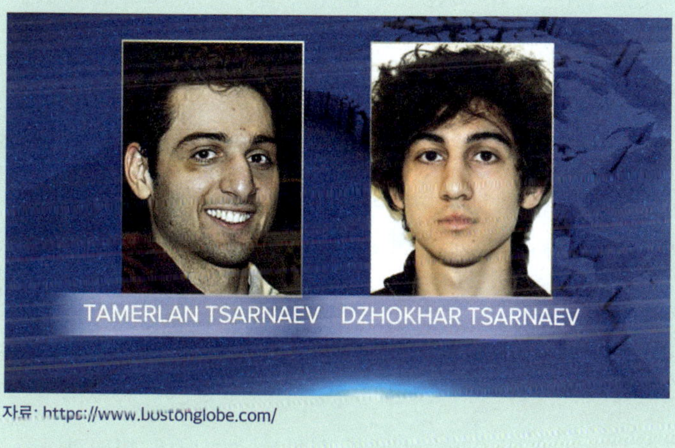

자료: https://www.bostonglobe.com/

행이 가능한 사형을 공식 선고했다. 조하르는 6월 25일에 콜로라도주의 Florence High 연방교도소로 이송되었다가, 7월 17일에 ADX Florence로 재이송되었다.[35]

생태적 배경

차르나에프 가족은 제2차 세계대전 때 체첸에서 카자흐스탄으로 이주했다.[36] 그의 부친인 Anzor Tsarnaev는 체첸출신이고, 모친 Zubeidat Tsarnaev는 아바르인이다. 부부는 두 아들과 두 딸을 두었으며, 형인 타메를란은 1986년에, 그리고 동생인 조하르는 1993년에 출생했다. 가족은 키르키스탄에 살다가 2001년에 다케스탄으로 이주했다. 2002년 봄에 부모와 조하르는 90일간 여행비자로 미국에 입국해 종교망명을 신청했다.

타메를란은 키르키스탄의 루플란이라는 삼촌 집에서 양육되다가 2년 후에 미국의 가족과 합류했다. 가족은 미국정부로부터 정착지원금(transitional assistance money)을 받아 메사추세츠주의 캠브리지 노포크 거리에 정착했다. 또한 가족 모두 이민자공공복지서비스 혜택을 받았으며, 부친은 정원사로, 모친은 미용사로 일하면서 2007년 3월에 합법적인 영주권을 받았다.

조하르는 케임브리지 린지 공립고교에서 공부했으며, 당시 그레이트 보스턴 겨울 올스타리그에 출전할만큼 뛰어난 레슬링 선수로 활동했고, 하버드 대학에서 인명구조원으로 일하기도 했다.[37]

2011년에 조하르는 체첸 역사수업을 가르치는 다트머스 대학의 교수를 접촉했다. 같은 해 그는 정부장학금을 받아 매사추세츠 다트머스 대학 해양생물학과에 입학했다. 당시 조하르 형제의 복싱코치는 조하르가 형을 따르는 강아지 같았다고 기억했다. 대학시절 그의 동료들은 조하르가 평범한 학생으로 힙합을 좋아하며, 마리화나를 피우고, 정치얘기를 좋아하지 않는 친구였다고 기억했다. 또한 그가 자원봉사 프로그램에 매우 적극적으로 참여하고, 미국인들과 같은 영어발음을 구사하는 평범한 캠브리지청년으로 기억했다. 한편 2012년에 알링턴경찰은 영장을 발부받아 알링턴 하이츠 파티에서 조하르의 미성년자 음주혐의를 들어 그의 혼다자동차를 수색하였다.

타메를란은 케임브리지 린지 라틴어고등학교를 거쳐 2006년 가을 매사추세츠 보스턴 대학에 지원했지만 낙방했다.[38] 이후 벙커 힐 커뮤니티 칼리지에 입학하여 엔지니어학을 전공하면서 아르바이트를 했으며, 권투를 배웠다. 이후 권투에 집중한다면서 학교를 중퇴했다. 2007년에 타메를란은 2년여간 그의 여동생의 남자친구였던 브라질 소년이 무슬림이 아니라는 이유로 때리기도 했다. 그는 2008년에 충실한 무슬림으로 기듭나 금수와 금연을 하면서 모스크에 출석했다. 여동생이 자신의 남편이 바람이 나 자신을 학대한다고 알리자 워싱턴까지 가서 처남을 훈계하기도 했다.

타메를란은 2009년부터 2010년까지 헤비급 권투선수로 활동해 뉴잉글랜드 골든 글러브 헤비급 챔피언이 되었다. 2009년 5월에 201파운드 체중 클래스의 대회에 출전했으나 1회전에서 KO패 당하였다. 타메를란의 첫 번째 데이트 상대여성은 후에 타메를란이 자신을 때린다며 경찰에 신고했고, 타메를란은 체포되어 2009년 7월 28일에 기소됐다. 이 일은 증거불충분으로 기각됐지만, 부친은 후에 법정에서 이 일이 타메를란의 시민권취득을 방해했다고 주장했다.

타메를란은 로드아일랜드에서 온 미국인 대학생인 캐서린 러셀과 데이트를 했고, 그녀는 2008년도에 이슬람으로 개종하여, 히잡을 쓰고 나녔다. 러셀의 친구들은 타메를란이 러셀에게 욕설을 하며 가구나 물건을 던지는 것을 목격하곤 했다. 타메를란은 2012년 9월에 국토안보부에 미국 시민권을 신청했지만, 국토안보부는 FBI가 2011년에 그와 인터뷰한 기록을 발견하고 시민권 발급을 보류하였다.

경제적 환경

조하르는 테러 당시 다트머스 대학의 파인 데일 홀 기숙사에 사는 2학년생이었지만, 3학기에 걸쳐 7과목에서 F학점을 받는 등 학업에 충실하지 못했다.[39] 따라서 그는 장학금을 지급받지 못했고, 용돈을 벌기 위해 마리화나를 팔았다. 또한 형이 결혼했지만, 경제적 사정으로 함께 살지 못하고 기숙사에서 계속 살았으며 러시아로 귀국한 부모로부터는 어떤 경제적인 지원도 받지 못하였다.

형인 타메를란 역시 권투선수 시절을 제외하고는 정기적인 급여를 받는 직업을 가진 적이 없고, 2009년부터 메사추세츠정부가 지원하는 공공복지서비스(taxpayer–funded state welfare benefits)를 받았다.[40] 그는 테러 일주일 전까지도 이 서비스로 생활비와 음식물 등을 제공받은 것으로 알려졌다. 그는 결혼 후에는 아내와 세 살인 딸과 함께 공공복지서비스를 받았다. 그의 아내는 일주일에 70시간을 건강도우미로 일하였고, 그는 아내를 대신해 딸을 돌봤다.

정치적·종교적 성향

조하르에 대한 심문결과 수사당국은 조하르형제가 극단적 이슬람주의자라고 단정지었다.[41] 그러나 그들이 공식적으로 연계된 조직은 없는 것으로 밝혀졌다.[42] 조하르는 개인적으로는 러시아어 소셜 네트워킹 사이트 VK에서 자신의 세계관이 이슬람이며, 최우선적인 관심사는 경력과 돈이라고 적었다. 또한 자신의 홈페이지에 이슬람 웹사이트와 시리아내전 전투기 동영상, 그리고 체첸독립 다큐멘터리 등을 링크시켜 놓았다. 트위터에서는 종교보다는 스포츠와 치즈버거에 더 관심이 있다고 적었다. 마라톤 폭탄테러를 개시하기 직전에는 급진적 이슬람주의를 선전하는 코란의 구절을 게시하였다.

한편 조하르는 자신의 노트에 자신들의 행동은 "미국의 아프가니스탄과 이라크 공격에 대한 보복이며, 폭탄을 준비하고, 테러를 실행하는 것은 모두 자발적인 신념에 의한 것"이라 메모했다. 또한 자신은 형인 타메를란이 천국에서 살고 있을 것이기 때문에 그의 죽음을 슬퍼하지 않으며, 자신도 형과 함께 천국에서 살게 되길 바란다고 적었다.[43] 한편 테러는 2010년 타임스퀘어 자동차폭탄테러를 내용으로 하는 Anwar al-Awlaki의 온라인비디오게임에서 영감을 받았다고 진술하였다.[44]

2011년 초에 러시아연방보안서비스(Russia's Federal Security Service: FSB)는 FBI에 타메를란이 러시아의 이슬람 극단주의자의 추종자이며, 러시아에서 정체불명의 지하조직들을 접촉하기 위해 미국을 출국한다는 정보를 제공했다. 이에 대해 FBI는 처음엔 타메를란과의 접촉을 부인했다. 그러나 모친은 FBI가 타메를란과 친척들을 면담했으나 별다른 혐의를 발견하지 못했다고 주장했다. 당시 FBI는 더 이상의 자세한 정보를 러시아에 요구했지만, 묵살되었다.[45] 모친은 타메를란이 FBI의 감시대상자이고, FBI가 자신에게 타메를란이 이슬람 극단주의자이며, 그가 이슬람 극단주의 사이트에서 활동하고 있다고 말했다고 증언했다. 한편 2011년에 모친의 극단적 지하드 조직과의 전화통화가 FSB에 의해 감지됐다. 또한 자신의 아들들이 이슬람을 위하여 어떻게 죽어야 하는지를 묻는 문자내용도 발견됐다. 2011년 말에 CIA는 그녀와 타메를란을 테러리스트 명단에 등록했다.

타메를란은 2012년 1월에 러시아를 방문했다가 7월에 미국으로 입국했다.[46] 러시아에 있는 동안 그는 북 코카서스에 있는 가족들을 방문하고, 군사훈련을 받은 것으로 알려졌다. 그는 다게스탄의 이슬람공동체의 정신적인 지도자이면서 급진적 이슬람을 추종하는 사촌과 급속도로 가까워졌다. 이 사촌은 후에 보스턴 마라톤 테러는 세상의 시각을 이슬람으로 돌리게 한 9.11테러에 버금가는 선한 일(good thing)이라고 주장하였다. 한편 다게스탄 경찰은 타메를란이 이슬람 군사조직인 사파리 모스크를 여섯 번이나 방문하였다고 기록하고 있다.[47]

이 밖에도 러시아 수사당국은 타메를란이 캐나다 국적의 러시아-타타르 분리주의자인 23세의 플로트니키보(William Plotnikov)와도 온라인으로 접촉하고, 그를 만나러 캐나다를 방문했다고 밝혔다. 또한 타메를란은 다게스탄에서 모두 7회에 걸쳐 19세의 다케스탄-팔레스타인인 남자인 니달(Makhmud Mansur Nidal)을 만났는데 니달은 이슬람성전주의자를 모집한다는 혐의를 받고 경찰의 추적을 받는 인물이었다. 그러나 니달이 교전 중 사살되자 타메를란은 새롭게 발급된 러시아 여권을 찾지도 않고, 미국으로 출국하였다.

미국으로 돌아온 타메를란은 이슬람 율법에 충실한다는 표식을 상징하는 의미로 수염을 기르고 눈주위에 코홀을 걸치며, 주위 사람들에게 극단적 이슬람주의자가 되라고 하였다.[48] 또한 유튜브 계정을 만들어 다게스탄 출신의 이슬람 극단주의자인 듀자나(Amir Abu Dujana)와 관련된 영상을 테러리스트라는 이름으로 링크시켰다. 또한 북 코카서스에 이슬람왕국을 건국하자는 이슬람 극단주의자들의 영상 및 아랍인의 폭탄테러를 찬송하는 노래들을 링크시켰다. 또한 알카에다와 같은 이슬람 지하드 단체 등의 사이트를 빈번하게 방문하여 영상을 보고, 게시된 글을 읽었다. 그는 2012년 11월에 모스크 주변의 식료품 주인에게 추수감사절에 칠면조를 파는 것은 옳지 않다고 비난했다. 모스크의 추수감사절 예배에서는 미국의 공휴일을 축하하는 예배는 잘못된 것이라며 소리를 질렀다. 2013년 1월에는 마틴 루터 킹 주니어 데이를 기념하는 설교를 중단하라며 난동을 부렸다. 결국 신도들은 그가 다시는 소란을 피우지 않는 조건으로 모스크 사원에 출입할 것을 요구했다.

정신적 특징

조하르는 체포 후 마지막 재판 전까지 소극적으로 조사에 응하였으며, 법정에서도 적극적으로 자신을 변호하지 않았고, 묵비권을 행사했다. 그러나 구치소에서는 카메라를 향해 가운데 손가락을 들어 올리며 피해자들을 성적으로 모욕하는 행동을 보이기도 하였다. 또한 마지막 재판 때까지 전혀 자신의 죄(살인죄를 포함한 모두 30여 가지 죄목)를 인정하지 않았다.[49] 그는 2015년 6월 24일 최종 판결 전 처음으로 입을 열어 피해자들에게 사과하고 자신이 행한 일을 모두 인정한다며 자신은 죄인이라고 진술했다.

조하르의 변호사는 조하르가 성적이 좋지 않아 장학금을 놓치는 등의 일로 열등감 및 낮은 자존감을 가졌으며, 테러 역시 이러한 정신적인 문제의 연장선상이라고 주장했다. 그러나 법원은 조하르가 반사회적 성격장애의 모습을 보이지만 특별한 정신적 장애를 갖고 있지는 않다고 진단하였다.[50]

자생테러의 영속화 요소들: 프로파일 데이터 베이스화

노르웨이 테러범 브레이빅과 보스턴 테러범인 차르나에프 형제를 대상으로 이들에게 미친 영향요인을 분석한 결과 다음과 같은 결론을 얻을 수 있었다.

첫째, 자생테러는 테러범의 성장과정의 생태적 환경에 따라 촉발되거나 가속화될 수 있다. 둘째, 빈곤이 곧 자생테러의 결정적 요인은 아니며, 테러동기가 충만한 경우 중산층과 빈곤층, 이민자그룹, 모국인 모두 테러를 실행한다는 것이다. 셋째, 테러범의 극우주의적 정치적 이념이나 극단적인 종교적 성향은 성장과정 및 부모와의 유대감 결여 등에서 기인한 불만이나 불안감을 감추거나 폭발시키는 도구일 수 있다는 것이다. 따라서 평범한 사람일지라도 그의 테러를 합리화시키는 도구로서 극단주의화 경향을 선택할 수 있다. 넷째, 테러범은 자기애적 망상에 빠져있거나 도덕심, 배려, 그리고 시민의식이 결여된 반사회적 성격장애의 징후를 갖고 있다.

이를 좀 더 분석하면 다음과 같이 정리할 수 있다.

첫째, 생태적 배경에 있어서 브레이빅과 차르나에프 형제 모두 부정적인 환경에 노출되어 있고, 평범하지 않은 성장환경을 가졌으며, 부모와 일찍 단절된 생활을 했으며, 부모의 적극적인 통제와 관심을 받지 못했다는 특징이 있다.

브레이빅은 부모의 이혼과 모친의 성적 학대와 부친의 반복적인 재혼, 부친과의 단교 등 불안정한 가정환경에서 성장했다. 즉, 그는 부모와의 유대감을 제대로 형성하지 못하였다. 군입대 징집 검사에서도 부적합 판정을 받았고, 스테로이드 주사를 맞거나 이마, 턱 등의 성형수술 등 타인에 대한 자기과시적 성향이 강하였다.

차르나에프 형제는 체첸 출신 이민자들로서 케임브리지고등학교를 거쳐 대학에 입학했지만, 동생은 학업성적이 부진하여 장학금을 놓쳤고, 형은 권투를 이유로 학업을 중단하는 등 순탄치 않은 생활을 하였다. 부모는 영주권을 받은 후 러시아로 되돌아갔고, 조하르는 마약을 팔아 생활비를 벌었고, 형은 특별한 직업이 없이 정부의 복지보조금으로 생활했다.

차르나에프 형제의 경우 체첸을 벗어나 인간적인 삶을 살고 싶다는 욕망으로 미국으로 이주했지만, 부모의 삶은 곤궁했고, 영주권을 취득한 부모가 러시아로 귀국하면서 형제가 특별한 보살핌 없이 부모로

브레이빅과 차르나에프 형제의 자생테러 영향요인 구조도

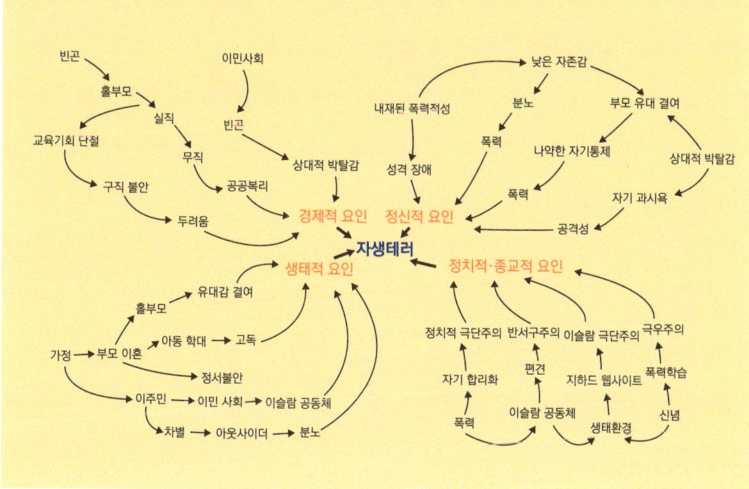

부터 배운 이슬람식 생활을 영위했다. 형 타메를란은 러시아를 방문하여 친척인 지하드들과 접촉하고 부모 역시 이에 대해 방관하였으며, 동생 조하르는 이러한 형의 절대적인 영향 하에 있었다.

둘째, 경제적 환경에 있어서 브레이빅은 경제적 빈곤이나 실직 등이 테러에 영향을 준 것으로 보이지 않지만, 차르나에프 형제는 이민 가정의 곤궁함과 그로 인한 부모의 러시아로의 귀국 등도 그들의 극단주의적 성향에 영향을 미쳤던 것으로 보인다.

브레이빅은 노르웨이 사회의 중산층 자녀로 경제적 어려움은 없었지만, 오히려 그의 생태학적 환경이 테러9개년계획을 세워 자금을 조달할 만큼 아웃사이더로의 모습을 보이는 특징이 있다. 즉 이는 빈곤이나 실업 등의 경제문제가 없는 중산층 시민(native born)이 왜, 어떻게 자생테러범으로 변화하는지를 설명해준다.

이에 비해 차르나에프 형제의 경우는 자생테러이론이 주장하는 것처럼 이슬람 이민자 가정의 청소년들이 테러범으로 성장하는 데에 경제적 문제가 동력요인으로 작용하고 있다는 것을 확인할 수 있다. 경제적 문제로 부모가 러시아로 귀국하면서 차르나에프 형제의 생활은 방임되었으며, 형인 타메를란이 부모 역할을 하며 완고한 이슬람식 가부장적 질서와 통제를 대신하였다. 그러나 타메를란 자신도 학업 및 권투 등 어느 것에서 성공하지 못하였으며, 그 자신이 폭력성을 드러내는 등의 결혼 생활을 하였다. 또한 적극적인 구직활동 대신 급진적 이슬람에 빠져들어 반미주의를 키우면서도 미국 정부의 복지혜택을 꾸준히 받는 모순된 행동을 보이고 있다.

셋째, 정치적·종교적 성향에 있어서는 브레이빅은 뚜렷한 극우주의 및 반이슬람주의를, 그리고 차르나에프 형제는 극단적 이슬람주의의 영향을 받은 것을 확인할 수 있다.

브레이빅은 이른바 유럽독립선언문을 통해 문화적 막시즘, 부계사회의 회복, 반이슬람문화, 무슬림추방 등을 주장하며, 자신을 파시스트이자 민족주의자라고 정의했다. 자신의 홈페이지를 통해서도 반이슬람 및 극우주의적인 성향을 지속적으로 보였고, 관련 사이트에 가입하는 등 매우 적극적으로 정치적 이념 및 종교적인 성향을 표현했다. 그런데 이러한 극단주의적 이슬람주의 및 극우주의적 성향은 모친에 대한 거부감과 부친에 대한 비난 등이 내재되어 있고, 이러한 의식은 청년기와 성인기를 거쳐 더욱 강화되었으며, 동시에 주변인 또는 어떤 조직과도 연계되지 못하는 고립된 생활을 하는 특징이 있다.

차르나에프 형제의 경우 타메를란은 매우 극명한 극단적 이슬람주의 성향을 보였고, 러시아를 방문하여 그 이념을 공고히 하고, 일상생활에서도 이슬람 율법을 지키는 등 끊임없이 이슬람 극단주의자나 단체와 교류하였다. 또한 유튜브 계정을 통하여 이슬람 극단주의를 옹

호하는 영상물 등을 매우 적극적으로 링크시켰다. 조하르 역시 자신의 유튜브계정, 그리고 노트 등을 통하여 이슬람 극단주의 성향을 보였다. 그러나 이들 역시 실제로 테러와 관련하여 연대한 외부조직이나 세력이 밝혀지지 않았다.

따라서 즉, 자생테러이론의 주장대로 외부와의 연대를 갖지 않아도 브레이빅이나 차르나에프 형제가 가지고 있는 내재된 불만 또는 폭력적 성향이 종교 또는 정치적 이념으로 포장되어 테러의 명분을 부풀린다는 것을 알 수 있다. 한편으로는 누구와도 유대감을 형성하지 못하는 성격 또는 성향 등이 오히려 이들을 스스로 외부와 고립시키고 폭력성을 강화하는 요인이 되었을 것이다.

넷째, 자생테러이론의 주장과 같이 이들 테러범이 의사결정에 장애가 될 만한 정신적인 문제를 갖고 있지는 않았다. 다만 브레이빅 및 조하르는 반사회적 성격장애 및 자기현시적, 그리고 자아도취적인 망상증을 가진 것으로 진단되었다.

브레이빅의 경우 아동학대 및 부친과의 갈등 등으로 인해 자존감이 매우 낮고, 이를 감추기 위한 수단으로 경찰유니폼이나 장군복 또는 왕족의 복장, 성형술, 보디빌딩 등을 통하여 자신의 외양을 남에게 한껏 과시하고 돋보이게 하려는 현시성 및 과대망상증 등의 전형적인 양상을 보인다. 조하르나 타메를란은 마리화나를 팔거나 공공복지서비스로 생활하면서도 적극적인 구직이나 학업활동을 하지 않고 이슬람주의나 반미주의적인 성향 등을 보이는 등 현실도피 및 자기도취적 성향을 보이며, 특히 조하르는 마지막 법정에서야 피해자들에게 겨우 사과하는 등 반사회적인 양상을 보였다.

참고문헌

1_Nesser, P. "Toward an increasingly heterogeneous threat: a chronology of jihadist terrorism in Europe 2008-2013". *Studies in Conflict & Terrorism, Vol.37 No.5, 2014*, 440－456.

2_Hausken, K., & Zhuang, J. "The timing and deterrence of terrorist attacks due to exogenous dynamics". *Journal of the Operational Research Society, Vol.36 No.6, 2012*, 726－735.

3_Estes, R. J., & Sirgy, M. J. "Radical Islamic militancy and acts of terrorism: A quality－of－life analysis". *Social indicators research, Vol.117 No.2, 2014*, 615－652

4_Szpunar, P. M. "From the Other to the Double: Identity in Conflict and the Boston Marathon Bombing. Communication", *Culture & Critique. 2015*. doi: 10.1111/cccr.12124.

5_Kriner, M., Barbarossa, E., & Bernardo, I. (2022). The Buffalo Terrorist Attack: Situating Lone Actor Violence into the Militant Accelerationism Landscape. The Center on Terrorism, Extremism, and Counterterrorism, 2022－07.

6_허경미. (2012). 자생테러범의 급진과격화에 관한 프로파일링. 한국범죄심리연구, 8, 241－259.; 허경미. (2016). 자생테러의 영향요인에 관한 연구－노르웨이 오슬로 및 보스턴 마라톤테러범을 중심으로. 경찰학논총, 11(4), 219－250.; 허경미. (2009). 자살 테러의 동기에 관한 연구. 한국공안행정학회보, 18(4), 583－608.

7_프랑스 파리 및 생드니 등에서 2015년 11월 13일 21시 16분부터 동시다발적으로 세 건의 연쇄테러가 발생하여 166명이 사망하고, 300여명 이상이 부상당했다. 주범인 모하메드 아브리니(31)빌랄 하드피(20) 등이 프랑스 국적이라는 것이 밝혀져 충격을 주었다. wikipedia, paris terror, https: //ko.wikipedia.org/wiki/2015%EB%85%84_11%EC%9B%94_%ED%8C%8C%EB%A6%AC_%ED%85%8C%EB%9F%AC/

8_Perry, A. and Minteh, B. S., "Home Grown Terrorism in the United States (US): Causes, Affiliations and Policy Implications". *Jan. 8, 2014*. http: //dx.doi.org/10.2139/ssrn.2518616.

9_Hinkkainen, K., "Homegrown terrorism: the known unknown". *Peace economics, peace science and public policy", Vol.19 No.2, 2013*, 157－182.

10_Szpunar, P. M. “From the Other to the Double: Identity in Conflict and the Boston Marathon Bombing. Communication”, *Culture & Critique. 2015*. doi: 10.1111/cccr.12124.

11_Lyons－Padilla, S., Gelfand, M. J., Mirahmadi, H., Farooq, M., & van Egmond, M. (2015). “Belonging nowhere: Marginalization & radicalization risk among Muslim immigrants“. *Behavioral Science & Policy, Vol.1 No.2, 2013*, 1－12

12_Ghatak, S., & Gold, A. “Development, discrimination, and domestic terrorism: Looking beyond a linear relationship”. *Conflict Management and Peace Science, 2015*, 0738894215608511.; Hinkkainen, K. “Homegrown terrorism: the known unknown. Peace economics”. *peace science and public policy, Vol.19 No.2, 2013*, 157－182.

13_Caruso, R., & Schneider, F. “Brutality of Jihadist terrorism. A contest theory perspective and empirical evidence in the period 20022010”. *Journal of Policy Modeling, Vol.35 No.5, 2013*, 685－696.

14_Borum, Randy, Robert Fein, and Bryan Vossekuil. “A Dimensional Approach to Analyzing Lone Offender Terrorism.” *Aggression and Violent Behavior Vol.17 No.5, 2012*, 389－396.

15_Gupta, D. K. Understanding terrorism and political violence: The life cycle of birth, growth, transformation, and demise. Routledge. 2008.

16_Becker, Michael. “A Response to ‘Key Issues and Research Agendas in Lone Wolf Terrorism.’” *Studies in Conflict & Terrorism Vol.39, No.5, 2016*, 472－476.

17_Qvortrup, M., & Lijphart, A. “Domestic terrorism and democratic regime types”. *Civil Wars, Vol.15, No.4, 2013*, 471－485.

18_이러한 성향에 대하여 국내 다수 논문에서는 자생테러범을 외로운 늑대(lone wolf)라고 표현하며, 한국의 결혼이주여성가정 및 이주노동자, 북한이탈주민 등 이른바 다문화사회를 촉진한 그룹들이 가지는 소외감 및 정체성문제에 대하여 주목하고 있다.: 정육상, “외로운 늑대 테러의 발생가능성과 경찰의 대응방안”, 한국경찰학회보, 42, 한국경찰학회, 2013, 201－226.; 박철현. “국내 자생테러 발생가능성에 대한 사회학적 고찰 및 대책”, 한국사회학회 특별 심포지움 자료집, 한국사회학회, 2012, 132－150.; 신재헌, 김상운. “다문화사회의 자생적 테러리즘 예방을 위한 경찰활동”, 한국위기관리논집, 9(2), 2013, 49－72.; 오세연, 송혜진, “한국내 다문화사회로의 전환에 따른 Lone－Wolf 테러발생 가능성에 대한 시론적 연구”, 한국테러학회보, 6, 한국테러학회, 2013, 140－169.; 김순석, “다문화주의에 따른 자생테러리즘의 가능성과 대책에 관한 연구” 경호경비연구, 23, 한국경비학회, 2010, 1－19.

19_Corner, Emily and Paul Gill. "A False Dichotomy? Mental Illness and Lone－Actor Terrorism." Law and Human Behavior Vol.39, No.1, 2015, 23－34.

20_Ki－moon, B. (2012). The Use Of The Internet For Terrorist Purposes. New York,: United Nations. wikipedia, https://Domestic_terrorism_in_the_United_States

21_wikipedia, https://Domestic_terrorism_in_the_United_States

22_Federal Bureau of Investigation, Department of Homeland Security, Strategic Intelligence Assessment and Data on Domestic Terrorism, file:///C:/Users/Owner/Desktop/Downloads/fbi－dhs－domestic－terrorism－strategic－report－2023.pdf/

23_CSIS, https://www.csis.org/analysis/first－us－national－strategy－countering－domestic－terrorism/

24_허경미. (2016). 자생테러의 영향요인에 관한 연구－노르웨이 오슬로 및 보스턴 마라톤테러범을 중심으로. 경찰학논총, 11(4), 217－250.

25_The Final Call, "Tragedy in Norway Borne Out of Seeds of Racism and Intolerance in UK, EU". New America Media.", 2011. 8. 16. http: //www.finalcall.com/artman/publish/World_News_3/harlem_8087.shtml/

26_NCBI, "The Breivik case and what psychiatrists can learn from it". *World Psychiatry. Vol(12) No(1), 2013*, 16-21

27_theguardian, Anders Behring Breivik trial: the father's story, 2012. 4. 13. https: //www.theguardian.com/world/2012/apr/13/anders－behring－breivik－norway/

28_DailyMail, "Tears of a mass murderer: Norwegian killer Breivik breaks down as film of his hero Vlad the Impaler is played", http: //www.dailymail.co.uk/news/article－2130364/Anders－Behring－Breivik－trial－Norwegian－killer－breaks－Vlad－Impaler－video－played.html/

29_CNN International, Key points from the Norway shooting suspect's purported manifesto, 2011. 7. 24. http: //edition.cnn.com/2011/WORLD/europe/07/24/norway.manifesto.highlights/

30_The Breivik Archive, Anders Behring Breivik Psychiatric Report 2012－04－10, https: //sites.google.com/site/breivikreport/documents/anders－breivik－psychiatric－report－2012－04－10

31_한편 브레이빅이 4살 무렵 「노르웨이 아동 및 청소년 정신센터」(Norway's centre for child and youth psychiatry(SSBU))는 브레이빅의 모친이 브레이빅을 때리며, 그가 죽었으면 좋겠다고 말하는 등 브레이빅에 대하여 본능적이고 공격적인 성적 환상을 투사하여 아이를 양육하기에는 부적합

한 경계성 인격장애를 가지고 있다고 평가한 것으로 밝혀졌다. 이 보고서는 모친이 법원에 증거자료 채택을 거부하였다. Orange, Richard "Anders Behring Breivik's mother 'sexualised' him when he was four'". 2012. 10. 7. http: //www.telegraph.co.uk/news/worldnews/europe/norway/9592433/Anders－Behring－Breiviks－mother－sexualised－him－when－he－was－four.html/

32_Pierce, K., "Inside the warped mind of Anders Breivik". 2016. 7. 22. http: //www.telegraph.co.uk/news/2016/07/22/anders－breivik－inside－the－warped－mind－of－a－mass－killer/

33_이에 대해 그의 부친은 자신이 3번씩이나 결혼에 실패하고, 4번째 재혼했을 때 브레이빅이 더 이상 자신과의 연락을 원하지 않았으며, 매 월 그에게 성인이 될 때까지 경제적 지원을 했다고 했지만 편안한 대화는 나누지 못했다고 밝혔다.; theguardian, Anders Behring Breivik trial: the father's story, 2012. 4. 13. https: //www.theguardian.com/world/2012/apr/13/anders－behring－breivik－norway/

34_조하르는 테러 후 학교 기술사에 돌아가 트위터에 보스톤 테러 현장의 사람들이 안전하길(stay safe) 바란다는 글을 올렸나. 그는 4월 15일부터 경찰이 자신의 형제에 대한 용의자 사진을 공개한 4월 18일까지 기숙사에 머물면서 체육관에서 운동을 하고, 친구들과 테러뉴스를 시청하기도 하였다.

조하르와 타메를란은 4월 18일 대학내 편의점에서 절도행위를 하다가 경찰의 추격을 받다가 도주하면서 MIT경찰을 살해하고 SUV차량과 메르세데스 혼다를 각각 탈취해 도주하였다. 그러나 혼다 소유자가 주유소에서 탈출하면서 언론에 조하르 형제를 제보했다.

4월 19일 아침 경찰이 형제를 추격하자 이들은 경찰에 폭탄 압력밥솥을 투척하고 총격을 가하였다. 경찰이 타메를란이 탄 자동차를 포위하고 체포하는 사이 조하르가 SUV를 몰아 타메를란과 경찰을 향해 돌진하였다. 경찰은 몸을 피했지만 타메를란은 SUV 차량 밑바닥에 걸린 채로 9미터 가량을 끌려갔다. 이후 타메를란이 땅에 내동댕이쳐졌고, 이후 타메를란은 병원으로 이송됐지만 사망했다. 검시관은 차량공격 및 총상이 결정적인 사망원인이라고 밝혔다. 인근 자치단체와 보스톤 모스크 측은 타메를란의 매장허가와 장례식을 거부했다. 2014년 5월 9일 웨체스터 경찰은 타메를란의 사체가 매상되었으나 장소는 공개할 수 없다고 밝혔지만 결국 버지니아 도스웰의 무슬림 공원묘지인 Al－Barzakh Cemetery에 매장된 것으로 알려졌다. 도스웰 시민들과 모스크의 지도자들은 그의 비밀 장례에 대해 맹비난했다. 결국 공원묘지 운영주인 Martha Mullen of Richmond는 "타메를란의 폭력적인 행위는 용서할 수 없지만, 그것은 신과 그와의 일이며, 그를 땅으로 돌려보내는 것은 인간인 우리의 의무일 것"이라며 그의 매장허가를 시인했다. Greg Botelho and Paula Newton, "To locals' surprise, Tamerlan Tsarnaev buried in Virginia cemetery", CNN, 2013. 5. 11. http: //

edition.cnn.com/2013/05/10/us/virginia-boston-suspect-burial/

35_WBUR News, Judge Releases List Of Tsarnaev Jurors, 2016. 1. 12. http://www.wbur.org/news/2016/02/12/tsarnaev-jury-list/

36_New York Times, Transcript of the Boston Bombing Suspect's Bedside Hearing, 2013. 4. 22. http://www.nytimes.com/interactive/2013/04/22/us/tsarnaev-court-appearance.html?_r=0/

37_New York Times, "Boy at Home in U.S., Swayed by One Who Wasn't", 2013. 4. 19. http://www.nytimes.com/2013/04/20/us/details-of-tsarnaev-brothers-boston-suspects-emerge.html?pagewanted=all/

38_DailyMail, "'I'm willing to die for Islam': Boston Marathon bomber's chilling texts to his mother reveal he was prepared to sacrifice his life for jihad", http://www.dailymail.co.uk/news/article-2314466/Tamerlan-Tsarnaev-Boston-Marathon-bombers-texts-reveal-ready-sacrifice-life-jihad.html/

39_New York Times, Transcript of the Boston Bombing Suspect's Bedside Hearing, 2013. 4. 22. http://www.nytimes.com/interactive/2013/04/22/us/tsarnaev-court-appearance.html?_r=0/

40_Boston Herald, "Tamerlan Tsarnaev got Mass. welfare benefits", 2013. 4. 24. http://www.bostonherald.com/news_opinion/local_coverage/2013/04/tamerlan_tsarnaev_got_mass_welfare_benefits/

41_Caryl. C., "'Misha' Speaks: An Interview with the Alleged Boston Bomber's 'Svengali'". 2013. 4. 29. http://www.nybooks.com/daily/2013/04/28/tamerlan-tsarnaev-misha-speaks/

42_WBUR News, "Judge Releases List Of Tsarnaev Jurors", 2016. 1. 12. http://www.wbur.org/news/2016/02/12/tsarnaev-jury-list/

43_CNN. "Suspect: Boston payback for hits on Muslims". 2013. 5. 16. http://edition.cnn.com/2013/05/16/us/boston-bombing-investigation/

44_조하르는 자신들이 또한 남은 폭탄 7개를 가지고 뉴욕타임스퀘어를 폭파시킬 계획으로 차량을 탈취했으나 차량연료가 부족하여 주유소에서 충전을 하는 동안 차량소유주가 도망친 것이며 이로 인해 계획을 실행할 수 없었다고 진술하였다. CBS News. "Boston bombings suspect Dzhokhar Tsarnaev left note in boat he hid in, sources say". 2013. 5. 16. http://www.cbsnews.com/news/boston-bombings-suspect-dzhokhar-tsarnaev-left-note-in-boat-he-hid-in-sources-say/

45_United States Department of Justice. Tsarnaev Trial Exhibits, UNITED STATES v. DZHOKHAR A. TSARNAEV, Case Number: 13-cr-10200, https://www.justice.gov/usao-ma/tsarnaev-trial-exhibits/

46_CNN. "What was Tamerlan Tsarnaev doing in Russia?".2013. 4. 22. http: //security.blogs.cnn.com/2013/04/22/what－was－tamerlan－tsarnaev－doing－in－russia/

47_Telegraph, "Boston bombs: the Canadian boxer and the terror recruiter who 'led Tsarnaev on path to jihad'". 2013. 4. 28. http: //www.telegraph.co.uk/news/worldnews/europe/russia/tom－parfitt/10024185/Boston－bombs－the－Canadian－boxer－and－the－terror－recruiter－who－led－Tsarnaev－on－path－to－jihad.html/

48_Washington Post, "The obscure Russian jihadist whom Tamerlan Tsarnaev", 2013. 5. 6. https: //www.washingtonpost.com/news/worldviews/wp/2013/04/24/the－obscure－russian－jihadist－whom－tamerlan－tsarnaev－followed－online/

49_theguardin, "Boston Marathon bombing trial: Tsarnaev pleads not guilty to 30 charges". https: //www.theguardian.com/world/2013/jul/10/boston－marathon－explosions－dzhokhar－tsarnaev/; theguardin, "Dzhokhar Tsarnaev defence admits 'It was him' as Boston bombing trial begins". https: //www.theguardian.com/us－news/2015/mar/04/boston－marathon－bombing－trial－dzhokhar－tsarnaev－begins/

50_Lobato, D. "A tale of two brothers: How siblings influence behavior and health". *The Brown University Child and Adolescent Behavior Letter, Vol.1 No.4, 2015*. 1－7.

제6장

섹스팅어 프로파일링

섹스팅의 유혹, 일탈

스마트폰 등 IT 기기의 발달로 누구나 인터넷 접속이 자유롭게 되면서 직접 찍은 각종 음란 사진, 성행위 동영상, 리벤지 포르노(Revenge porn), 몰카 등을 공유하는 등 이른바 섹스팅(Sexting)이 매우 심각하며, 이미 중독적 양상까지 나타나고 있다.

섹스팅(Sexting)이란 발신자와 수신자가 자신의 누드 또는 노출사진, 성적 행위 등을 묘사한 사진이나 영상 등을 스마트폰 등을 포함한 전자기기를 활용하여 인터넷사이트, 채팅, sns 등을 통하여 주고받는 행위를 말한다.[1]

국가에 따라서는 만약 섹스팅이 양 당사자의 동의를 전제로 하거나, 법적으로 용인된 범주를 벗어나지 않거나, 양 당사자만 접근 가능한 상태, 그리고 한 쪽 상대방이 미성년자가 아닌 경우 등은 단지 프라이버시 영역으로 간주되어 범죄로 규정되지 않는다. 그러나 그외의

경우 범죄로 규정되는 경향을 보이고 있다.[2]

그런데 섹스팅은 디지털 성범죄와 연결되는 통로가 될 수 있다. 동의 없이 상대의 신체를 촬영하거나 유포·유포협박·저장·전시하는 행위와 사이버 공간에서 타인의 성적 자율권과 인격권을 침해하는 행위를 모두 포괄한다. 현행 성폭력범죄의 처벌 등에 관한 특례법(성폭력처벌법), 아동·청소년의 성보호에 관한 법률(청소년성보호법), 정보통신망 이용촉진 및 정보보호 등에 관한 법률(정보통신망법) 등은 성적 목적을 위한 불법 촬영, 성적 촬영을 비동의 유포, 통신매체를 이용한 음란행위 등을 범죄로 규정하고 있다. 구체적으로는 다음과 같다.

① (불법 촬영) 치마 속, 뒷모습, 전신, 얼굴, 나체 등, 용변보는 행위, 성행위
② (비동의 유포, 재유포) 웹하드, 포르노 사이트, SNS 등에 업로드, 단톡방에 유포
③ (유통, 공유) 웹하드, 포르노 사이트, SNS 등의 사업자 및 이용자
④ (유포 협박) 가족, 지인에게 유포하겠다는 협박, 이별 후 재회를 요구하며 협박, 유포 협박으로 금전 요구 등
⑤ (사진합성) 피해자의 일상적 사진을 성적인 사진과 합성 후 유포(지인능욕)
⑥ (성적 괴롭힘) 사이버 공간 내에서 성적 내용을 포함한 명예훼손이나 모욕 등의 행위

섹스팅의 빈도가 높을수록 여러 섹스 파트너를 갖는 것 사이에 상당한 연관성이 있다는 연구결과가 있다. 또한 섹스팅 관련 문자나 사진 등을 주거나, 받거나, 요청한 사람들은 섹스 전 알코올과 약물 사용이 더 높은 것으로 나타났다.

청소년들 사이에서 섹스팅을 정상적 행위로 인식하며, 마구 성적 표현물을 다른 사람들에게 보내는 등의 행위는 성폭력과 성착취를 정상적인 성문화로 인식할 가능성이 높은 것으로 나타났다. 또한 섹스팅은 학교폭력이나 따돌림, 학생상호간 성희롱에 대해 죄의식을 느끼지 못하는 데에 영향을 미치는 것으로 나타났다.

섹스팅 중독 진단 문항

문항	질문내용	척도			
1	나는 섹스팅 시간을 줄이려 할 때마다 실패한다.	①	②	③	④
2	나는 섹스팅 시간을 조절하는 것이 어렵다	①	②	③	④
3	나는 적절한 섹스팅 시간을 지키는 것이 어렵다.	①	②	③	④
4	나는 섹스팅으로 다른 일에 집중하기 어렵다.	①	②	③	④
5	나는 섹스팅 생각이 머리에서 떠나지 않는다.	①	②	③	④
6	나는 섹스팅을 하고 싶은 충동을 강하게 느낀다.	①	②	③	④
7	나는 섹스팅 때문에 건강에 문제가 생긴 적이 있다.	①	②	③	④
8	나는 섹스팅 때문에 가족 또는 이성친구(애인)와 심하게 다툰 적이 있다.	①	②	③	④
9	나는 섹스팅 때문에 친구 혹은 동료, 사회적 관계에서 심한 갈등을 경험한 적이 있다.	①	②	③	④
10	나는 섹스팅 때문에 업무(학업 혹은 직업 등) 수행에 어려움이 있다.	①	②	③	④

자료: Morelli, M., Bianchi, D., Baiocco, R., Pezzuti, L., & Chirumbolo, A. (2016). Sexting Behaviors and Cyber Pornography Addiction Among Adolescents: the Moderating Role of Alcohol Consumption. Sexuality Research and Social Policy, 1-9.

섹스팅의 심각성은 이미 2016년 4월에 회원 100만여 명을 둔 최대 음란사이트인 소라넷이 강제 폐쇄되는 과정에서도 증명되었지만, 2020년 조주빈 사건 등 최근에는 텀블러나 인스타그램, 카톡 등의 개인 sns를 통해서도 음란물이 배포되고 공유되는 것으로 알려졌다.

특히 조주빈은 2019년 7월 경 텔레그램 내에서 '박사방'을 생성하고 사진을 올린 다수의 여성으로부터 나체 사진을 전달받거나 불법으로 얻은 이들의 신상정보로 협박하여 가학적인 영상 등의 불법촬영물을 제작하고 배포한 혐의와 함께 미성년자 강간, 유사강간, 강제추행 혐의를 받았다. 2021년 10월 14일 대법원은 42년 징역형을 확정했다. 조씨와 함께 구속기소된 박사방 일당들도 이날 모두 실형을 선고받았다. 피해자들을 유인하는 광고를 게시하거나, 성착취물을 영리목적으로 반복 유포하는 등 '범죄집단'을 구성하여 성착취 범행을 벌인 공범들에겐 최소 7년에서 최대 13년의 징역형이 각각 선고됐다.

그런데 섹스팅은 일회성에 그치는 것이 아니라 행위의 은밀성, 반복성 그리고 IT의 발달로 다양하게 변형된 방식으로 이뤄진다.

섹스팅은 비록 상대방이 동의한 경우 또는 동의하지 않아 범죄로 처벌받는 경우라 하더라도 일반적인 성적 행위라고 보기는 어려우며, 그 자체로 일탈된 성적 행위라고 할 수 있다. 그런데 섹스팅이 갖는 충동 및 흥분, 그리고 모험성 등은 반복성과 중독성을 갖게 된다.[3]

중독이란 특정한 기호, 습관 또는 행동에 빠지거나 자신을 내맡기는 상태로 정의되는데, 일정한 물질에 의존적인 물질중독과 특정행위나 활동에 의존하는 행위중독으로 대별된다. 섹스팅은 행위적인 성향이므로 행위중독에 해당한다고 할 수 있다.

섹스팅 중독은 사람들이 약물, 알코올, 또는 도박에 중독되는 것과 같이 섹스팅으로 인하여 심리적, 학업이나 직장, 대인관계 등에 있어서 장애를 보이는 현상을 말한다.[4] 즉, 섹스팅 중독은 섹스팅을 중단하기 어렵고, 점점 더 선정적, 자극적이며, 스릴이 있는 내용의 문자, 사진, 동영상 등을 주고받거나 사이트에 게시하는 등의 행동으로 발전하며, 나아가 이를 매개로 현실에서 일탈된 성적행위나 성범죄를 야기한다.

특히 청소년들은 사춘기 특유의 신체발달학적인 특징과 일상생활 속에서 성적 호기심이나 취향을 드러낼 수 있고, IT에 능숙한 이른바 IT세대로서 IT를 성적 활동의 한 방식으로 인식하는 측면도 있다. 즉,

IT를 통한 섹스팅에 노출될 자연스런 기회가 많아진다. 따라서 섹스팅의 반복적인 특성 및 스마트폰 등을 이용한 실시간적인 인터넷 접속 등으로 그 사용시간이 늘어나 결국 섹스팅 중독 현상을 보일 가능성은 더욱 높아질 수 있다.

중독된 섹스팅어의 프로파일

자기통제력이 낮은 사람: 일탈된 섹스팅어의 가능성이 높다.

갓프레드슨과 허쉬(Gottfredson and Hirschi)는 일반이론(General Theory)을 통하여 자기통제력(Self Control)을 매우 중요한 범죄억제 요인으로 규정하였다. 그래스믹 외(Grasmick et al., 1993)는 자기통제력을 드러내는 지표로 즉흥성, 쾌락추구, 성급성, 모험, 스릴, 위험한 행동, 흥분, 무계획성 등을 제시하였다. 이를 바탕으로 청소년의 자기통제력과 비행과의 정적 상관성에 대한 연구는 상당한 진전을 이루었다.[5]

또한 자기통제력이 낮은 경우 충동적이어서 즉각적인 쾌락과 보상을 선호하고, 단순한 것에 매력을 느끼고, 위험한 행동에 흥미를 느끼며, 타인보다 자신의 욕구에 민감하며, 쉽게 화를 내는 등의 특징을 보이며, 이러한 것들이 비행과 범죄에의 연루를 쉽게 한다는 연구들도 진행되었다.

자기통제력에 대한 이와 같은 연구들을 바탕으로 할 때 섹스팅은 성적 이미지 등을 온라인상에 노출하거나 불특정 다수와 주고받는 행위 등을 포함하는 것으로 자기통제력이 높을 경우 이와 같은 모험적이고 쾌락지향적이며, 위험한 행위를 자제할 수 있을 것이다. 그러나 자기통제력이 낮은 사람은 복잡한 것보다 매우 단순하게 생각하고 행동하는 경향이 높아 결국 성적욕구 충족을 위한 손쉬운 방법으로 섹스팅을 선택한다고 볼 수 있다.

섹스팅은 개인의 내재된 성적(Sexual) 성향을 드러내며 반복되다가 결국 중독적 양상으로 발전할 수 있다. 이때 자기통제력은 중요한 억제 요인으로 작용할 것이다. 자기통제력이 낮은 경우 섹스팅에 탐닉하여 섹스팅을 끊기 어렵게 되며, 더욱 자극적인 단계로 나아가게 된다.[6]

사이버 라이프, 노출기회가 많을수록 일탈된 섹스팅 가능성이 높다.

생활스타일노출이론(Lifestyle-Exposure Theory)은 일상적 활동이론(Routine Activity Theory)과 함께 기회(Opportunity), 즉 생활스타일이 범죄와 피해가 일어나기 위한 필수 조건이라고 가정한다. 기회는 방어능력이 없고, 매력적인 목표물이 존재하며, 동기가 있는 범죄자 등과 근접하게 만드는 위험한 상황과 개인의 생활스타일이 노출되는 경우 발생한다고 주장한다. 기회는 범죄와 피해의 원인을 설명하는 요인으로 검증되었다.

선행연구를 통하여 18~26세의 청년들이 범죄자가 되거나 피해를 당하는 생활스타일로 늦은 밤까지 자주 파티에 참석하는 경우, 습관적인 음주, 대마사용, 약물남용 등이 지적되었다.[7]

그런데 섹스팅이 인터넷, IT기기 등을 통하여 이루어진다는 점을 감안할 때 인터넷을 얼마나 오랫동안 접속하는 스타일인지, sns를 얼마나 활발하게 하는지는 섹스팅에 영향을 주는 기회요인으로 생각할 수 있다. 또한 섹스팅이 자극적이고 위험성을 즐기는 성적 성향이라는 점을 고려하면 이성적인 판단이 가능하거나 다른 즐거운 취미생활을 하거나, 학업이나 일에 몰두하는 등의 생활스타일을 가진 사람은 섹스팅을 상대적으로 자제할 것이라고 생각해볼 수 있다.

자기통제력이 낮고 사이버 라이프가 길수록 일탈된 섹스팅어가 될 가능성이 높다.

쉐렉 외(Schreck et al.)는 개인의 범죄피해 취약성을 설명하는 개인 수준의 요인으로 낮은 자기통제력을 들고, 나아가 개인의 범죄피해자화에는 개인이 처한 상황(기회)을 통합해야 한다고 주장했다(Schreck & Fisher 2004). 즉, 일반이론과 생활스타일노출이론을 통합하여 자기통제력은 범죄피해에 영향을 줄뿐만 아니라 위험한 생활방식과 일상적인 활동을 형성하는 요인이기도 하다는 것이다.[8]

자기통제력이 낮은 사람은 비슷한 사람들을 스스로 친구로 선택하고, 즉흥적인 스릴을 맛보게 하지만, 동시에 범죄자 또는 피해자가 될 가능성(기회)이 높은 활동에 참여하는 경향이 강하다. 그런데 낮은 자기통제력은 생활방식의 선택과 일상생활보다 선행하는 내적 특성이므로 개인의 활동 종류에 따라 그 효과는 매개될 수 있다.

섹스팅어 프로파일링을 위한 귀납적 데이터

2023년 미국에서 19세 이상 응답자의 약 77%가 섹스팅을 보낸 적이 있고, 약 88%가 섹스팅을 받은 적이 있다. 2014년 이후 꾸준하게

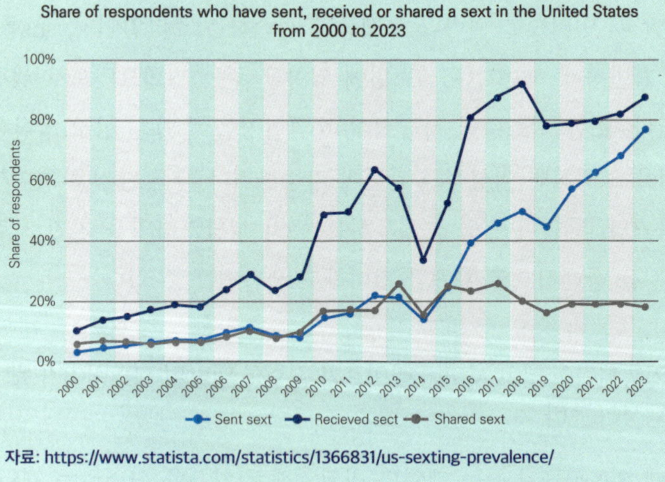

자료: https://www.statista.com/statistics/1366831/us-sexting-prevalence/

섹스팅을 주고받은 사람의 비율은 증가했고, 2023년 섹스팅을 공유한 사람의 비율은 약 18%로 나타났다.

한편 2020/2021 학년도에 미국 내 3개 대형 공립대학교(브리지워터 주립대학교(MA), 덴버 메트로폴리탄 주립대학교(CO), 버지니아 공대(VA))생 1,066명을 대상으로 한 섹스팅 경험 설문조사결과 여성 52.6%로 남성 42.1%, 논바이너리(non-binary) 54.5%로 나타나 여성이 남성보다, 논바이너리가 여성보다 섹스팅을 더 경험한 것으로 나타났다.[9]

최초로 섹스팅을 시작한 연령대는 16~17%가 가장 높은 비중을 차지하였다.

최초의 섹스팅 시작 연령대

구분	남성(n=328)	여성(n=649)	논바이너리(n=22)
15세 이전	12.6	19.9	11.1
15세	9.9	21.4	11.1
16~17세	42.3	35.9	66.7
18세 이상	35.1	22.8	11.1

그런데 조기 섹스팅 청소년은 일반적으로 성생활을 시작하기 전에 섹스팅을 시작하며, 섹스팅과 관련된 부정적인 결과에 대한 위험이 더 높고, 정신과적인 치료를 받을 가능성도 더 높은 것으로 나타났다.

섹스팅의 가해자는 남성, 청소년이 더 많은 것으로 나타나며, 피해자는 젊은 여성이 가장 많은 것으로 나타났다.[10] 또한 섹스팅의 가해자는 섹스팅을 유머러스한 행동 또는 농담 등으로 인식하는 경향이 강한 것으로 나타났다. 그런데 어린 청소년들은 상호 외설적인 문자나 이미지를 주고 받는 행위에 노출되면서 자연스럽게 이러한 행위들을 로맨틱한 성관계를 형성하는 예비적인 과정이라고 인식하는 문제점

이 지적된다.[11]

청소년의 성별, 사이버 포르노, 음주량 간의 관계를 조사한 결과 음주가 잦은 경우, 중독 정도가 더 심한 경우일수록 섹스팅이 더 심각한 것으로 나타났다. 이러한 현상은 남자 청소년이 여자 청소년보다 강력하게 나타났다.[12]

한편 미국에서 2016년에 실시된 중고교 5,539명을 대상으로 진행된 섹스팅의 실태조사에서는 섹스팅의 수신 및 송신, 그리고 남녀 학생의 비중이 상세하게 파악되었다. 이에 따르면 전체 학생 중 섹스팅의 수신자는 18.7%, 발신자는 12.1%로 나타났고, 12세의 경우도 수신자가 5.5%, 발신자가 8.7%로 나타났다. 학년이 높아질수록 섹스팅의 수신 및 발신율이 높아지고 있으며, 남학생이 여학생보다 수신 및 발신율이 높은 것으로 나타났다.

같은 조사가 2019년 미국 중고교 5,593명을 대상으로 진행되었다. 학생의 약 13%가 섹스트를 보냈다고 보고한 반면 18.5%는 섹스트를

미국 중 · 고교 학생 섹스팅 실태조사

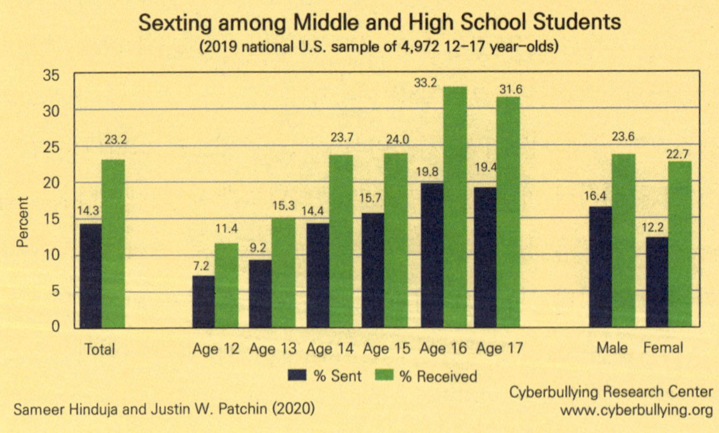

받았다고 응답했다. 나이가 많은 학생과 남학생이 참여할 가능성이 더 높았다. 15-17세 중 18.3%가 섹스트를 보냈는데 12-14세의 10.3%와 비교된다.

가장 큰 변화는 젊은이들이 섹스트를 공유하도록 요구받는 정도가 2016년 17.5%에서 2019년 23.8%로 증가한 것이다. 이는 중학생 및 고등학생 4명 중 1명이 누군가로부터 음란한 이미지를 보내달라는 요청을 받았다는 것을 의미한다.

또 다른 문제는 노골적인 이미지의 무단 공유가 증가한 것이다. 다른 사람과 이미지를 무단으로 공유했다고 말한 청소년의 비율은 2016년 4.2%에서 2019년 5.4%로 증가했다. 또한 무단으로 공유된 것을 알면서도 이를 다시 제3자에게 보낸 경우도 4.1%에서 5.1%로 증가했다. 이는 섹스팅이 낳는 극난적인 폐해이며, 피해자에게는 온오프라인의 일상생활이 곤란한 상황에 직면케 되는 불행을 야기할 수 있다.

미국 중 · 고교 학생 섹스팅 실태조사

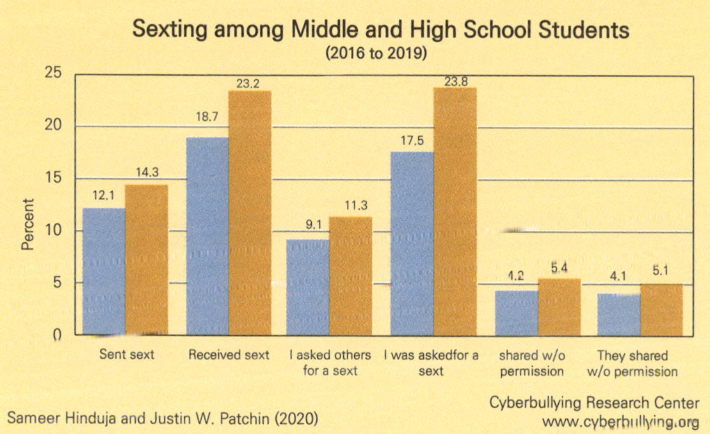

자료: cyberbullying, https://cyberbullying.org/teen-sexting-research-2016-2019

한편 Snapchat이 미국 국토안보부와 연계하여 2024년 3월 28일부터 4월 1일까지 미국 내 1,037명의 10대와 청소년을 대상으로 미성년자 대상 온라인 성적 범죄 노출 및 지식에 대한 설문 조사를 진행했다.[13] 결과는 다음과 같다.

온라인 성적 위험 노출 수준:

- **친밀한 이미지 공유** (Sharing intimate imagery): 24%의 응답자가 친밀한 이미지를 공유한 경험이 있다고 답했다.
- **그루밍** (Grooming): 33%의 응답자가 온라인 그루밍을 경험했다고 답했다.
- **캣피싱** (Catfishing): 35%의 응답자가 캣피싱을 경험했다고 답했다.
- **성적 갈취** (Sextortion): 친밀한 이미지를 공유한 응답자 중 거의 절반(46%)이 성적 갈취 위협을 받았다고 답했으며, 캣피싱을 당했다고 한 응답자 중 31%가 성적 갈취를 경험했다고 답했다. 이는 친밀한 이미지 공유와 캣피싱이 온라인 성적 갈취로 이어지는 높은 위험 경로임을 시사한다.
  특히 **10대**들의 경우, 사진과 영상에 대한 통제권을 잃었다고 답한 비율이 63%에 달했는데, 이는 2024년 10월 조사 대비 13%포인트 증가한 수치이며, 18~24세 연령층보다 20%포인트 더 높다.
- **위험 인식 및 대응**: 온라인 그루밍에 대한 우려는 변함이 없었고, 친밀한 이미지에 대한 염려도 소폭 감소했다.
- **대상자들이 문제를 신고하는 비율**: 친밀한 이미지를 공유한 경우 63%가 문제를 신고했다.

섹스팅 통계 상위 10개 분석

여성은 남성보다 섹스팅을 더 많이 한다. 섹스팅 수치가 널리 퍼진 밀레니얼 세대의 62%는 적어도 한 달에 한 번 섹스팅을 하는 반면 48%는 일주일에 한 번 이상 섹스팅을 한다. 10대들은 섹스팅에 대한 또래의 요구를 받는다. 성인의 52.3%가 마지 못해 섹스팅 행동에 참여했다. 소녀들은 소년들보다 약간 더 성적으로 암시적인 메시지를 보냈다. 18세에서 82세 사이의 성인 10명 중 8명은 적어도 한 번은 해본 적이 있다고 대답했다. 10대는 친구들 중 63%가 섹스팅을 한다고 생각한다. 미국 십대 4명 중 1명은 노골적인 성적 비디오, 사진 및 문자 메시지를 보낸다. 10대 12명 중 1명은 동의 없이 섹스팅 내용을 타인에게 전달한 것으로 나타났다. 기혼 부부와 동거 부부보다 동거하지 않는 부부가 더 많이 섹스팅을 한다.

자료: Sanela Puac, 15 Exciting Sexting Statistics & Facts to Know in 2021, https://?date4love.com/sexting-statistics/

영국: 18세 미만과의 섹스팅

영국에서 성관계 동의 연령은 16세이다. 그러나 해당 콘텐츠가 해당 청소년의 동의를 받아 제작된 경우에도 18세 미만인 사람의 음란한 이미지를 제작, 배포, 소유 또는 보여주는 것은 범죄이다. 이 법은 1978년 아동 보호법 섹션 1(section 1 Protection of Children Act 1978)에 포함되어 있다. 성인의 노골적인 사진/이미지로 성인 간에 전송된 경우: 성범죄는 아니지만 원치 않는 사진/이미지일 경우 괴롭힘, 협박 등의 경우 범죄가 된다.

- 성인이 노골적인 성적 이미지를 어린이에게 전송하는 경우: 범죄가 된다.

- 아동(18세 미만)의 노골적인 성적 이미지를 소지한 경우: 범죄가 된다.
- 또래(18세 미만)와 성적 이미지를 공유하는 아동(18세 미만): 범죄
- 다른 아동이 생성한 성적 이미지를 또래 또는 성인과 공유하는 아동(18세 미만): 범죄
- 아동(18세 미만)이 생성한 성적 이미지를 소지한 아동(18세 미만): 범죄
- 성적 이미지란 다음을 의미한다.
- 알몸 사진, 소녀의 토플리스 사진, 성기 사진, 자위를 포함한 성행위, 속옷 사진 등

* 아동은 성적 이미지를 만들고 소유함으로써 범죄를 행한 것이다. 아동이 이미지를 다른 사람에게 보낸다면 아동은 이미지 배포에 대한 추가 범죄를, 이미지를 받은 사람도 이미지 소유 범죄에 대한 책임을 지게 된다. 이 경우 경찰에 신고해야 한다.

자료: childlaw advice, Sexting, https://childlawadvice.org.uk/information-pages/sexting/

참고문헌

1_Ostrager, B. (2010). SMS. OMG! LOL! TTYL: Translating the law to accommodate today's teens and the evolution from texting to sexting. Family Court Review, 48(4), 712－726.

2_박광선. (2016). 랜덤채팅의 음란정보 유통 실태 및 정책대안의 탐색. 경찰학연구, 16(4), 125－156.

3_Marcum, C. D., Higgins, G. E., & Ricketts, M. L. (2014). Sexting behaviors among adolescents in rural North Carolina: A theoretical examination of low self－control and deviant peer association. International Journal of Cyber Criminology, 8(2), 68.

4_한국정보화진흥원, 2016년 인터넷 과의존 실태조사 결과, 서울: 미래창조과학부, 2017.

5_Gottfredson, M. R., & Hirschi, T. (1990). A general theory of crime. Stanford University Press.;Reyns, B. W., Henson, B., & Fisher, B. S. (2014). Digital deviance: Low self－control and opportunity as explanations of sexting among college students. Sociological Spectrum, 34(3), 273－292.

6_김남선, & 이규은. (2012). 대학생의 자기통제력과 생활스트레스가 스마트폰 중독에 미치는 영향. 한국보건정보통계학회지 제, 37(2).

7_Thorlindsson, T., & Bernburg, J. G. (2006). Peer groups and substance use: Examining the direct and interactive effect of leisure activity. Adolescence, 41(162), 321.

8_Schreck, C. J., Wright, R. A., & Miller, J. M. (2002). A study of individual and situational antecedents of violent victimization. Justice Quarterly, 19(1), 159－180.

9_Parti, K., Sanders, C. E., & Englander, E. K. (2023). Sexting at an early age: Patterns and poor health related consequences of pressured sexting in middle and high school. Journal of school health, 93(1), 73－81.

10_Mitchell, K. J., Finkelhor, D., Jones, L. M., & Wolak, J. (2012). Prevalence and characteristics of youth sexting: A national study. Pediatrics, 129(1), 13-20.

11_Lippman, J. R., & Campbell, S. W. (2014). Damned if you do, damned if you don't … if you're a girl: Relational and normative contexts of adolescent sexting in the United States. Journal of Children and Media, 8(4), 371-386.

12_Morelli, M., Bianchi, D., Baiocco, R., Pezzuti, L., & Chirumbolo, A. (2017). Sexting Behaviors and Cyber Pornography Addiction Among Adolescents: the Moderating Role of Alcohol Consumption. Sexuality Research and Social Policy, 14(2), 113−121.

13_https://values.snap.com/news/k2p−launch?lang=ko−KR/

제7장

사이버범죄 프로파일링

사이버범죄 프로파일링을 위한 귀납적 데이터

사이버범죄(Cyber Crime)란 피해자에게 신체적 또는 정신적 또는 물질적 피해를 직간접으로 유발할 수 있는 범죄 동기를 가진 개인 또는 집단이 직접 또는 간접적으로 인터넷(대화방, 전자 메일, 게시판 및 그룹) 및 휴대폰(SMS/MMS)과 같은 전기통신네트워크를 사용하여 행하는 일체의 범죄를 말한다.

인터넷은 인류가 발명한 최고의 문명의 도구로 세계를 하나의 생활권으로 묶는 과학기술이라고 할 것이다. 인터넷을 활용한 사이버세계는 인류의 생활을 오프라인에서 온라인으로 확장시켰고, 이는 다양한 긍정적인 측면에도 불구하고 사이버범죄 문제를 함께 노출하고 있다.

신원도용, 온라인사기, 프라이버시침해, 저작권침해, 금융도난 및 사이버 스토킹과 같은 수많은 악의적인 범죄들은 사이버 세상에서 벌어질 수 있는 범죄의 일부라고 할 수 있다. 인터넷의 특징을 고려할 때 앞으로도 더 다양한 범죄와 새로운 범죄들이 사이버상 등장할 것임을 누구나 예측할 수 있다.

주로 누가 사이버 범죄자가 되는 것인지에 대한 연구는 다양하게 진행되었다. 사이버 범죄자의 성향을 네 유형으로 분류할 수 있다.[1]

즉 첫째, 기술적인 전문성(technical know-how)을 어느 정도 갖춘 경우가 있다. 둘째, 사람의 심리적 구성에 내재하는 특성으로 범죄 행위를 취하기 쉬운 성격적인 특성(personal traits)을 가진 경우가 있다. 셋째, 사회적 규범이나 법적 수용성이 낮은 경우이다(social characteristics). 넷째, 사이버 범죄자가 되기 위한 동기가 충만한 경우이다(motivating factors).

사이버 범죄인의 프로파일링은 다음과 같이 정리할 수 있다.[2]

사이버범죄인 프로파일링

사이버범죄유형	주목할 특성	동기
풋내기 해커 (Novice Hacker)	· 13~18세 · 불법 컴퓨터 활동에 감탄	· 자랑거리 · 시스템 침투 시 스릴
사이버펑크 해커 (Cyber-Punk Hacker)	· 약간의 컴퓨터 숙달 · 초보코드 작성 가능 · 유명 기업 공격	· 언론관심
내부 공격자 (Internal Attacker)	· 화를 잘 내는 직원 · 37세 전후의 남성 · 고용기간 자신이 만든 작업성과를 훔치는 성향	· 고의적 업무 방해 · 복수 · 상대회사 취업기회
좀도둑 (Petty Thief)	· 명성에 대한 관심이 적음 · 해킹으로 다른 범죄 활동을 계속하는 경우	· 금전적 이득
올드 가드 해커 (Old Guard Hacker)	· 잘 발달된 기술력 · 해킹 커뮤니티	· 컴퓨터 시스템에 대한 지속적인 호기심 · 지적 도전
바이러스 생성자 (Virus Writer)	· 전문적인 스크립트 및 코드 작성 가능 · 20대 후반의 개인	· 악의적인 의도
전문적 범죄 해커 (Professional Criminal Hacker)	· 관심/명성에 대한 관심이 거의 또는 전혀 없음 · 컴퓨터 기술의 상당한 수준 · 조직적인 범죄 집단에 속하는 경향	· 사이버 범죄 기업 증가 · 금전적 이득

피셔 (Phisher)	· 신원을 도용하여 금융정보 획득 목표 · 고도로 발달된 사회공학 기술 · 팀 구성 선호 · 노인 대상	· 금전적 이득
사이버스토커 (Cyberstalker)	· 이메일을 사용하여 스토킹 · Facebook 및 Twitter를 사용하여 피해자를 위협	· 두려움 유발 · 구애 · 복수
성도착자 (SEIC Possessor)	· 고용상태 · 범죄경력 없음 · 최소한의 기술력 · 성도착 주제에 대한 관심	· 성적 충동

자료: Garcia, N. (2018). The use of criminal profiling in cybercrime investigations (Doctoral dissertation, Utica College).

사이버범의 프로파일

전 세계 사이버 범죄로 인한 경제적 피해 추정치는 사이버 보안 산업의 보고서와 연구기관의 분석에 따라 다소 차이가 있지만, 공통적으로 매년 기하급수적으로 증가하고 있다. 사이버 보안 시장을 전문적으로 분석하는 연구기관인 Cybersecurity Ventures는 사이버 범죄로 인한 전 세계 피해액을 가장 높은 수준으로 추정한다. 그에 따르면 2023년 예상 피해액: 8조 달러(약 1경 1천조 원), 2024년 9조 5천억 달러(약 1경 3천조 원), 2025년 10조 5천억 달러(약 1경 4천 5백조 원)에 달하며, 2030년에 이르러서는 17조 9천억 달러에 달할 것으로 추정된다.[3]

한편 FBI는 2023년 미국 내 사이버 범죄 피해 규모는 125억 달러, 약 17조 원에 달한다고 발표하였고, 이는 전년도에 비해 22% 증가한 것이다. 지난 2019년~2023년의 총 피해액은 486억 달러, 약 67조 원에 달한다고 추정하였다.[4]

미국 재무부, 중국 해커들이 '중대 사건'으로 문서를 훔쳤다고 발표

워싱턴, 2024년 12월 30일(로이터) - 중국 국가 지원 해커들이 이번 달 미국 재무부의 컴퓨터 보안 가드레일을 뚫고 문서를 훔친 것으로 알려졌다.

해커들은 재무부 산하 기관(DO) 최종 사용자에게 원격으로 기술 지원을 제공하는 클라우드 기반 서비스의 보안을 위해 공급업체가 사용하는 키에 접근했다. 탈취된 키에 접근한 공격자는 서비스의 보안을 무력화하고, 특정 재무부 사용자 워크스테이션에 원격으로 접근하고, 해당 사용자가 관리하는 특정 기밀 해제 문서에 접근한 것으로 알려졌다. 현재 확인된 지표에 따르면, 이 사건은 중국 국가가 지원하는 지능형 지속 위협(APT) 공격자의 소행으로 추정된다.

재무부는 BeyondTrust로부터 12월 8일에 침해에 대한 경고를 받았으며, 미국 사이버 보안 및 인프라 보안국(CISA)과 FBI와 협력하여 해킹의 영향을 평가하고 있다고 밝혔다…

중국 외교부 대변인인 마오닝은 화요일 정례 기자회견에서 "중국은 항상 모든 형태의 해커 공격에 반대해 왔다"고 말했다.

워싱턴 주재 중국 대사관 대변인은 해킹에 대한 책임을 부인하며, 베이징은 "사실적 근거 없이 중국을 겨냥한 미국의 중상모략 공격에 단호히 반대한다"고 밝혔다.

조지아주 존스크릭에 본사를 둔 BeyondTrust 대변인은 로이터 통신에 보낸 이메일에서 "2024년 12월 초 원격 지원 제품과 관련된 보안 사고를 이미 파악하고 조치를 취했다"고 밝혔다. BeyondTrust 대변인은 "관련된 소수의 고객에게 통보했으며", 사법 당국에도 통보했다고 밝혔다…

자료: reuters, US Treasury says Chinese hackers stole documents in 'major incident', 2024년 12월 30일자 보도, https://www..com/technology/cybersecurity/us-treasurys-workstations-hacked-cyberattack-by-china-afp-reports-2024-12-30/

정보통신망 침해범죄

구분		총계	정보통신망침해범죄			
			해킹	DDoS	악성프로그램	기타
2023	발생	4,223	2,696	75	304	1,148
	검거	1,184	681	22	76	405
2024	발생	4,526	2,794	39	361	1,332
	검거	985	527	4	37	417

자료: 경찰청, https://www.police.go.kr/www/open/publice/publice0208.jsp

정보통신망 침해범죄는 해킹, 서비스거부공격, 악성프로그램유포 등으로 구분되는데 가장 심각한 유형은 해킹으로 나타났다. 해킹은 고의로 타인의 정보나 데이터를 무단으로 침입해 훔치며, 공격하는 범죄이다. 나아가 타인의 컴퓨터 및 네트워크에 승인받지 않고 접속하고 필요한 자료를 훔쳐올 정도의 전문성을 가셔야 함으로 우월감을 과시하려는 심리적 성향을 보일 수 있다.[5]

서비스거부공격이나 악성프로그램유포 등은 개인과 기업, 은행, 학교, 공공기관, 정부의 중요시설물이나 부처 등의 전산망을 마비시키고, 혼란을 주며, 필요한 서비스를 행하지 못하도록 함으로써 피해를 끼치는 행위이다. 따라서 해킹 못지 않게 전문성을 필요로 하며, 자신의 존재감을 과시하기 위한 목적으로 악성프로그램을 유포하거나 디도스 공격 등을 행하는 등 파괴적이며 폭력적인 성향을 보인다. 나아가 이러한 행위들이 정치적 또는 종교적 신념으로 포장한 테러행위의 일부일 수 있으며, 경제적 이익을 위해 행해질 수도 있다

정보통신망 이용범죄 유형별

구분		정보통신망이용범죄					
		소계	사이버 사기	정보탈취 연계형범죄	개인위치 정보침해	사이버 저작권침해	기타
2023	발생	206,924	167,688	26,600	256	8,727	3,653
	검거	111,171	97,243	5,803	93	6,116	1,916
2024	발생	282,952	228,434	13,988	376	36,396	3,758
	검거	147,283	118,109	2,796	147	24,427	1,804

자료: 경찰청, https://www.police.go.kr/www/open/publice/publice0208.jsp

정보통신망 이용범죄의 유형에는 인터넷 사기, 사이버금융범죄, 개인위치 정보침해, 사이버 저작권침해, 스팸메일 등이 포함된다. 대부분 평범한 사람들의 일상생활의 안전을 침해하는 유형의 사이버범죄로서 개인의 평온을 해치고, 구성원 간 신뢰를 해치는 특성이 있다. 이 유형의 사이버 범죄자들은 상대방의 컴퓨터 혹은 사이버상의 정보나 지식이 둔감한 것을 이용하여 사기나 개인정보를 수집하거나 도용하는 등으로 이익을 챙기는 수법으로 사이버 범죄 중 가장 많은 범죄자와 피해자가 발생한다.

이러한 유형의 범죄자는 이러한 유형의 범행 자체를 직업적으로, 기업적으로 행하는 경우가 많고, 행위 자체가 반복적이며, 상대방의 약점을 교묘하게 조종하여 범죄를 지속하는 경향이 높다.[6]

특히 딥페이크 기술을 악용하여 성범죄, 특히 불법 음란물 제작 및 유포가 확산되고, 정치 영역에서 허위 정보 유포 및 사회적 분열을 조장하는 데 활용된다.[7] 또한 인종차별적 딥페이크 조작 영상이나 선거개입 위험 등도 예측할 수 있다. 그리고 생성형 AI를 이용하여 더욱 정교한 딥페이크 조작과 콘텐츠 제작 등의 위험이 따른다. 그런데 이러한 범죄자들은 초보적인 수준에서 놀이문화의 일종으로 여길 수도 있고, 고도의 기술을 가진 전문적인 나아가 상업적인 이익을 취하려는 범인에 이르기까지 다양한 양상을 염두에 두어야 한다.

불법 콘텐츠 범죄

구분		총계	불법 콘텐츠 범죄			
			사이버 성폭력	사이버 도박	사이버 명예훼손모욕	기타
2023	발생	30,695	2,314	3,436	24,252	693
	검거	25,816	1,737	3,225	20,390	464
2024	발생	27,041	3,579	4,413	18,035	1,014
	검거	21,872	2,554	4,106	14,535	677

자료: 경찰청, https://www.police.go.kr/www/open/publice/publice0208.jsp

불법 콘텐츠 범죄에는 사이버 음란물 배포, 반포, 이용행위나 사이버도박행위, 사이버모욕이나 명예훼손, 사이버스토킹 등 주로 사이버상의 불건전한 행위로 개인 또는 기업 등에게 정신적 혹은 경제적 피해를 주는 행위들이다. 불법 콘텐츠 범죄와 관련된 사이버 범죄자들은 다른 사이버 범죄자들보다는 해당 행위의 가해자이자 피해자적인 이중적인 입장에 있는 경우도 상당하다. 또한 피해자들과 가해자는 지인이거나 가까운 인간관계에 있는 경우도 있으며, 전혀 모르는 타인 혹은 연예인이나 정치인 등 대중적인 인물일 수 있다.[8]

이 유형의 사이버 범죄인들은 상대적인 열등감이나 피해의식, 패배주의적인 사고를 보이는 경우가 많고, 사이버스토킹이나 모욕행위 등을 통하여 상대방을 공격함으로써 희열감을 충족시키는 등의 병리적인 양상을 보이기도 한다.

참고문헌

1_Gadelrab, M. S., & Ghorbani, A. A. (2016). Cyber Criminal Profiling. In Handbook of Research on Civil Society and National Security in the Era of Cyber Warfare (49−67). IGI Global.;Alazab, M. (2015). Profiling and classifying the behavior of malicious codes. Journal of Systems and Software, 100, 91−102.;Sundaresan, S., McCoy, D., Afroz, S., & Paxson, V. (2016, June). Profiling underground merchants based on network behavior. In Electronic Crime Research (eCrime), 2016 APWG Symposium on (1−9). IEEE.

2_Garcia, N. (2018). The use of criminal profiling in cybercrime investigations (Doctoral dissertation, Utica College).

3_https://www.expressvpn.com/kr/blog/the−true−cost−of−cyber−attacks/

4_https://www.boannews.com/media/view.asp?idx=129598/

5_Warikoo, A. (2014). Proposed methodology for cyber criminal profiling. Information Security Journal: A Global Perspective, 23(4−6), 172−178.

6_Jahankhani, H., & Al−Nemrat, A. (2012). Examination of cyber−criminal behaviour. International Journal of Information Science and Management (IJISM), 41−48.

7_BBC NEWS, How AI and deepfakes are changing politics, 2024년 4월 12일자 보도, https://www.bbc.com/reel/video/p0hkflt4/how−ai−and−deepfakes−are−changing−politics/

8_Stevens, F., Nurse, J. R., & Arief, B. (2021). Cyber stalking, cyber harassment, and adult mental health: A systematic review. Cyberpsychology, Behavior, and Social Networking, 24(6), 367−376.

찾아보기

■ ㅅ

저자 약력

학　력
동국대학교 대학원 경찰행정학과 졸업(법학 박사)
동국대학교 공안행정대학원 경찰행정학과 졸업(행정학 석사)
동국대학교 법정대학 경찰행정학과 졸업(행정학 학사)

경　력
계명대학교 사회과학대학 경찰행정학과 교수
대구광역시 자치경찰위원회 위원
경찰청 인권위원회 위원
경찰청 마약류 범죄수사자문단 자문위원
대구지방검찰청 형사조정위원회 위원
대구고등검찰청 징계위원회 위원
대구지방보훈청 보통고충심사위원회 위원
경북지방노동위원회 차별심판 공익위원
대구광역시 행정심판위원회 위원
대구광역시 소청심사위원회 위원
법무부 인권교육 강사
한국양성평등교육진흥원 폭력예방교육모니터링 전문위원
John Jay College of Criminal Justice 방문교수
한국소년정책학회 부회장
한국교정학회 부회장
한국공안행정학회 제11대 학회장

수상경력
경찰대학교 청람학술상(2000)
계명대학교 최우수강의교수상(2008) 업적상(2014)
한국공안행정학회 학술상(2009)
대통령 표창(2013)

저서 및 논문

1. 경찰행정법, 법문사, 2003
2. 정보학특강, 계명대학교 출판부, 2005
3. 국립과학수사연구소의 혁신과 발전에 기여할 기본법 제정을 위한 연구 및 법령제정안 및 기준(지침)안 작성, 국립과학수사연구소, 2006(공저)
4. 조직폭력범죄의 대책에 관한 연구, 한국형사정책연구원, 2007(공저)
5. 범죄 프로파일링(criminal profiling) 기법의 효과적인 활용방안, 경찰대학 치안정책연구소, 2008
6. 경찰학, 박영사, 2008 초판, 2025 제13판
7. 범죄학, 박영사, 2005 초판, 2023 제8판
8. 경찰인사행정론, 박영사, 2013 초판, 2023 제4판
9. 현대사회문제론, 박영사, 2022 초판
10. 피해자학, 박영사, 2011 초판, 2025 제5판
11. 사회병리학: 이슈와 경계, 박영사, 2019 초판
12. 범죄와 도덕적 가치, 박영사, 2024 초판
13. 허경미. (2012). 핵티비즘 관련 범죄의 실태 및 대응. 한국공안행정학회보, 21, 368−398.
14. 허경미. (2013). 수사기관의 피의사실 공표죄의 논쟁점. 한국공안행정학회보, 22, 282−310.
15. 허경미. (2013). 미국 전자감시제의 효과성 및 정책적 시사점 연구. 교정연구, (59), 35−60.
16. 허경미. (2014). 독일의 교정 및 보호관찰의 특징에 관한 연구. 교정연구, (62), 79−101.
17. 허경미. (2014). 한국의 제노포비아 발현 및 대책에 관한 연구. 경찰학논총, 9(1), 233−259.
18. 허경미. (2015). 범죄 프로파일링 제도의 쟁점 및 정책적 제언. 경찰학논총, 10(1), 205−234.
19. 허경미. (2015). 영국의 교도소 개혁 전략 및 특징에 관한 연구. 교정연구, (69), 83−110.
20. 허경미. (2016). 교도소 수용자노동의 쟁점에 관한 연구. 교정연구, 26(4), 141−164.
21. 허경미. (2017). 캐나다의 대마초 비범죄화에 관한 연구. 한국공안행정학회보, 26, 241−268.
22. 허경미. (2017). 외국인 수용자 인권처우 관련 법령의 한계 및 개정 방향에 관한 연구. 교정연구, 27(2), 89−112.
23. 허경미. (2017). 교도소 정신장애 수용자처우 관련법의 한계 및 개정방향에 관한 연구. 경찰학논총, 12(2), 69−104.
24. 허경미. (2018). 성인지적 관점의 여성수용자 처우 관련 법령의 정비방향 연구. 矯正研究, 28(2), 81−110.
25. 허경미. (2019). 국제인권법상 수용자 의료처우 준칙 및 형집행법령 개정방향. 矯正研究, 29(4), 3−35.
26. 허경미. (2019). 자치경찰제법(안)상 자치단체장의 자치권한 행사 제한과 관련된 쟁점. 경찰학논총, 14(4), 275−303.
27. 허경미. (2020). 난민의 인권 및 두려움의 쟁점. 경찰학논총. 15(2). 35−72.
28. 허경미. (2021). 지방자치행정 관점의 일원형 자치경찰제의 문제점 및 개선 방향. 한국공안행정학회보, 30, 275−307.
29. 허경미. (2022). 한국경찰의 부패방지를 위한 합리적 통제방향의 모색−영국의 제도를 중심으로−. 부패방지법연구, 5(2), 33−62. 10.36433/kacla.2022.5.2.33
30. 허경미. (2025). 네덜란드 안락사법 입법과정의 특징 및 함의. 矯正研究, 35(1), 119−146.

제3판
범죄인 프로파일링

초판발행 2018년 1월 30일
제2판발행 2022년 1월 1일
제3판발행 2025년 7월 18일

지은이 허경미
펴낸이 안종만 · 안상준

편 집 장유나
기획/마케팅 장규식
표지디자인 권아린
제 작 고철민 · 김원표

펴낸곳 (주) 박영사
서울특별시 금천구 가산디지털2로 53, 210호(가산동, 한라시그마밸리)
등록 1959. 3. 11. 제300-1959-1호(倫)

전 화 02)733-6771
f a x 02)736-4818
e-mail pys@pybook.co.kr
homepage www.pybook.co.kr
ISBN 979-11-303-2330-5 93350

정 가 20,000원